LA VÉRITÉ QUI LIBÈRE

« Vous connaîtrez la vérité, et la vérité vous affranchira » Jean 8 :32

MANUEL D'ÉTUDE BIBLIQUE ET DE PRÉDICATION

JEAN MARC DÉSIRÉ

"Efforce-toi de te présenter devant Dieu comme un homme éprouvé, un ouvrier qui n'a point à rougir, qui dispense droitement la parole de la vérité." 2 Tim. 2:15

Publication:
JEBCA Editions
Une division de JEBCA MINISTRIES, INC.
www.jebcaeditions.org / info@jebcaeditions.org

Couverture : Ugens Toussaint

Tous droits Réservés © 2021

Attention : Il est illégal de reproduire ce livre, en tout ou en partie, sous quelque forme ou par quelque procédé que ce soit, sans avoir obtenu, au préalable, l'autorisation écrite de l'auteur.

Dépôt légal:
Bibliothèque Nationale d'Haïti
Bureau National du Livre d'Haïti
Archives Nationales des États-Unis d'Amérique

ISBN 13: 978-1-68084-097-1

21 22 23 24 25 26 JEBCA 10 9 8 7 6 5 4 3 2 1

Imprimé aux États-Unis d'Amérique

Chers frères et sœurs en Jésus-Christ,

J'ai voulu dans un esprit de partage vous encourager à étudier et à enseigner la Parole de Dieu. Voilà pourquoi, j'ai mis à votre disposition à partir de mes nombreuses recherches et mes propres notes de travail 142 sujets de prédications et d'étude biblique pratique.

Ces études sont conçues pour être utilisées dans la prédication comme dans l'étude biblique interactive. Elles peuvent contribuer à la formation spirituelle personnelle ou collective.

Je n'ai pas tout fait pour vous ; vous aurez vous aussi à étudier et travailler pour compléter ce manuel d'éducation chrétienne que je vous envoie avec le désir de vous aider dans votre croissance et maturité chrétienne.

La Bible nous donne l'exemple d'Esdras qui avait appliqué son cœur à étudier et à mettre en pratique la loi de l'Éternel, et à enseigner au milieu d'Israël les lois et les ordonnances . (Esdras 7:10)

Je souhaite que ces études bibliques répondent au besoin des églises évangéliques et des ouvriers chrétiens en particulier qui ont grand intérêt à suivre le modèle d'Esdras qui consistait à observer, interpréter et appliquer le texte de la parole de Dieu.

Que la grâce et la paix du Seigneur soient avec vous !

Votre serviteur et ami,
Dr. Jean Marc Désiré

Table des Matières

REMERCIEMENTS 15

Au Sujet de l'auteur : 16

Preface 17

ÉTUDE 1 19

LA MISSION DE L'ÉGLISE 19

ÉTUDE 2 25

Les 4 marques de l'église de Jésus-Christ 25

ÉTUDE 3 33

ALLER AU-DELÀ DES LIMITES POUR DIEU 33

ÉTUDE 4 37

QUE FAUT-IL FAIRE POUR RECEVOIR LE TOUCHER DE JÉSUS ... 37

ÉTUDE 5 41

AVEZ-VOUS DE L'ORDRE ? 41

ÉTUDE 6 44

LA DÉLIVRANCE PAR LA LOUANGE 44

ÉTUDE 7 48

LA FAMILLE SELON DIEU 48

ÉTUDE 8 50

LA FAMILLE CHRÉTIENNE 50

ÉTUDE 9 54

LA BIBLE ET LA MUSIQUE 54

ÉTUDE 10 58

LE DEVOIR SPIRITUEL DU CHRÉTIEN 58

ÉTUDE 11 60

LE TRIOMPHE SUR LA TENTATION 60

ÉTUDE 12	*63*
LE DIEU DES FAIBLES	*63*
ÉTUDE 13	*66*
LE SEIGNEUR DE L'URGENCE	*66*
ÉTUDE 14	*68*
QUAND L'ÉTERNEL FAIT DE GRANDES CHOSES	*68*
ÉTUDE 15	*72*
QUAND SATAN TE RÉCLAME	*72*
ÉTUDE 16	*75*
POUR QUE L'ÉGLISE REDEVIENNE UNE MAISON DE PRIÈRE ...	*75*
ÉTUDE 17	*80*
LA DIMENSION INTIME DE LA VIE CHRÉTIENNE	*80*
ÉTUDE 18	*83*
LES TENTATIONS DE JÉSUS-CHRIST	*83*
ÉTUDE 19	*90*
LE BUT DES ÉPREUVES ET DES TENTATIONS	*90*
ÉTUDE 20	*97*
LES PRINCIPES DE L'ABONDANCE	*97*
ÉTUDE 21	*99*
QUAND L'ÉGLISE EST EN FLAMMES	*99*
ÉTUDE 22	*103*
L'ÉTERNEL MA BANNIÈRE	*103*
ÉTUDE 23	*105*
LES CONDITIONS DE LA DÉLIVRANCE	*105*
ÉTUDE 24	*109*
LES BÉNÉFICES DU SERVICE	*109*
ÉTUDE 25	*111*
NE VOUS METTEZ PAS AU SERVICE DU DIABLE	*111*

ÉTUDE 26	113
SI NOTRE CŒUR NOUS CONDAMNE	113
ÉTUDE 27	115
VIVRE AVEC UNE ÉCHARDE	115
ÉTUDE 28	117
CE QU'IL FAUT CHANGER QUAND ON A RENCONTRÉ JÉSUS-CHRIST	117
ÉTUDE 29	119
L'EXPÉRIENCE DE LA PRISON	119
ÉTUDE 30	122
LA NÉCESSITÉ D'ÊTRE LÀ	122
ÉTUDE 31	124
SATAN PARMI LES SAINTS	124
ÉTUDE 32	127
COMMENT MANIFESTER DU SAINT-ESPRIT	127
ÉTUDE 33	130
LES GENS QUE DIEU N'UTILISE PAS	130
ÉTUDE 34	132
QUAND JÉSUS ENTRE DANS LE TEMPLE	132
Ou QUAND JÉSUS VA À L'ÉGLISE	132
ÉTUDE 35	136
LE SYNDROME DU VEAU D'OR	136
ÉTUDE 36	140
LE VEAU D'OR AUX PORTES DE L'ÉGLISE	140
ÉTUDE 37	144
OÚ EST VOTRE SACRIFICE	144
ÉTUDE 38	147
LA VALEUR DE LA BIBLE	147

ÉTUDE 39	149
PROBLÈME DE CONVERSION	149
ÉTUDE 40	151
QUAND VOUS ÊTES DANS LE TROU	151
ÉTUDE 41	153
LA NÉCESSITÉ D'ÊTRE A L'HEURE	153
ÉTUDE 42	155
L'ENGAGEMENT DE DONNER SES BIENS A L'ÉTERNEL	155
ÉTUDE 43	157
VIVRE DANS LA FAMINE	157
ÉTUDE 44	161
LES PREMIÈRES CHOSES D'ABORD	161
ÉTUDE 45	162
LE DIEU DES MALHEUREUX	162
ÉTUDE 46	164
LES CINQ MESSAGES DE L'ÉVANGILE	164
ÉTUDE 47	166
JÉSUS-CHRIST , L'AUTEUR DE NOTRE RÉCONCILIATION	166
ÉTUDE 48	168
RESTER AUX PIEDS DE JÉSUS	168
ÉTUDE 49	170
FAUTE DE RACINES	170
ÉTUDE 50	173
L'ESPRIT DE DIEU EN NOUS, NOTRE SYSTÈME DE DÉFENSE	173
ÉTUDE 51	175
LES CHRÉTIENS QUI OUBLIENT	175
ÉTUDE 52	177
LA GESTION DES MAUVAISES NOUVELLES	177

ÉTUDE 53 179
AVEZ-VOUS REÇU L'ONCTION DE DIEU ? 179
ÉTUDE 54 182
LE PÈRE NOËL (Qui est-il ?) 182
ÉTUDE 55 184
LES OBSTACLES AUX MIRACLES 184
ÉTUDE 56 186
LE PROBLÈME DES LANGUES 186
ÉTUDE 57 187
DÉLIVRANCE À LONGUE DISTANCE 187
ÉTUDE 58 189
QUEL EST VOTRE PRIX ? 189
ÉTUDE 59 192
À OUBLIER ET A NE PAS OUBLIER 192
ÉTUDE 60 195
LA SIGNIFICATION DE LA CROIX DANS LE MONDE MODERNE........ 195
ÉTUDE 61 198
POURQUOI NOUS CROYONS QUE JÉSUS EST RESSUSCITE D'ENTRE LES MORTS.. 198
ÉTUDE 62 200
LA PUISSANCE DE LA RESSURECTION 200
ÉTUDE 63 202
LES AVANTAGES DE LA VIE CHRÉTIENNE 202
ÉTUDE 64 204
LES CARACTÉRISTIQUES DU DIRIGEANT D'UN PAYS 204
ÉTUDE 65 205
LA FORCE OU LA FOI... 205
ÉTUDE 66 208

LA PUISSANCE D'UN SEUL *208*

ÉTUDE 67 .... *210*

CHAQUE CHRÉTIEN, UN BÂTISSEUR D'AUTEL *210*

ÉTUDE 68 .... *213*

VIVRE DANS L'ABONDANCE AU MILIEU DE LA DISETTE *213*

ÉTUDE 69 .... *215*

LE DÉCOURAGEMENT *215*

ÉTUDE 70 .... *218*

DIEU EST LA SOLUTION *218*

ÉTUDE 71 .... *226*

LES RAISONS DE NOTRE JOIE *226*

ÉTUDE 72 .... *228*

L'OFFRANDE A DIEU *228*

ÉTUDE 73 .... *231*

DEMANDER DE GRANDES CHOSES A DIEU *231*

ÉTUDE 74 .... *232*

LA DÉMONSTRATION SPIRITUELLE *232*

ÉTUDE 75 .... *234*

LA PEUR DU DANGER *234*

ÉTUDE 76 .... *237*

LE BESOIN D'UN BERGER *237*

ÉTUDE 78 .... *239*

LA PROMESSE DE LA PERSÉCUTION *239*

ÉTUDE 79 .... *242*

LA DOCTRINE DE LA RECONNAISSANCE *242*

ÉTUDE 80 .... *245*

LA REPENTANCE ET LA CONVERSION *245*

ÉTUDE 81 .... *247*

UN EXEMPLE DE CONVERSION	247
ÉTUDE 82	249
UN MODÈLE DE CONVERSION	249
ÉTUDE 83	251
LA CONVERSION A DIEU	251
ÉTUDE 84	253
BESOIN DE PERSÉVÉRANCE	253
ÉTUDE 85	255
DÉFINITION D'UN FIDÈLE	255
ÉTUDE 86	258
L'INSTITUTION DE L'ÉGLISE	258
ÉTUDE 87	261
LES ENGAGEMENTS SACRÉS	261
ÉTUDE 88	263
À QUOI SERT L'ARGENT DANS L'ÉGLISE ?	263
ÉTUDE 89	265
L'ARGENT ET L'ADORATION DE DIEU	265
ÉTUDE 90	267
LES CARACTÉRISTIQUES D'UN DISCIPLE DU SEIGNEUR	267
ÉTUDE 91	269
A L'ÉCOLE DE LA LOUANGE	269
ÉTUDE 92	272
LA GUÉRISON DIVINE	272
ÉTUDE 93	274
COMMENT DÉCRIRE UN CHRÉTIEN	274
ÉTUDE 94	276
LA SIGNIFICATION DU RETOUR DE CHRIST POUR LE CHRÉTIEN	276
ÉTUDE 95	280

LE SUCCÈS PAR LA FOI 280

ÉTUDE 96 282

LES SIGNES DES DERNIERS TEMPS 282

ÉTUDE 97 285

LA COMMUNION DES CHRÉTIENS 285

ÉTUDE 98 287

LA CONDUITE DU CROYANT EN JÉSUS CHRIST 287

ÉTUDE 99 289

SEPT VÉRITÉS À SAVOIR SUR LE CŒUR 289

ÉTUDE 100 291

LA VALEUR DE LA PAROLE DE DIEU 291

ÉTUDE 101 294

:COMMENT CONNAÎTRE LA VOLONTÉ DE DIEU ? 294

ÉTUDE 102 297

LES MOMENTS FAVORABLES DU DIABLE **297**

ÉTUDE 103 299

LES 4 PREUVES DE LA PATERNITÉ CÉLESTE 299

ÉTUDE 104 301

APPEL A SERVIR 301

ÉTUDE 105 307

LES PECHES CONTRE LE SAINT-ESPRIT **307**

ÉTUDE 106 309

LES MAINS DE DIEU 309

ÉTUDE 107 313

LA PATIENCE DANS L'AFFLICTION 313

ÉTUDE 108 316

LA SAGESSE PAR LA PRIÈRE 316

ÉTUDE 109 318

LES ÉPREUVES DE TRANSITION 318

ÉTUDE 110 321

LE TRIOMPHE SUR LA TENTATION 321

ÉTUDE 111 324

LES BONNES CHOSES QUE DIEU DONNE 324

ÉTUDE 112 326

LE DIEU DES FAIBLES 326

ÉTUDE 113 329

LES CARACTÉRISTIQUES D'UN DISCIPLE DU SEIGNEUR 329

ÉTUDE 114 331

LA SOURCE DU COURAGE 331

ÉTUDE 115 335

RÉSOLUTION POUR UNE ANNÉE NOUVELLE 335

ÉTUDE 116 337

LE DIEU SUFFISANT 337

ÉTUDE 117 340

LE DIEU DE L'AVENIR 340

ÉTUDE 118 342

LA DÉFINITION DE L'OFFRANDE À DIEU 342

ÉTUDE 119 345

RESTAURER LA MISSION DE L'ÉGLISE DE JESUS-CHRIST 345

ÉTUDE 120 350

LA DESCRIPTION DE LA BONTÉ DE DIEU 350

ÉTUDE 121 357

LA DÉCOUVERTE DE LA BONTÉ DE DIEU 357

ÉTUDE 122 361

LA DEMONSTRATION DE LA BONTE DE DIEU 361

ÉTUDE 123 364

LA CREATION DE L'IMAGE DE DIEU *364*

ÉTUDE 124 .... *367*

LA CORRUPTION DE L'IMAGE DE DIEU *367*

ÉTUDE 125 .... *370*

LA CONDITION DE L'IMAGE DE DIEU *370*

ÉTUDE 126 .... *373*

LA RESTAURATION DE L'IMAGE DE CHRIST *373*

ÉTUDE 127 .... *375*

LA DÉCLARATION DE LA BONTÉ DE DIEU *375*

ÉTUDE 128 .... *380*

LE DROIT D'AINESSE *380*

ÉTUDE 129 .... *382*

LA MARQUE DE LA SÉPARATION *382*

ÉTUDE 130 .... *386*

LA MARQUE DE LA SAINTETÉ *386*

ÉTUDE 131 .... *389*

COMMENT MOURIR EN PAIX *389*

ÉTUDE 132 .... *393*

LA PAROLE DE LA RÉCONCILIATION *393*

ÉTUDE 133 .... *396*

LES NOCES DE L'AGNEAU *396*

LA MARIÉE ET LE MARIÉ *396*

ÉTUDE 134 .... *401*

LA DÉCISION DE SERVIR L'ÉTERNEL *401*

ÉTUDE 135 .... *403*

LE DIEU FIDÈLE *403*

ÉTUDE 136 .... *406*

LES CARACTERISTIQUES D'UN DISCIPLE DU SEIGNEUR *406*

ÉTUDE 137	408
LA PEUR DE LA RÉCONCILIATION	408
ÉTUDE 138	412
LA PUISSANCE DU SANG DE JÉSUS	412
ÉTUDE 139	416
VOYAGER SANS JÉSUS	416
ÉTUDE 140	419
LAISSER COULER LA GRÂCE	419
ÉTUDE 141	422
LE DIEU QUI NE CHANGE PAS	422
ÉTUDE 142	425
RÉPONSES BIBLIQUES AUX QUESTIONS DES SABBATISTES	425
NOTES DIVERSES	432
Bibliographie	435

REMERCIEMENTS

Je dédie cet ouvrage à mon feu père Pasteur Loulou Désiré qui m'a aidé à répondre à l'appel de Dieu, à ma mère Anne Marie Soiyeuse Désiré, qui m'a fidèlement supporté pendant mon ministère, à mes frères et sœurs Emmanuel, Edith, Voegeli, Joël, Louis Désiré Jr et Rebecca qui m'ont tous accompagné d'une façon ou d'une autre dans ma carrière pastorale.

Je dédie cet ouvrage à ma femme Junie et nos deux enfants Marc Brian et Sarah qui sont tous précieux à mes yeux et utiles au travail du divin Maitre.

Ce manuel est dédié également à Karly Mardy surnommée TCHATCHA. C'est elle qui a pris le soin de lire mes notes et de les dactylographier en grande partie. Karly (la nièce de ma femme Junie) est partie pour être auprès de Jésus le 12 janvier 2010 au milieu du séisme qui a secoué Haïti. Elle était une jeune fille chrétienne, intelligente, talentueuse, gentille, sympathique, joviale, serviable, et irréprochable. En décembre 2009, elle a donné une prestation à KARIBE CONVENTION CENTER (Juvenat, Petion-Ville) et a émerveillé l'assistance avec son poème " HIER SOIR J'AI FAIT UN RÊVE ...J'ÉTAIS AU CIEL ". Elle ne savait pas que trois semaines après, elle allait y être vraiment. Elle est depuis dans les bras du Seigneur, dans le repos éternel, attendant tous ceux qui l'ont aimée et l'ont appréciée pendant son séjour terrestre, tous ceux qui ont, comme elle, JÉSUS pour Sauveur. KARLY est cette belle rose que le Seigneur a arrachée de la terre pour la déposer sur Sa table au ciel. « La mémoire du juste dure toujours. » Psaumes 112 :6

Merci TCHATCHA !
Dr. Jean Marc Désiré

Au Sujet de l'auteur :

Dr Jean Marc Désiré est un gradué de Word of Life Bible Institute à Schroon Lake New York en 1986. Il détient une Maitrise en Divinité et un Doctorat dans le ministère de Luther Rice University à Lithonia, Georgia où il a soutenu sa thèse de recherche : L'Impact de l'analphabétisme sur les églises haïtiennes.

Dr Jean Marc Désiré est aussi Ingénieur en Communication. Il a reçu son diplôme en Broadcast Engineering à Cleveland Institute Of Electronics, Cleveland, Ohio (USA) en 1997. Lauréat de sa promotion, il est reçu comme membre de la société Alpha Beta Kappa Honor Society, Millville, Delaware (USA)

Ordonné depuis 1988 à Baptist Bible Church (église dirigée alors par le feu Dr.Tom Berry) Elkton Maryland, il exerce un ministère fructueux depuis 1989 à la tête de l'Association missionnaire : Les Églises Baptistes Evangéliques Haïtiennes Inc.

Dr Jean Marc Désiré est le pasteur fondateur de l'Église Baptiste Évangélique haïtienne de Canapé-Vert (Pétion-Ville-Haïti) depuis 1989 ; pasteur fondateur de l'Église Chrétienne Doxa (Pompano Beach Florida) depuis 2013; directeur fondateur de l'école classique Institution Foyer Emmanuel de Canapé-vert (Pétion-Ville, Haïti) de 1991 à nos jours. Il est depuis 2009 le fondateur et doyen du séminaire de théologie Centre de Théologie évangélique et Pastorale (Cetepp Seminary) dans l'état de la Floride (USA).

Dr Jean Marc Désiré a prêché beaucoup de sermons et prononcé plusieurs conférences dans plusieurs villes des États-Unis et d'autres pays de l'Amérique du Nord ; il a assuré la formation des leaders dans les Antilles, jusqu'en Afrique de l'Est (Nairobi, Kenya), et considère Haïti le pays qui l'a vu grandir comme son premier champ missionnaire.

Preface

J'ai eu le privilège de faire la connaissance de Pasteur Louis Désiré le père du Dr Jean Marc Désiré. C'était un ministre de Dieu humble, dévoué et efficace auprès du peuple haïtien, et très respecté par les membres de l'église dont j'étais le pasteur a Elkton Maryland.

Au milieu des années 80, le pasteur Louis Désiré m'a appelé et m'a dit qu'il n'avait pas longtemps à vivre. Il m'a demandé d'assurer le service d'ordination de son fils Dr Jean Marc Désiré. Pasteur Loulou Désiré est parti pour l'éternité le 4 Juillet 1987 et Dr Jean Marc Désiré a été ordonné à Baptist Bible Church à Elkton, Maryland le 12 mars 1988. J'étais le pasteur principal de ladite église. Il y avait plusieurs pasteurs de Maryland, de Delaware et de New Jersey qui siégeaient à son conseil. Ils l'ont complètement interrogé sur toutes les questions de doctrine et du ministère et ont autorisé l'église à procéder à son ordination.

En 1989, Jean Marc est retourné en Haïti, a repris le ministère de son défunt père, et a pu les redynamiser en croissance et en maturité spirituelle. Pour évangéliser davantage, le pasteur Jean Marc Désiré, accompagné de son frère Pasteur Joel Désiré, a pris quelques familles et a commencé une nouvelle église à Pétion-ville, Haïti. Dieu a grandement béni cette entreprise, car des centaines de personnes ont reçu Christ comme Sauveur, ont été baptisées et ont rejoint l'église. D'autres ministères ont été créés pour répondre aux besoins pressants de la communauté, une clinique médicale, un institut de formation théologique et une école pour les enfants.

Le Dr Jean Marc Désiré est une ressource pour la communauté évangélique haïtienne en Haïti ou en Floride (USA) où il a fondé en 2013 l'Église Chrétienne Doxa. Il est un leader parmi les pasteurs et des églises où il sert. Il est fortement poussé à partager toutes les connaissances et expériences acquises dans la prédication. Voilà pourquoi je recommande son ouvrage pour l'édification et l'inspiration de tous ceux qui veulent découvrir LA VÉRITÉ QUI LIBÈRE.

Sincèrement,

Dr Tom Berry
Thomas E. Berry, FOUNDER Truth Helpers, Inc
Lakeland, Florida

ÉTUDE 1
LA MISSION DE L'ÉGLISE
ACTES 1: 8

Mais vous recevrez une puissance, le Saint-Esprit survenant sur vous, et vous serez mes témoins à Jérusalem, dans toute la Judée, dans la Samarie, et jusqu'aux extrémités de la terre.

Dieu est un Dieu de plan; Il ne travaille pas sans plan. Il a créé l'univers avec un plan. Là-bas dans l'espace, la vaste machinerie de l'univers pulsait et rugissait, tourbillonnant autour du grand trône blanc de Dieu. D'innombrables milliards d'étoiles et leurs satellites se précipitaient à travers l'espace immatériel sur des orbites prodigieuses à des vitesses inconcevables et avec une précision mathématique. Dieu a tout fait, et tout était bon. Les anges de Dieu autour de son trône ont crié et chanté avec admiration et émerveillement devant cette démonstration de sagesse omnisciente et de puissance omnipotente. Quelque part, au milieu de cette sublime activité, tourbillonnait une galaxie d'environ 100 milliards d'étoiles, une galaxie que nous appelons la Voie lactée. L'une de ces étoiles était unique; nous l'appelons le Soleil. Il avait rassemblé autour de lui un système solaire de planètes. Une de ces planètes que nous appelons Terre et sur cette planète TERRE Dieu créa et plaça l'homme. Il l'a fait à son image et à sa ressemblance, jusqu'au jour où la GRANDE TRAGÉDIE se s'est produite: le péché est entré dans le monde et la mort par le péché. Satan, l'Ancien Serpent, a conduit l'homme à accepter ses mensonges et à rejeter la vérité de Dieu. La chute était complète. Satan avait gagné.

Puisque Dieu est un Dieu de plan, il n'avait pas seulement un plan de création de l'univers, il avait aussi un plan de rédemption de l'humanité. Le plan de la rédemption a été conçu avant même le plan de création; la Bible parle de ce plan comme étant conçu avant la fondation du monde. Ainsi, Jésus est venu, et le serpent (satan) n'était pas plus fort que Lui. Jésus a versé son sang précieux sur le calvaire et est mort pour accomplir le plan de la rédemption; satan a perdu, et maintenant il vit dans la terreur du retour du ciel du Christ victorieux. Le plan de Dieu a prévalu.

Pendant une période de quarante jours après sa résurrection, le Seigneur ressuscité est resté ici sur terre. Il est resté parce qu'il avait encore une chose à faire: préparer les disciples à la tâche qu'il avait en tête; préparer ses disciples qui ont été appelés après LUI chrétiens (Actes 11 :26),pour une mission: proclamer la bonne nouvelle de la rédemption à l'humanité perdue. Son dernier message pour eux était: Actes 1: 8.

1. IL A FAIT CONNAÎTRE SA PASSION

Jésus voulait qu'ils atteignent « l'extrême partie de la terre ». Ils devaient témoigner de Lui à Jérusalem, en Judée, en Samarie et aux confins de la Terre. Ils devaient rencontrer un homme d'Éthiopie et un autre de Macédoine. Ils devaient rencontrer des hommes et des femmes, des garçons et des filles de toutes les régions du monde. Ce devait être tout le devoir de toute l'église pour tout l'âge. C'ÉTAIT SA PASSION. Le monde entier doit connaître la bonne nouvelle que Christ est mort pour nos péchés, qu'il a été enseveli et qu'il est ressuscité. AVONS-NOUS SA PASSION?

2. IL A FAIT CONNAÎTRE SA PRÉSENCE

Jésus lui-même est toujours avec eux jusqu'à la fin du monde. Ainsi, il s'est montré vivant, après sa passion, « par de nombreuses preuves infaillibles » Actes 1: 3. La tâche a ainsi été simplifiée. Ils n'étaient pas appelés à prêcher un dogme ou une croyance ou à fonder une nouvelle religion. Ils étaient appelés à prêcher le Christ, à parler aux gens d'une personne vivante et pertinente. Ils devaient le rendre réel pour les autres. Cependant, avant qu'ils puissent Le rendre réel pour quelqu'un d'autre, Il devait être réel pour eux. Ils avaient besoin de se convaincre de sa présence permanente, qu'il fût là, à leurs côtés, qu'il soit vu ou invisible. Il était là comme Il a promis qu'Il sera là jusqu'à la fin des temps (Matt. 28: 19-20). Il apparut à chacun d'une manière différente. Il apparut Marie à avec le murmure de son nom, aux disciples d'Emmaüs, c'était l'exposition de la Parole, à Thomas en montrant ses mains, ses pieds et son côté. Quand il eut fini, ils étaient tous convaincus de la réalité de sa résurrection, de son enlèvement et de son retour. AVONS-NOUS SA PRÉSENCE?

3. IL A FAIT CONNAÎTRE SON PROGRAMME

Ils devaient commencer dans leur propre communauté, Jérusalem. Ils devaient atteindre leur propre province, la Judée. Ils devaient évangéliser leur propre continent, en commençant par la Samarie, la culture la plus proche. Ils devaient atteindre le monde entier. C'était le programme. Le livre des Actes montre à quel point et avec quel succès ce programme a été suivi. AVONS-NOUS SON PROGRAMME?

4. IL A FAIT CONNAÎTRE SON POUVOIR

« Vous recevrez la puissance », a dit Jésus, « le Saint-Esprit sera venu sur vous. » Et c'est ce qu'ils ont fait! Car c'est seulement le Saint-Esprit qui peut rendre le Christ réel à un cœur non régénéré et incrédule. Et c'est exactement ce qu'Il a fait le jour de la Pentecôte, et avec un tel succès phénoménal que des milliers de personnes ont été entraînées dans le royaume des cieux ce même jour. AVONS-NOUS SA PUISSANCE?

Maintenant, chaque chrétien devrait être chrétien avec une mission. Pour être ainsi, nous avons besoin de sa passion, de sa présence, de son programme et de sa puissance. Pourquoi avons-nous nécessairement besoin des quatre pour accomplir notre MISSION?

> *On raconte qu'un chat se rend à Londres pour visiter le célèbre palais de Buckingham. Lorsque le chat quitte l'île pour rentrer chez lui, il ne parle jamais à ses amis de la relève de la garde dans tout son rituel, il ne mentionne pas les murs tapissés du palais, la couronne de bijoux de la reine, les œuvres d'art prisées, et il ne commente pas non plus la beauté de la reine.. La seule chose dont le chat se souvient est la souris bien nourrie sous la chaise de la reine.*

Le point de cette histoire plutôt fantaisiste est simplement ceci: ***ce que l'on est détermine généralement ce que l'on voit.*** Un chrétien doit voir le monde comme personne ne le voit. Quand un chrétien regarde la vie, sa vision doit être colorée par sa relation avec son Seigneur et ses semblables. Ce que vous êtes détermine ce que vous voyez. VOUS POUVEZ CHANGER CE QUE VOUS VOYEZ EN CHANGEANT CE QUE VOUS ÊTES. Mais, avant de devenir ce que vous devriez être, vous devez d'abord réaliser ce que vous n'êtes pas.

Un tiers de la population de la planète, plus de deux milliards de personnes n'ont jamais entendu l'évangile. Et de ce nombre, plus de 50 000 meurent chaque jour, séparés de Dieu pour toujours. Une définition d'un chrétien avec une mission est quelqu'un qui ne s'habitue jamais au bruit des pas perdus sur leur chemin vers une éternité sans Christ. Les sons de ces pas résonnent dans leurs esprits et hantent leurs rêves éveillés. L'appel missionnaire comprend une prise de conscience des besoins d'un monde perdu, des commandements du Christ, une préoccupation passionnée pour les perdus et un engagement radical envers Dieu.

Comment chacun de nous a besoin de s'éveiller à la vérité que le salut ne nous a pas jetés dans une maison de repos, mais sur un champ de bataille. Ce n'est pas le moment de s'asseoir et de dormir pendant que nous avons une mission à accomplir.

On rapporte que dans chaque église aujourd'hui, environ 20 pour cent des gens donnent 80 pour cent des fonds, environ 20 pour cent des gens accomplissent 80 pour cent du travail et du ministère, et environ 20 pour cent des gens sont à l'origine d'environ 80 pour cent des problèmes…! Les 20 pour cent qui sont utiles sont les fidèles engagés. Faites-vous partie de ces 20 pour cent? Thomas Hale a écrit: « L'appel de Dieu ne s'enregistre pas dans le vide; seule la personne qui est inscrite pour faire la volonté de Dieu peut recevoir un appel. « Les gens que Dieu appelle en mission sont ceux qui ont une conscience des besoins des nations et une conscience des commandements du Christ.

Ils sont préoccupés et accablés par les besoins qu'ils voient, et ils s'engagent à faire tout ce que le Seigneur leur dit de faire.

Il est difficile d'imaginer pourquoi nous n'avons toujours pas atteint un tiers des gens dans notre monde avec l'Évangile. En 1896, à Atlanta, en Géorgie, un homme travaillait dans son laboratoire à mélanger de l'eau, des arômes et du sucre. Il a inventé une boisson qu'il a appelée Coca-Cola. Cela lui a coûté environ 70 $ pour développer et commercialiser son produit cette première année et il n'a gagné qu'environ 50 $. Être 20 $ en rouge en 1896 a été une lourde perte financière. Néanmoins, il a continué à vendre son produit. Quelques années plus tard, ils ont développé un procédé pour embouteiller la boisson afin que les gens puissent en profiter à la maison ou en pique-nique, et sa popularité a grandi. Aujourd'hui, 115 ans plus tard, 94% des personnes dans le monde reconnaissent le logo et le produit Coca-Cola. Dans 115 ans, nous pouvons atteindre le monde pour le profit, mais nous ne pouvons pas le faire pour la gloire de Dieu dans 2000 ans. La conscience aiguë des commandements du Christ de porter le message de l'Évangile au monde et notre échec à le faire sont des éléments clés de l'appel missionnaire pour beaucoup. La grande commission du Christ est que l'église soit impliquée dans la réalisation d'un enseignement aux nations. Chaque croyant doit prier pour les nations et soutenir la cause des missions. Certains aideront à envoyer et à soutenir, et d'autres iront le dire.

La question demeure: avons-nous sa passion, sa présence, son programme et sa puissance?

- Les personnes perdues comptent pour Dieu, elles doivent nous intéresser
- Toute église qui n'est pas sérieusement impliquée dans l'accomplissement de la grande commission a perdu ses droits bibliques d'exister. Ce n'est que lorsque l'Église remplit son obligation missionnaire qu'elle justifie son existence.

- Nous ne pouvons pas parler de la seconde venue du Christ, alors que la moitié du monde n'a jamais entendu parler de la première

- La marque d'une grande église n'est pas dans sa capacité d'accueil, mais dans sa capacité d'envoi. La vraie grandeur de toute église ne réside pas dans le nombre de fidèles qui la fréquentent, mais dans de ses envoyés.

- La mission de faire connaitre Christ n'est pas le ministère de choix pour quelques chrétiens hyper actifs dans l'église. Elle est la raison d'être de l'Eglise ; elle en est l'objectif. Si vous retirez la mission de faire connaitre Christ de la Bible, vous n'aurez plus rien d'autre que la couverture.

- Le meilleur remède pour une église malade est de la mettre au régime missionnaire. L'église doit envoyer en mission ou l'église finira sans mission.

CONCLUSION: Sommes-nous prêts à payer le prix pour être un chrétien avec une mission. ? Les missions du monde étaient dans l'esprit de Dieu depuis le début. Comme a dit l'autre : « Si Jésus-Christ est Dieu et est mort pour moi, alors, aucun sacrifice ne peut être trop grand pour que je le fasse pour lui. »

Deux jeunes garçons parlaient ensemble et comme l'un d'eux, regardait par-dessus le manteau de la cheminée, il dit ceci : « Chaque fois que je vois l'épée de grand-père, cela me donne envie d'aller à la guerre . » De même à chaque fois que nous regardons vers la croix nous devons avoir envie de prêcher l'évangile et d'aller en mission pour Christ.

La question demeure: avons-nous sa passion, sa présence, son programme et sa puissance?

ÉTUDE 2
Les 4 marques de l'église de Jésus-Christ
I Thessaloniciens 1: 1-10

L'Église est une institution divine. Jésus a dit: Je bâtirai mon église. Comment identifions-nous l'Église de Jésus-Christ. ? Y a-t-il quelque chose de spécifique que nous devrions rechercher pour être sûr sûrs de l'avoir trouvé?

L'église de Thessalonique nous présente un exemple de ce à quoi devrait ressembler l'église de Jésus-Christ. Voici une église qui avait ce que j'appelle LES 4 MARQUES DE L'ÉGLISE DE JÉSUS CHRIST.

L'apôtre Paul y fait référence comme une église exemplaire ou une sorte d'église modèle. Dans tout le chapitre 1 de la première épître aux Thessaloniciens, l'apôtre Paul réfléchit à sa visite dans leur ville, déclarant que son entrée n'a pas été vaine. L'histoire de cette visite vous la trouverez dans le livre des Actes chapitre 17. À cette époque, Thessalonique était une ville de très grande importance, étant la capitale, l'un des quatre districts de Macédoine avec une population estimée à 150 000 habitants. C'est par Paul que le christianisme a atteint cette grande métropole qui était, avant son entrée, dans un état terrible d'idolâtrie grossière et d'obscurité païenne. Paul a rencontré un antagonisme féroce quand il a commencé avec sa prédication de Jésus comme messie. Les juifs qui ont obstinément refusé d'accepter l'Évangile, quand ils ont vu certaines personnes se convertir au Christ, ont commencé aussitôt à lancer la persécution. Cependant, malgré cette obstruction qui visait à annuler l'effet de la prédication de la Parole de Dieu, la mission de Paul parmi eux fut un grand succès. Son ministère dans la ville de Thessalonique a abouti à l'établissement de ce que je désignerais volontiers comme mentionné précédemment, une église modèle du Nouveau Testament avec 4 grandes marques pour l'identifier comme telle.

Nous sommes tous, bien entendu, intéressés par les modèles. Aujourd'hui, nous avons des voitures modèles, des maisons modèles et peut-être quelques maris et femmes modèles. Ce qui nous intéresse principalement, et je suis sûr que ce qui nous attire le plus en tant que croyants, est une église modèle. Selon la description donnée dans le chapitre auquel je fais référence, les membres de cette église étaient pour la plupart des chrétiens du plus haut calibre. Paul en parle comme des exemples. « Vous étiez des modèles pour tous ceux qui croient en Macédoine et en Achaïe. » En d'autres termes, l'église de Thessalonique était une église modèle que toutes les autres églises de l'époque dispersées dans toute la Macédoine et l'Achaïe cherchaient à imiter. Nul doute que quelque chose comme ça s'est produit. Si l'établissement d'une église dans un centre quelconque était envisagé, invariablement, la première étape était une visite d'une délégation à l'église des Thessaloniciens. Fascinée par l'état spirituel élevé de cette église, cette délégation, à son retour de mission, n'hésiterait pas à présenter l'église de Thessalonique comme un exemple à suivre.

Chers croyants, il ne suffit pas que nous soyons chrétiens. Nous devons, chacun de nous viser par la grâce de Dieu à être un « modèle ». Savez-vous que nous choisissons toujours les meilleurs pour modèles?

Ces chrétiens de Thessalonique étaient des exemples de chrétiens sur lesquels d'autres chrétiens de divers endroits du pays désiraient façonner leur propre vie. Si le Seigneur lui-même choisissait quelqu'un pour montrer au monde à quoi ressemble un vrai chrétien, je me demande s'il vous choisirait? Me choisirait-il? L'église de Thessalonique était une église modèle. Nous allons maintenant considérer certaines des MARQUES d'une église modèle que l'on trouve dans l'église de Thessalonique.

I- *UNE TRANSITION SURNATURELLE*

. Paul déclare que le plus clairement quand il remarque: « Vous vous êtes tournés vers Dieu des idoles… »

Ce préfixe trans, évoque toujours l'idée de passage d'un lieu ou d'une condition à un autre lieu ou condition. Il y a une sortie et une entrée. On ne soulignera jamais trop souvent que la vraie vie chrétienne commence par une transition spirituelle surnaturelle. Cette transition initiale est communément appelée conversion. L'apôtre Pierre dans 1 Pierre 2: 9 décrit la conversion comme une transition: ou le passage des ténèbres à la merveilleuse lumière de Christ.

« Se détourner de l'Idole pour servir le Dieu vivant et vrai... »

L'apôtre Paul, dans Romains 8: 1, décrit la conversion comme une décision judiciaire passer du statut de condamné à celui de justifié en Christ. Le Seigneur lui-même dans Jean 5:24 décrit la conversion comme un passage, une transition de la mort spirituelle à une nouvelle vie spirituelle. Vous ne pouvez pas avoir une Église comme celle de Thessalonique avec des membres non convertis, ce qui est la malédiction de cette heure. Il est évident que l'église de Thessalonique était composée de personnes régénérées.

Les conditions préalables pour rejoindre un ordre fraternel ou une loge ne peuvent pas être les mêmes que celles requises pour adhérer à une église. Notre bienheureux Sauveur a absolument insisté sur la nécessité de la nouvelle naissance lors d'une conversation avec Nicodème comme indiqué dans Jean 3: « Vous devez naître de nouveau. » L'auteur des Actes des Apôtres déclare clairement qu'à Jérusalem « le Seigneur a ajouté à l'église les sauvés. " SOULIGNEZ-LE S'IL VOUS PLAÎT ____" ceux qui étaient sauvés ". Aucun homme, aucune femme non sauvé n'a le droit de devenir membre d'une église qui se dit chrétienne. Une personne non régénérée dans une église est non seulement inutile, mais devient un obstacle. Il pourrait bien être comparé à un cadavre qui traîne au milieu des vivants.
Le grand danger auquel fait face l'église chrétienne est de voir des personnes non converties, non baptisées du Saint-Esprit devenir membres de l'église locale. Les conséquences sont des organisations et des activités d'église sans le contrôle, la direction et la puissance du Saint-Esprit. De grands efforts sont faits pour obtenir des résultats spirituels, sans moyens, sans méthodes spirituels ni pouvoir spirituel. Nous ne sommes pas à l'église

pour trouver quelques bonnes recettes spirituelles pour vivre une vie bonne et prospère sur terre; nous venons à l'église pour changer nos habitudes. C'est la différence entre une église mécanique et une église dynamique.

L'une des qualités distinctives qui ont fait de l'Église de Thessalonique une église vraiment exemplaire était le fait que ses membres étaient composés de personnes régénérées et spirituelles. Ils avaient subi un grand changement spirituel UNE TRANSITION. Lorsqu'une personne est ainsi changée au moyen d'une nouvelle naissance, elle donnera certainement la preuve extérieure de l'authenticité de sa conversion. L'apôtre Paul a noté trois signes de conversion parmi les Thessaloniciens:

a) Le premier est une FOI ACTIVE. Jacques parle d'une foi qui est morte; mais, ces gens avaient une foi qui était vivante. Nous pouvons avoir une église vivante quand chaque membre qui est au travail vit une vie chrétienne consacrée, assiste à chaque service, contribue suivant ses moyens, et travaille dur chaque jour pour la gloire de Dieu et le salut des âmes.

b) Deuxièmement, ils ont affiché un AMOUR LABORIEUX. Le véritable amour est un amour laborieux. Il n'est pas égoïste et ne se contente pas de rester les bras croisés. Il cherche quelque chose à faire qui puisse contribuer à la gloire à Dieu et apporter la bénédiction à l'homme. C'est un amour qui ne cesse de faire quelque chose pour aider quelqu'un. Cet amour était le plus visible chez les Thessaloniciens. Leur témoignage évident était « l'amour de Christ nous presse » (2 Cor. 5 :14).

c) Troisièmement, ils ont montré une FERME ESPÉRANCE. Vous en avez une illustration dans le dernier verset: « Ils ont attendu le Fils de Dieu du Ciel. «Jésus-Christ a promis qu'il reviendra; ils croyaient que cet événement aura lieu exactement comme promis. Ils vivaient donc quotidiennement dans l'attente de son retour glorieux. C'étaient des gens à l'esprit céleste. Ils avaient continuellement le ciel en tête.

Il y a une autre caractéristique distinctive d'une Église modèle

II- *UNE TRANSFUSION SURNATURELLE*

Paul a eu un temps agréable à prêcher à ces Thessaloniciens. Il a senti pendant qu'il exerçait un ministère une puissance surnaturelle le remplir. « Notre Évangile » dit-il « ne vous est pas venu en paroles seulement, mais aussi avec puissance, et dans le Saint-Esprit, et avec beaucoup d'assurance. "

La vraie vie chrétienne, qui commence par une transition spirituelle, s'y maintient et se poursuit en une transfusion surnaturelle. La vie et la nature mêmes du Christ sont transfusées dans l'être le plus intime du croyant chrétien par le Saint-Esprit. Paul a dit: Christ vit en moi.
Il n'y a pas que ***transition***; il y a ***transfusion***. Le Christ doit être la nouvelle vie dans notre vie; le nouvel esprit dans notre esprit; la nouvelle volonté dans notre volonté; le nouvel amour dans notre amour; la nouvelle personne dans notre personnalité. « Le Christ vit en moi » Gal 2 :20. Cette transfusion a amené l'église de Thessalonique à avoir des membres et des dirigeants oints.

L'expérience nous dit que lorsque l'Évangile est prêché en paroles seulement, il fait peu ou pas d'impression sur les auditeurs ou n'en fait pas du tout. Nous pouvons nous entendre sans éloquence, mais sans la puissance du Saint-Esprit, notre ministère, nous devons le confesser, est totalement futile. L'église de Thessalonique a commencé et s'est développée avec une direction ointe.

L'apôtre Paul écrit aux Corinthiens: « Or celui qui nous établit avec vous en Christ, et qui nous a oints, est Dieu ». 2 Cor 1: 21. Et Jean ajouta: « L'onction que vous avez reçue de lui demeure en vous » (1 Jean 2:27). De même que le baptême du Saint-Esprit concerne chaque croyant dans le Corps du Christ, l'église, ainsi l'onction concerne le service spirituel au sein de l'église.

C'est un privilège et une nécessité pour chaque chrétien de rechercher une onction fraîche pour tout service spécifique. Sans l'onction fraîche, nous devenons impuissants, formalistes et dictatoriaux à notre service. C'est cette onction fraîche sous la direction du Saint-Esprit, qui nous rend efficaces, et pas seulement actifs, au service du Christ. Lorsque la puissance de Dieu est présente dans une réunion, quelque chose est sûr d'arriver. Nous pouvons réaliser des merveilles au nom de Jésus-Christ. L'Onction mène au service. Les gens ne pourront pas servir Dieu s'ils ne reçoivent pas l'onction. « Vous recevrez la puissance… et vous serez mes témoins. "Si nous optons pour servir le Seigneur sans l'onction, nous finirons par nous ridiculiser. Moïse, Esaïe, David, les disciples ne pouvaient pas le faire sans l'onction.

Beaucoup trop de chrétiens vivent leur vie spirituelle sur le « système des batteries ». Lorsque la batterie s'arrête, la voiture est morte. Ils vont à une conférence sur la vie plus profonde, et oh, quand ils en reviennent, ils sont complètement différents… Pendant trois semaines! Ou ils lisent une biographie chrétienne et en fermant le livre, ils disent: « Ah, la vie ne pourra plus jamais être la même »; ce n'est que seulement pour trois semaines! Pourquoi ? Parce qu'ils se reposent sur une activité et une expérience spirituelles plutôt que sur Christ. La vie chrétienne n'a jamais été conçue pour fonctionner sur le système de batteries. Elle était censée fonctionner selon le principe du circuit électrique. En termes simples, c'est juste ceci: un courant continu grâce à un contact continu. Vous et moi n'avons aucun pouvoir sur le courant; mais nous avons le pouvoir sur le contact; et quand, par des heures de prière régulières, une méditation quotidienne dans la Parole écrite, le contact est stable et la transfusion de puissance est faite.

Voici une autre caractéristique distinctive d'une église modèle:

III- *UNE TRANSMISSION SURNATURELLE*

Sur cette qualité particulière, l'apôtre met un grand accent. Veuillez me suivre au verset 8, où nous lirons la description frappante de Paul de leurs incroyables réalisations. « La parole du Seigneur a retenti de chez vous dans la Macédoine et dans l'Achaie, mais votre foi en Dieu s'est fait connaître en tout lieu de telle manière que nous n'avons pas besoin d'en parler. »

La vie chrétienne qui prend son origine dans *une transition spirituelle*, et consiste en *une transfusion surnaturelle*, est destinée à s'exprimer par *une transmission* également spéciale. Cela soulève toute la question de savoir ce qu'est le service chrétien. Dieu nous a appelés à être des TRANSMETTEURS.

La pleine bénédiction de Dieu sur nos églises et sur nos vies ne peut jamais être obtenue en dehors de notre responsabilité individuelle envers le programme de transmission de notre Sauveur. Je ne crois pas que nous puissions prier consciencieusement pour être remplis du Saint-Esprit, de joie et de paix débordantes de Dieu si nous tenons une réserve mentale pour rester indifférents et ne voulons pas transmettre le Christ aux perdus. Les champs de mission appartiennent au chrétien obéissant au Christ et rempli du Saint-Esprit.

« De vous » a dit Paul, « a retenti ». Ce sont deux mots très intéressants. Ils pourraient tout aussi bien lire de cette manière: « De toi, a sonné l'évangile. » Profitant pleinement de sa situation stratégique, l'église de Thessalonique est devenue le centre d'une grande activité missionnaire.

Le service chrétien est censé être un afflux continu… un débordement… un écoulement… un écoulement, de la vie même de notre Maître céleste en nous et à travers nous. *Le service chrétien, fondamentalement, transmet le Christ*

IV- *UNE TRANSFORMATION SURNATURELLE*

Nous avons appris jusqu'ici que la vie chrétienne est *une transition*, *une transfusion* et *une transmission* surnaturelles. Il sera consommé dans *une transformation* surnaturelle.
« … Et attendre son Fils du ciel, qu'Il a ressuscité des morts, Jésus même qui nous a délivrés de la colère à venir ».

Il est vrai que Jésus est mort pour nous permettre d'éviter l'enfer. Mais ce n'est pas le but fondamental de Dieu en nous sauvant. Profiter des

« nombreuses demeures » de la maison du Père n'est pas le but fondamental de Dieu pour nous sauver. Le but ultime de Dieu dans notre salut est que (Romains 8: 28,29) nous soyons conformes à l'image de son Fils, que nous soyons enfin présentés devant la présence de sa gloire comme les répliques exactes de son cher Fils. Pendant notre vie sur terre, notre caractère devrait continuellement ressembler au Sien de telle sorte que les autres comprennent que nous avons « été avec Jésus ». Mais un jour nous serons complètement semblables à Lui.

« Bien-aimés, nous sommes maintenant les fils de Dieu, et il n'apparaît pas encore ce que nous serons; mais nous savons que lorsqu'il apparaîtra, nous serons COMME LUI, car nous le verrons tel qu'il est. « (I Jean 3: 2)

La simple vue de notre Seigneur Jésus-Christ provoquera la transformation instantanée des enfants de Dieu à son image.

CONCLUSION: Nous avons vu ensemble les 4 marques d'une église modèle, à travers l'église de Thessalonique, et comment le Seigneur, à travers ses fidèles messagers, l'a amenée à l'existence et comment à son tour cette église a retenu le message de l'évangile. Nous avons des raisons de croire qu'il existe de nos jours de nombreuses églises de ce type à travers le monde, façonnées selon ce même modèle, poursuivant vigoureusement le même programme évangélique. Prions ensemble pour que le Seigneur, dans sa bonté et sa puissance infinies, multiplie grandement leur nombre.

ÉTUDE 3
ALLER AU-DELÀ DES LIMITES POUR DIEU
Actes 1: 8

Mais vous recevrez une puissance, le Saint-Esprit survenant sur vous, et vous serez mes témoins à Jérusalem, dans toute la Judée, dans la Samarie, et jusqu'aux extrémités de la terre.

C'est tellement étonnant et intéressant de trouver en lisant la Bible que Dieu a été le tout premier à donner l'exemple en allant au-delà des limites pour sauver l'humanité. Il est allé au-delà des limites pour chercher Adam et Eve après qu'ils ont péché, et Il les a informés sur-le-champ de sa provision pour un Sauveur. Il est allé au-delà des limites à l'époque de Noé pour que Noé construise une arche pour se sauver lui-même et sa famille du déluge. Il est allé au-delà des limites pour chercher Abraham en Chaldée, pour préparer à partir de lui une nation d'où sortira le Sauveur de l'humanité. Il a dépassé les limites pour sauver Lot et sa famille de Sodome et Gomor, pour faire sortir les Israélites d'Égypte et leur faire traverser la mer Rouge.

Lui, Dieu, est allé au-delà des limites pour nourrir les Israélites pendant 40 ans dans le désert et pour les amener dans la terre promise après avoir traversé le Jourdain; Il est allé au-delà des limites pour les sauver de nombreuses fois où ils lui avaient désobéi. Dieu est allé au-delà des limites du ciel et nous a donné son propre Fils bien-aimé; Jésus son Fils a dépassé les limites et a donné sa vie en rançon pour nous sauver; le Saint-Esprit a dépassé les limites et est descendu le jour de la Pentecôte pour commencer l'Église.

Et Jésus a dit: "Comme mon Père m'a envoyé, je vous envoie aussi." Jn 20:21. DIEU DEMANDE À SON ÉGLISE DE DÉPASSER LES LIMITES.

En lisant Actes 1: 8, nous avons découvert trois choses importantes

I- *IL N'Y A AUCUNE LIMITE À CE QUE NOUS DEVONS FAIRE*

1. Témoigner: nous devons être prêts à tout pour l'avancement du royaume de Dieu

2. Dieu avait besoin d'un Noé pour construire l'arche, d'un Moïse pour tenir la verge pendant qu'Il ouvre la mer rouge, d'un David pour se tenir devant Goliath, d'un Josué pour conduire les Israélites vers la terre promise, d'un Néhémie pour construire les murs de Jérusalem, d'un Daniel pour élever son nom parmi les païens.

3. Dieu avait besoin d'un Jean-Baptiste pour présenter Jésus, d'un Pierre pour prêcher à la Pentecôte, d'un Paul pour apporter l'Évangile en Europe, d'un Jean pour écrire le livre de la révélation. DIEU A BESOIN DE VOUS ET DE MOI AUJOURD'HUI.

II- *IL N'Y A AUCUNE LIMITE CONCERNANT OÙ NOUS DEVONS ALLER*

1. Jérusalem et Judée: Cela signifie: commencez où vous êtes et avancez! Cela signifie aussi, allez même là où vous pourrez être exposés à des persécutions. Jérusalem, c'est là que le Sauveur a été crucifié.

2. Samarie: Cela signifie: aller au-delà des limites des préjugés raciaux. En Christ, le conflit racial entre les Juifs et les Samaritains est terminé. « Rouge et jaune, noir et blanc, ils sont tous précieux à ses yeux.

En disant à ses disciples d'aller en Samarie, Jésus nous demande d'aimer à la fois ceux qui sont bons avec nous et ceux qui sont nos ennemis. Nous avons besoin de cette directive aujourd'hui! Mais quelqu'un répond: «Je ne peux pas aimer le nègre. "Ou" mes ancêtres ont souffert dans les champs de la main des Blancs, je ne peux tout simplement pas les aimer. Le Christ répond: «Je suis désolé ami, si vous n'êtes pas disposé à laisser votre christianisme vous coûter vos préjugés, vous n'êtes pas digne de ce nom.

« Un autre pourrait dire:« Ne soyez pas stupide, je ne peux pas aimer le juif, j'ai vécu à New York, ils possèdent tous les magasins de la ville et sont aussi tordus qu'un baril de serpents. « Ils font eux aussi, répond Jésus, partie de l'humanité et doivent être l'objet de notre amour. »

> 3. Aux extrémités de la terre: à l'époque, s'étendait l'Empire romain qui était également coupable de la crucifixion de notre Seigneur.

Pourrions-nous assister à des services, promouvoir des programmes, sans nous soucier encore beaucoup des besoins de notre monde ? Le témoignage chrétien vient en termes d'actions chrétiennes. Il y a plus de preuves dans un acte que dans un million de mots.

III- *IL N'Y A AUCUNE LIMITE QUAND NOUS DEVONS ALLER*

La Bible dit: « Aujourd'hui est le jour du salut ». Donc, aujourd'hui, c'est le jour de partir à la conquête des âmes perdues.

Le christianisme aujourd'hui demande de l'aide pour survivre. Il est sous l'eau essayant de respirer à travers un roseau tandis que les membres de l'église sont au-dessus de l'eau, collant leurs doigts dans le trou d'air. Le christianisme meurt d'étouffement dans ses propres murs, car ceux qui prétendent être chrétiens sont des gardiens de l'aquarium et non des pêcheurs d'hommes. Il doit arriver un jour où les chrétiens auront l'esprit qui n'est pas seulement doux, mais contagieux. Nous pouvons nous réunir dans nos bâtiments tous les jours jusqu'à ce que le monde meure et s'en va en enfer, et cela n'aidera pas. Nous devons essayer de donner le christianisme à des gens qui ne l'ont pas; qui ne l'ont jamais eu. Si nous nous mettons en quarantaine à l'intérieur de l'église et de son activité sociale, le monde est perdu.

L'armée enseigne que la mission est plus importante que les hommes. Cela devrait être encore plus vrai lorsque nous faisons des missions pour Dieu. Aujourd'hui, nous accordons plus d'importance à nous-mêmes qu'à l'œuvre de Dieu. Ce monde est prêt, prêt, prêt à pécher, et nous sommes prêts à nous enfermer dans nos confortables sanctuaires et à le laisser mourir. Certains d'entre nous se précipiteraient vers notre église s'il était annoncé qu'un prédicateur célèbre ou un groupe de chant exceptionnel allait être là, mais ne bougeraient pas de nos fauteuils inclinables si nous devions nous rencontrer à l'église pour apprendre de meilleures méthodes de témoignage.

Nos terres seront toujours prêtes à commettre le tort et le péché tant que nous ne voulons pas parler au monde de la nouvelle vie en Christ. Nous n'avons pas de problème d'immoralité - nous avons le problème d'un monde sans Christ. Nous n'avons pas de problème de préjugés - nous avons un monde sans Christ. Nous n'avons pas de problème de crime… nous avons un monde sans Christ. ***LE TEMPS D'ALLER AU-DELÀ DES LIMITES POUR DIEU, C'EST MAINTENANT!***

ÉTUDE 4
QUE FAUT-IL FAIRE POUR RECEVOIR LE TOUCHER DE JÉSUS
Luc 8 : 43 – 48

⁴³ « Or il y avait une femme atteinte d'une perte de sang depuis douze ans, et qui avait dépensé tout son bien pour les médecins, sans qu'aucun ait pu la guérir. ⁴⁴ Elle s'approcha par derrière, et toucha le bord du vêtement de Jésus. Au même instant la perte de sang s'arrêta. ⁴⁵ Et Jésus dit: Qui m'a touché? Comme tous s'en défendaient, Pierre et ceux qui étaient avec lui dirent: Maître, la foule t'entoure et te presse, et tu dis: Qui m'a touché? ⁴⁶ Mais Jésus répondit: Quelqu'un m'a touché, car j'ai connu qu'une force était sortie de moi. ⁴⁷ La femme, se voyant découverte, vint toute tremblante se jeter à ses pieds, et déclara devant tout le peuple pourquoi elle l'avait touché, et comment elle avait été guérie à l'instant. ⁴⁸ Jésus lui dit: Ma fille, ta foi t'a sauvée; va en paix. »

Intro : Un toucher peut être un contact soit physique, mental ou spirituel. Quand Jésus nous touche sa force devient notre force, sa puissance notre puissance ; quand il nous touche nous avons tout en lui.

Le plus grand problème de l'Église c'est que beaucoup de ceux-là qui se disent chrétiens n'ont pas encore reçu le toucher de Jésus. On n'est jamais le même quand on a été touché par le Christ. Pour recevoir ce toucher :

I- Il faut être à bout de ressources.

a) Cette femme a perdu sa santé.
b) Cette femme a dépensé tout son bien
c) Cette femme a vu tous les docteurs.
d) Cette femme n'a personne (comme l'aveugle au bord de la piscine de Bethesda).

II- Il faut s'approcher de Jésus.

a) Pour être touché par Jésus, li faut être prêt de lui. Beaucoup de gens veulent un toucher de Jésus alors qu'ils vivent très loin de lui dans leurs pensées et dans leurs actions.

b) **Hébreux 4 : 16**, Approchons-nous avec assurance du trône de la grâce.
Hébreux 10 : 22, Approchons-nous avec un cœur sincère.
1Pierre 2 : 4, Approchez-vous de lui pierre vivante.
Jacques 4 : 8, Approchez-vous de Dieu et il s'approchera de vous.
Eph. 3 : 12, Nous avons la liberté de nous approcher de Dieu.
Hebr. 11 : 6, Il faut que celui qui s'approche de Dieu croie que Dieu existe.

    a) On s'approche de Jésus par la <u>prière.</u>
    b) On s'approche de Jésus par la <u>méditation.</u>
    c) On s'approche de Jésus à l'<u>Église</u> (c'est sa maison).
    d) On s'approche de Jésus par la <u>foi.</u>

III- Il faut vaincre la foule.

(Tous les obstacles possibles)
    a) Cette femme a bravé la foule pour toucher Jésus.
    b) Zachée a aussi vaincu la foule en montant sur un sycomore pour voir Jésus.
    c) Bartimée a crié à haute voix pour se faire entendre à cause du bruit de la foule.

Ceux-là qui vous découragent dans vos activités chrétiennes, ceux-là qui méprisent votre fidélité envers Dieu ; ceux-là qui se moquent de votre dévotion et de votre dévouement au travail de Dieu, c'est la foule qu'il faut vaincre.
    d) La TV, la radio, les amis, etc. peuvent vous empêcher de toucher Jésus.
    e) Vos diverses occupations matérielles peuvent être une foule vous empêchant de toucher Jésus.

IV- Il faut toucher Jésus.

a) La foule entourait et pressait Jésus, mais une seule femme l'a touché.
b) Si la foule qui venait à l'Église désirait vraiment toucher Jésus, le visage même de l'Église changerait.
c) Il ne suffit pas de remplir tous les bancs au point de ne pas avoir de place pour asseoir les gens ; <u>ce qui importe c'est de toucher Jésus.</u>
d) On n'a pas été à l'Église tant qu'on n'a pas touché Jésus.

Conclusion :
1) Quand le Seigneur touche les lèvres d'Esaïe, ce dernier est purifié. ***Esaïe 6 : 7***
2) Quand l'Éternel touche la bouche de Jérémie, ce dernier a un message à donner. ***Jer. 1 : 9***
3) Quand Jésus touche la belle-mère de Pierre, la fièvre la quitta. ***Matt. 8 : 15***
4) Quand la femme (perte de sang) toucha Jésus, elle fut guérie. ***Matt. 9 : 20***

Luc 6 : 19, Toute la foule cherchant à le toucher, parce qu'une force sortait de lui et les guérissait tous.
Matt. 14 : 34 – 36, Tous ceux qui le touchèrent furent guéris.
Marc 10 : 13 – 16, Jésus toucha les petits enfants.
Luc 7 : 14, Jésus toucha le cercueil et le jeune homme se leva.

Après avoir touché Jésus par derrière il faut le déclarer par devant, c'est là votre témoignage.

Quand vous touchez Jésus vous avez un témoignage à donner.
- L'Église qui manque de témoignage donne la preuve qu'elle n'a pas encore touché Jésus.
- Très souvent vous rencontrez des chrétiens qui vous parlent d'eux-mêmes et qui n'ont aucun souci de parler de Jésus.

Si vous n'avez point honte de recevoir les bénédictions de Dieu, n'ayez point honte non plus de témoigner.

ÉTUDE 5
AVEZ-VOUS DE L'ORDRE ?
1 Cor. 14 :33 et 40

33 « car Dieu n'est pas un Dieu de désordre, mais de paix. Comme dans toutes les Églises des saints, 40, Mais que tout se fasse avec bienséance et avec ordre. »

Intro : Notre Dieu est un Dieu d'ordre ; Il commença avec Adam en lui passant des ordres. **Gen. 2 : 15 – 17**
1 Cor. 14 : 33, Dieu n'est pas un Dieu de désordre.
1 Thess. 5 : 14, Avertissez ceux qui vivent dans le désordre.
2 Thess. 3 : 6, Eloignez-vous de tout frère qui vit dans le désordre.
2 Thess. 3 : 7, Nous n'avons pas vécu parmi vous dans le désordre.
2 Thess. 3 : 11, Il y en a parmi vous qui vivent dans le désordre.
Jacques 3 : 16, Là où il y a un zèle amer, il y a du désordre.

Ou bien vous avez de l'ordre ou bien vous êtes dans le désordre. La Bible contient les ordres de l'Éternel. L'Église est une société d'ordre. La vraie force de l'ordre dans le monde n'est pas l'État, la police, l'armée. L'État ne peut pas changer un bandit, mais Dieu peut ; l'armée ne peut pas désarmer le monde, mais Dieu peut (**Ps 46**, C'est Lui qui a fait cesser les combats jusqu'au bout de la terre), quand les forces de la police ont peur des rues c'est Dieu qui veille sur nous (**Ps 127**, Si l'Éternel ne garde la ville celui qui la garde veille en vain).

Quand Dieu met de l'ordre dans votre vie, vous n'êtes jamais le même. Il mit de l'ordre dans Abraham, Jacob, Zachée, Paul.

I- Il faut mettre de l'ordre dans votre vie.
Gen. 26 : 5 *« Abraham a observé mes ordres »*
    a) Les gens que vous fréquentez
    b) Les lieux que vous fréquentez
    c) Les vices que vous avez
    d) Le tempérament que vous cultivez

e) Les habitudes que vous avez

II- Il faut mettre de l'ordre dans votre foyer.
2 Rois 20 : 1 et Esaie 38 : 1
« Donne tes ordres à ta maison »

    a) Dieu est-il bienvenu dans votre foyer.
    b) La musique païenne et mondaine est-ce ce que vous l'écoutez dans votre foyer.
    c) Avez-vous des amis qui viennent polluer l'air spirituel de votre foyer avec des cigarettes et des boissons alcoolisées.
    d) Pouvez-vous déclarer comme Josué : « Moi et ma maison nous servirons l'Éternel. »
    e) Avez- vous le culte de famille ?

III- Il faut mettre de l'ordre dans votre marche à Église.
Actes 1 : 2
« Jésus fut enlevé après avoir donné ses ordres »

1 Tim. 3 : 5, Car si quelqu'un ne sait pas diriger sa propre maison, comment prendra-t-il soin de l'Église de Dieu ?

1 Tim 3 : 15, Tu sauras comment il faut se conduire dans la maison de Dieu.

N.B. Le témoignage de Paul concernant les chrétiens de Colosse « voyant avec joie le bon ordre qui règne parmi vous. »

    a) Êtes-vous à l'heure aux services et aux réunions de l'Assemblée ?
    b) Participez-vous au service de chant, de lecture publique, à la prédication ?
    c) Est-ce difficile pour vous de garder le silence quand vous êtes à l'Église ?
    d) Est-ce le temps de parler à votre petite amie ? Dieu est-il satisfait de la façon dont vous vous habillez ?
    e) Avez-vous des ennemis à l'Église ?
    f) Faites-vous quelque chose pour Dieu par amour pour Lui ou pour vous faire remarquer ?

VI- Il faut mettre de l'ordre avant de mourir.
Hébreux 11 : 22
« C'est par la foi que Joseph mourant fit mention de la sortie des fils d'Israël et qu'il donna des ordres au sujet de ses os »

    a) Joseph ne voulut pas être enterré en Égypte pour des raisons que nous pouvons imaginer.

    b) C'est bien et prudent de mettre l'ordre avant de mourir, après on ne pourra rien faire.

Conclusion : Qu'attendez-vous pour mettre de l'ordre ? C'est bien de mourir dans l'ordre. Ne reportez pas à demain ce que vous devez faire aujourd'hui. Chaque jour qui passe efface un peu de nous-mêmes et nous rapproche de la mort. Il faut agir maintenant.

ÉTUDE 6
LA DÉLIVRANCE PAR LA LOUANGE
Psaumes 18 : 2-3

2 « Éternel, mon rocher, ma forteresse, mon libérateur ! Mon Dieu, mon rocher, où je trouve un abri ! Mon bouclier, la force qui me sauve, ma haute retraite ! 3 Je m'écrie : Loué soit l'Éternel ! Et je suis délivré de mes ennemis. »

Intro : L'Église de Jésus-Christ oublie souvent qu'elle peut prendre le chemin de la louange pour expérimenter la délivrance du Seigneur.

Ps 22 : 4, L'Éternel siège au milieu des louanges d'Israël.
Ps 95 : 2, Allons au-devant de Lui avec des louanges.
Ps 100 : 4, Entrez dans ses portes avec des louanges.
Ps 96 : 4, L'Éternel est très digne de louanges.
Ps 34 : 2, Je bénirai l'Éternel en tout temps, sa louange sera toujours dans ma bouche.
Ps 42 : 9, La nuit je chantais ses louanges.
Phil. 4 : 8, Que tout ce qui est digne de louanges soit l'objet de vos pensées.
Hébreux 13 : 15, Offrons à Dieu un sacrifice de louange.
Ps 149, Chantez à l'Éternel un cantique nouveau, chantez ses louanges dans l'assemblée des fidèles.
Ps 150 : 1, 2 ; Louez Dieu dans son sanctuaire ! Louez-le dans l'étendue où éclate sa puissance. Louez-le pour ses hauts faits ! Louez-le selon l'immensité de sa grandeur.
Ps 150 : 6, Que tout ce qui respire loue l'Éternel. Louez l'Éternel !
Éphésiens 5 : 19, Entretenez-vous par des psaumes, par des hymnes et des cantiques spirituels chantant et célébrant de tout votre cœur les louanges du Seigneur…

Chaque mot de louange prononcé est une balle tirée dans l'invisible sur satan.

I- La délivrance par la louange.
2 Chroniques 20 (JUDA)

« Au moment où l'on commençait les chants et les louanges, l'Éternel plaça une embuscade contre les fils d'Ammon et de Moab » ***v. 22***

« Ils entrèrent à Jérusalem et dans la maison de l'Éternel au son des luths, des harpes et des trompettes »

    a) Nous n'avons même pas besoin d'identifier nos ennemis, ils se tueront les uns les autres si seulement nous louons le Seigneur.

JUDA veut dire = Louange. Jésus-Christ est le Lion de Juda, vous comprenez !

II- La délivrance par la louange
Actes 16, Paul et Silas

« Vers le milieu de la nuit, Paul et Silas priaient et chantaient les louanges de Dieu et les prisonniers les entendaient. Tout à coup, il se fit un grand tremblement de terre » ***v. 25, 26***

    a) Quand vous louez Dieu dans une situation, vous le mettez au beau milieu de la situation et des miracles se produisent. Les miracles trouvent ou suivent toujours le trajet du Seigneur. Les miracles = empreinte de Dieu.

III- La délivrance par la louange – Bartimée.
Marc 10 : 46 – 53

v. 47, « …, et il se mit à crier Fils de David, Jésus, aie pitié de moi »

a) Reconnaître Jésus comme Fils de David c'est admettre qu'il est roi.

v. 49, Jésus s'arrêta et dit : « Appelez-le »

b) La louange c'est la fréquence de communication du Seigneur, c'est le code d'accès sans lequel personne ne peut entrer dans la présence de Dieu.

VI- La délivrance par la louange – Moise.
Exode 17 : 8 – 13

v. 11, Lorsque Moise élevait sa main, Israël était le plus fort.

Quand vous élevez vos mains vers Dieu sa toute Puissance vient vers vous.

    a) **Ps 28 : 2**, Écoute la voie de mes supplications, quand je crie à toi, quand je lève mes mains vers ton sanctuaire.

Ps 63 : 5, Je te bénirai donc toute ma vie, J'élèverai mes mains en ton nom.
Ps 143 : 2, Élevez vos mains vers le sanctuaire, et bénissez l'Éternel.
Lam. 3 : 41, Élevons nos cœurs et nos mains vers Dieu qui est au ciel.
1 Tim. 2 : 8, Je veux donc que les hommes prient en tout lieu en élevant des mains pures, sans colère ni mauvaises pensées.

Conclusion : À la dédicace du Temple de Jérusalem sous le règne de Salomon, la Bible dit : *« Et lorsque ceux qui sonnaient des trompettes et ceux qui chantaient, s'unissant d'un même accord pour célébrer et pour louer l'Éternel, firent retentir les trompettes, les cymbales et les autres instruments, et célébrèrent l'Éternel par ces paroles : Car Il est bon, car sa miséricorde dure à toujours ! En ce moment, la maison, la maison de l'Éternel fut remplie d'une nuée. Les sacrificateurs ne purent pas y rester pour faire le service à cause de la nuée ; car la gloire de l'Éternel remplissait la maison.* **2 Chron. 5 : 13, 14**

Esaie 61 : 3, Demandez donc à Dieu ce matin de vous donner un vêtement de louange pour remplacer votre esprit abattu et vous serez délivrés de tous vos problèmes.

Adonaï – Maître Seigneur / Kurios / ***Gen. 15 : 28***
Elohim – Dieu créateur ***Gen. 1 : 1***
El Elyon – Dieu très haut ; le Dieu le plus élevé, Supérieur ***Gen. 14 : 18***
El Shaddai – Dieu Tout Puissant, Tout Suffisant (abondance et fécondité) ***Gen. 17 : 1***
El Olam – Dieu d'éternité ***Gen. 21 : 33***
Atta El Roi – Dieu qui me voit ***Gen. 16 : 13***

Célébrer la gloire de Dieu
Les libellules qui survolent la surface miroitante des étangs, les baleines qui fendent le vert silence des océans, les bouquetins aux sabots noirs, la lune, le soleil et les étoiles, les montagnes comme les campagnes, toute la nature proclame la gloire de Dieu. La beauté et l'harmonie du monde révèlent quelque chose du Créateur et célèbrent son infinie grandeur comme sa sagesse profonde.

Pour heureuse qu'elle soit, cette proclamation de la gloire de Dieu n'est pas suffisante, car il désire être célébré par des créatures intelligentes. Cela, l'être humain seul peut le faire. C'est d'ailleurs l'un de ses privilèges. Hélas ! L'homme en général ne glorifie son Créateur ni par son comportement ni par ses paroles. Sa vie est souvent une offense au Dieu de Sainteté et ses paroles parfois vont jusqu'à le blasphémer.

Mais Dieu n'est jamais pris au dépourvu. Il revendique sa gloire dans le jugement des hommes révoltés, mais surtout, il la rehausse en faisant miséricorde à ceux qui placent leur confiance en son fils Jésus-Christ. Voilà pourquoi nous pouvons maintenant adorer Dieu librement pour ce qu'il est et le louer pour ce qu'il fait pour nous. Notre louange peut s'exprimer sans parole par un comportement qui l'honore. Chaque événement de notre vie devient alors l'occasion de contribuer à sa gloire. Faisons-nous toute chose pour la gloire de Dieu ? Dieu nous a sauvés pour que nous devenions des adorateurs. ***Jean 4 : 23***, les vrais adorateurs adoreront le Père en esprit et en vérité.

L'Institution de l'Église est conçue et établie principalement pour préparer et former des adorateurs. Si vous ne vous exercez pas à adorer dès maintenant, vous aurez une éternité ennuyeuse parce que c'est exactement ce que nous ferons au ciel.

L'adoration doit être le style de vie du racheté en Jésus-Christ.

ÉTUDE 7
LA FAMILLE SELON DIEU
Deut. 11:18-20

18 « Mettez dans votre coeur et dans votre âme ces paroles que je vous dis. Vous les lierez comme un signe sur vos mains, et elles seront comme des fronteaux entre vos yeux. 19 Vous les enseignerez à vos enfants, et vous leur en parlerez quand tu seras dans ta maison, quand tu iras en voyage, quand tu te coucheras et quand tu te lèveras. 20 Tu les écriras sur les poteaux de ta maison et sur tes portes.... »

Intro : La famille est l'ensemble des habitants de la maison ou des personnes issues d'un même sang. Dieu créa la famille avant même de bâtir l'Église; une église est aussi forte que les familles qui forment la congrégation tout entière, c'est pourquoi la Bible encourage le culte familial qui sert d'extension au culte de l'église locale. Il est écrit en **Deut.11:18-20** : *" Mettez dans votre cœur et dans votre âme ces paroles que je vous dis. Vous les lierez comme un signe sur vos mains, et elles seront comme des fronteaux entre vos yeux. Vous les enseignerez à vos enfants, et vous leur en parlerez quand tu seras dans ta maison, quand tu iras en voyage, quand tu te coucheras et quand tu te lèveras. Tu écriras sur les poteaux de ta maison et sur les portes."* Soulignez bien:
a) Quand tu te coucheras
b) Quand tu te lèveras

La famille qui ne **chante** pas ensemble, qui ne **prie** pas ensemble, et qui ne **médite** pas sur la parole de Dieu ensemble est condamnée à expérimenter des problèmes de tous genres. Le Psaume 127 est vraiment clair là-dessus, et le psaume 128 en parle également. Une lecture méditative de ces deux Psaumes aiguisera notre compréhension.

I- La décision de Josué pour sa famille.
Josué 24:15

a) " MOI ", La famille immédiate d'un serviteur de Dieu est le vrai témoin de la spiritualité de ce dernier. Un homme de Dieu est un homme de caractère c'est celui-là que décrit Psaumes 1er :

      1- Il ne se laisse pas conseiller par les méchants.
      2- Il ne s'arrête pas sur la voie des pécheurs.
      3- Il ne s'assied pas en compagnie des moqueurs.
      4- Il prend son plaisir dans la loi de l'Éternel jour et nuit.

b) " ET MA MAISON, NOUS SERVIRONS L'ÉTERNEL. " Un vrai homme de Dieu ne peut pas regarder sa famille aller en enfer. Un vrai homme de Dieu sert Dieu avec toute sa famille.

II- Job et le culte en famille.
Job 1:5

III- Jésus et la famille de Lazare.
Jean 11, Jean 12

IV- Corneille et sa famille.
Actes 10:34-38; Actes 11:14.

V- Le geôlier et sa famille.
Actes 16:25-34.

VI- Les parents de Timothée.
2 Tim. 1:5

Conclusion : 1 Tim. Chapitre 3 parle en long et en large sur ce sujet, et décrit en outre le serviteur selon Dieu à quelque poste qu'il puisse se trouver. On retiendra après une très bonne lecture de ce chapitre qu'un vrai serviteur de Dieu l'est d'abord à la maison avant même de l'être à l'église; il l'est dans le secret avant même de l'être en public.

ÉTUDE 8
LA FAMILLE CHRÉTIENNE

Intro : Dieu institua le mariage pour qu'il soit une relation monogamique, pour la vie, **Marc 10:2-12**, établie dans un foyer et séparée des parents, Eph 5:31.

L'adultère est un péché tellement sérieux qu'il est le sujet du 7e commandement, **Ex. 20:14**, où il est mentionné entre le meurtre et le vol. Chaque membre de la famille a un rôle à jouer d'après la Bible :

I- Au mari est donné le rôle de Chef (tête)
Mais il doit aimer sa femme assez pour être disposé à se sacrifier pour elle, **Eph. 5:22-23**. Il a la responsabilité de pourvoir au besoin de sa famille, **I Tim. 5:8**, et d'élever les enfants dans la grâce et la crainte du Seigneur, **Eph. 6:4 ; Deut 6:6,7** sans les irriter ni les décourager, **Col. 3:21**.

II- À la femme est donnée le rôle de soumission à son mari
Eph. 5:22-23
I Pierre 3:1-6, mais elle doit occuper la place d'honneur dans le foyer, **I Pierre 3:7**. Si l'un refuse de donner à l'autre la place à occuper ou le rôle à jouer selon Les Écritures, cela peut faire obstacle à leurs prières.

II- Aux enfants est donnée la place d'obéissance aux parents
Eph. 6:1-3
Prov. 22:15; 23:13, qu'ils ont le devoir d'honorer, **Eph. 6:2; ITim.5:4, Jean 19:26**.

IV- Les serviteurs de la maison doivent être bien traités
Justement par leurs employés, **Col 4:1**. Ils doivent être obéissants et honnêtes, **Tite 2:9,10**, fidèles à leur travail, **Col 3:22-24**.

Conclusion : La Bible contient des révélations en appui au plan de Dieu pour le salut des familles. Le but de Dieu de pourvoir au salut de la maisonnée tout entière est vu clairement en **Genèse 7:1** et **Actes 11:14**; les expressions " toi et toute ta maison" sont employées tant dans l'Ancien que dans le Nouveau Testaments. Cette provision divine de délivrance pour la famille entière s'étend même aux petits-enfants, **Psaumes 103:17,18**.

Comme le programme de Dieu s'accomplit, les familles d'Abraham et de Josué furent sauvées dans la mesure où les patriarches reconnurent leur responsabilité vis-à-vis d'elles, **Gen. 18:19; Josué 24:15**. La nuit de Paque en Égypte le sang de l'agneau est pourvu pour chaque famille israélite, Ex. 12:3,4. Le plan de Dieu de s'assurer autant que possible du salut des enfants est révélé en **Psaumes 78:5-7**. À Rahab fut donnée la responsabilité de son père, sa mère, son frère, et les autres, **Josué 2:18,19**. Les femmes jouent un rôle important dans le salut de leurs époux inconvertis, **1 Pierre 3:1,2; 1 Cor. 7**. Le moyen pratique par lequel David chercha à gagner ses proches est vu clairement en **Psaumes 101:2-7**; dans le cas de la famille de Jacob lisez **Gen. 35:2-4**. Les promesses divines traitant de ce sujet se retrouvent en **Prov. 22:6; Actes 2:39**; et **Actes 16:31**. Ce qui est dit en **Deut. 5:29** est repris en **Actes 11:14**. De tels versets offrent un grand encouragement aux parents et aux autres de prier pour le salut des membres de leurs familles, et de vivre avec cela en vue.

LA FAMILLE CHRETIENNE (2ᵉ partie)

Ce que tout chrétien marié doit savoir
Éphésiens 5: 21-33

L'ignorance et le manque de connaissances dans de nombreux domaines peuvent entraîner la destruction d'un pays, d'une société, d'une famille ou d'un individu. La Bible dit dans Proverbes 29:18: « Quand il n'y a pas de révélation le peuple est sans frein ; heureux s'il observe la loi ! ». Comment cette vérité s'applique-t-elle au mariage chrétien? Le manque de connaissances est-il mortel pour les chrétiens mariés? Éphésiens 5: 21-33 fournit en un mot ce que tout chrétien marié devrait savoir.

1. ***La méthode de Dieu pour le mariage est expliquée (V.21 et 25)***

a) Les épouses doivent se soumettre en tant que compagnons soumis
b) Les maris doivent aimer en tant que leader aimant
c) Le rôle de l'homme dans le mariage est d'aimer sa femme et d'être un mari responsable qui prend des décisions sages et désintéressées en prenant soin de sa femme et de sa famille, cherchant toujours des moyens de fournir le pain, protéger chacun, donner son temps, guider tout le monde, d'aimer sa famille et de se sacrifier afin de s'assurer qu'en toutes choses sa femme soit honorée et que Dieu soit exalté.
d) Le devoir d'une femme dans le mariage est de se soumettre à son mari, de l'accompagner de manière désintéressée et inconditionnelle, en l'aidant dans la construction de leur alliance conjugale et en évitant toute attitude d'obstruction et de destruction susceptible de déshonorer son mari et de déplaire à Dieu.

2. *Le message de Dieu pour le mariage est maintenu (V.22 et 24)*
   a) L'amour du mari illustre l'amour du Christ pour l'Église
   b) La soumission de l'épouse illustre la soumission de l'église au Christ

3. *La mission des chrétiens dans le mariage est atteinte (V.24, 25-30)*
   a) Quand les femmes apportent le sacrifice de la soumission en tout
   b) Quand les maris apportent le sacrifice de l'amour en tout

4. *La manière des chrétiens dans le mariage est conservée (V.22-25, 29-30)*
   a) Quand le couple se souvient que tout doit être fait « comme le Christ l'a fait »
   b) Quand le couple se souvient que tout doit être fait pour le Christ

5. *Le mystère de l'église dans le mariage est soutenu (V.32-33)*
   a) Quand l'église se comporte comme l'épouse du Christ. C'est un mystère et un grand.
   b) Il s'agit de Christ et de son église

Les chrétiens mariés doivent savoir que le mariage est une relation d'alliance, inconditionnelle et permanente entre un mari aimant et une épouse soumise, illustrant une relation plus élevée entre le Christ et son église. Pour cette raison, les chrétiens mariés sont appelés à plaire au Christ tout en s'efforçant de plaire les uns les autres. Sinon, le grand mystère du Christ et de son église, dont le mariage chrétien est une image, sera pollué et souillé. Puisque Dieu a jugé sage de peindre l'image du mariage comme une illustration éternelle du Christ et de son église, personne ne devrait courir le risque de mépriser et de détruire cette œuvre divine d'amour.

ÉTUDE 9
LA BIBLE ET LA MUSIQUE

En Israël, il y avait trois sortes d'instruments : à cordes, à vent et à percussion. On les jouait à l'unisson plus souvent qu'en harmonie. La musique était plus rythmée que mélodieuse, et cela en dépit du fait que certains psaumes aient eu leurs mélodies propres.

La musique avait une place importante dans le culte du temple. *I Chron.15:16-24* montre comment David organisa le chœur et l'orchestre du Temple " pour qu'ils chantent et jouent avec joie". Dans le Temple on ne chantait pas toujours en chœur. Parfois, un groupe chantait une ligne et une autre la suivante. La danse était aussi un moyen d'exprimer sa joie en adorant Dieu. En ramenant l'arche de l'alliance à Jérusalem, " David et tout Israël dansaient de toute leur force devant Dieu " *1 Chron.13:8.*

Dans l'Ancien Testament, l'adoration était dramatisée et organisée avec spontanéité, simplicité et sincérité .Nous ne pouvons lire l'histoire de l'Église sans observer la grande influence de la musique sur l'évangélisation mondiale et l'édification de l'Église. Les tribus hostiles et barbares qui n'avaient jamais entendu parler de Jésus s'étaient converties au Seigneur à travers les compositions musicales des anciens de l'église. Par exemple, les hymnes des Martin Luther ont enflammé le mouvement de la réforme au 16e siècle..

Le mot musique est de l'Hébreu « shiyr » qui dérive de « shiyra » = chant musical . Retenons les différentes références dans la Bible : Laban (Gen.31 :27) ; David (1 Chron 15 :27 ; Ps 22 et 23 ; Ps 150 ' Marie La prophétesse (Exode 15 :20-21).

Retenons également les références aux chants à la création de l'univers : Ezéchiel 28 :11-14 ; Job 38 :7.La première musique sacrée mentionnée dans la Bible se trouve dans le livre de *Job 38:7*, où les étoiles du matin chantèrent à la création de l'univers matériel.

* Un autre chant est mentionné en **Exode 15:1**, quand les enfants d'Israël se réjouirent de leur délivrance du pays d'Égypte. Il y a un nombre de faits remarquables qui sont révélés dans la Bible concernant la musique sacrée.

Dans le Nouveau Testament, l'Adoration a une substance, un standard et un secret ou encore : un menu, une mesure et une manière. La MUSIQUE D'ÉGLISE EST UNE MUSIQUE SACRÉE, MISE À PART POUR DIEU ET DIFFÉRENTE DES AUTRES MUSIQUES.

I- *LA SUBSTANCE DE LA MUSIQUE D'ÉGLISE*
(Menu) : Éphésiens 5 :18-19

Pour différencier l'adoration de l'église des festivités païennes à Éphèse, Paul donne le ton et présente la façon de conduire l'adoration dans l'église.

A- ENTRETENEZ-VOUS PAR DES PSAUMES

1- Les « Psaumes » [Tehilim en Hébreux, Psalmois du Grec signifie : sons de corde, chants avec l'accompagnement d'un instrument]. Ainsi, les Psaumes forment une collection de morceaux de musique accompagnés d'instruments ; des chants sacrés chantés avec un instrument. Selon W. E. Vine.
L'Ancien Testament présente plusieurs psalmistes dont les chants étaient familiers tant dans les services d'adoration du peuple juif que du temps des apôtres . Références : Actes 4 :24 ; i Cor. 14 :26 ; Jacques 5 :13 . Les Psaumes forment le livre des chants de louange des Hébreux et renferment toutes les formes d'expression d'adoration.

B- ENTRETENEZ-VOUS PAR DES HYMNES

1- Le verbe est HUMNEO (en grec) et le nom c'est HYMNOIS qui veut dire des chants de louange non accompagnés de musique instrumentale. Les hymnes se distinguent des Psaumes ; les savants théologiens et chercheurs ont trouvé que les hymnes étaient une musique principalement vocale, chantée par la congrégation et dirigée vers Dieu en signe de dévotion aussi bien que pour exprimer un enseignement, une pétition ou une demande. Références : Matt. 26 :30 ; Actes 16 : 25. Dans les Évangiles et dans les Épitres, on retrouve les Hymnes :

a) L'Hymne de Marie. Mère de Jésus : Luc 1 :45-55
b) L'Hymne de Zacharie Luc 1 :67-69
c) L'Hymne de Siméon Luc 2 :25-32, 34-35
d) L'Hymne de Paul 1 Tim. 3 :16

LES HYMNES EXPRIMENT ET ENSEIGNENT LA THÉOLOGIE EN MUSIQUE.

C- ENTRETENEZ-VOUS PAR DES CANTIQUES SPIRITUELS

Les cantiques spirituels, du grec, ODais pneumatikais, sont le terme générique désignant tous les chants quelconques. Les cantiques étaient des chants spirituels exprimant une déclaration spirituelle spontanée, inspirée par le Saint-Esprit.

II- LE STANDARD DE LA MUSIQUE D'ÉGLISE

a) La musique sacrée rafraîchit le cœur et fait fuir les mauvais Esprits
 I Samuel 16:23.
b) La musique sacrée crée une atmosphère favorable au ministère de la Parole de Dieu.
 2 Rois 3:15,16.
c) La musique sacrée aide à amener les âmes à Dieu.
 Psaumes 40:1-3
d) La musique sacrée contribue à la défaite de l'ennemi
 2 Chron. 20:21,22.

e) La musique sacrée remplit de Gloire la maison de Dieu

2Chron. 5:13,14.

f) Le peuple d'Israël perdit chant dans le pays de captivité à cause de péché, **Psaumes 137:1-4**, mais s'en souvint encore après restauration, **Esdras 3:2,11**.

III- LE SECRET DE LA MUSIQUE D'ÉGLISE

g) Dans le Nouveau Testament il est révélé que le secret du chant des rachetés se trouve dans la parole de Christ qui habite dans leur cœur
   Col. 3:16.
h) C'est l'un des résultats de la plénitude du Saint-Esprit
   Eph.5:18,19.

CONCLUSION :

Le nouveau chant du ciel commence sur la terre. C'est la louange à l'Agneau d'avoir racheté des hommes pour Dieu par son sang, des hommes de toute race, de toutes langues et de toutes nations, **Apo. 5:9**.

ÉTUDE 10
LE DEVOIR SPIRITUEL DU CHRÉTIEN
Éphésiens 5 :15-21

« **15***Prenez donc garde de vous conduire avec circonspection, non comme des insensés, mais comme des sages;* **16***rachetez le temps, car les jours sont mauvais.* **17***C'est pourquoi ne soyez pas inconsidérés, mais comprenez quelle est la volonté du Seigneur.* **18***Ne vous enivrez pas de vin: c'est de la débauche. Soyez, au contraire, remplis de l'Esprit;* **19***entretenez-vous par des psaumes, par des hymnes, et par des cantiques spirituels, chantant et célébrant de tout votre cœur les louanges du Seigneur;* **20***rendez continuellement grâces pour toutes choses à Dieu le Père, au nom de notre Seigneur Jésus-Christ,* **21***vous soumettant les uns aux autres dans la crainte de Christ.* »

L'homme rempli du Saint-Esprit ne chante pas des ballades sentimentales, des chansons comiques, des chansonnettes françaises ou des airs d'Opéra pendant que le Saint-Esprit repose sur lui. Même les chants mondains les plus innocents ne sont pas une jouissance pour l'âme pleine du Saint-Esprit; elle soupire après les louanges de Christ. C'est pourquoi l'un des devoirs religieux du chrétien est de chanter des chants de louange au Seigneur :

Psaumes 81:2 ; **Psaumes 95:1**; **Es. 30:29** ; **1 Cor. 14:15**; **Eph. 5:19**; **Col. 3:16** ; **Jacques 5:13.** Plusieurs exemples se trouvent dans les versets suivants : **Nombre 21:17**; **2 Chron. 20:22**; **Esdras 3:11**; **Marc 14:26**; **Actes 16:25**; **Apoc. 5:9.**

1- C'est un devoir occasionnel : **Ps. 69:13; Amos 5:23; 6:5; 8:10.**

2- C'est un devoir à faire même dans la nuit : **Job 35:10; Ps. 42:9; Ps. 77:7; Ps. 149:5; Es. 30:29; Actes 16:25.**

3- C'est un devoir à faire dans la victoire: **Ex 15:1; Juges 5:1; Apo 14:3, Apo 15:3.**

Versets à consulter : ***Deut 31:22,30 ; Deut 32:44; 2 Samuel 22:1; 1 Chron. 6:31, 1 Chron. 15:22,27; 1 Chron. 25:6; 2 Chron. 29:27; Ps 33:3; Ps 40:3; Ps 32:7; Matt 26:30; Marc 14:26.***

4- <u>Le croyant déboussolé ne peut pas chanter sur le territoire du diable</u>
Psaumes 137:3,4.

Conclusion : Si vous êtes remplis de l'Esprit, c'est le moment de faire votre devoir.

ÉTUDE 11
LE TRIOMPHE SUR LA TENTATION

Intro : Le chemin du triomphe sur la tentation, voila le sujet qui est devant nous.

I - La définition de la tentation (v. 13)
a. Le Terme " TENTATION" est utilisé pour signifier "EXAMEN PAR LES ÉPREUVES" aux versets 1 à 12. Mais, dans les versets 13 et 14, le terme TENTATION est employé pour signifier " L'ATTIRANCE AU MAL "

II- L'inévitabilité de la tentation (v. 13)
a. Tout le monde peut être tenté. Le verset ne dit pas si vous êtes tentés, mais plutôt lorsque vous êtes tentés.

b. Jésus Christ est la seule personne qui n'a jamais été et ne sera jamais tenté de faire le mal dans le sens qu'il y aurait en Lui une certaine attirance à faire le mal, un certain penchant pour le mal.

c. D'aucuns n'arrivent pas à comprendre pourquoi Jésus Christ était tenté dans le désert. Cependant, Jésus fut tenté dans le désert non parce qu'Il pouvait commettre le moindre des péchés, mais pour prouver qu'il ne pouvait pas pécher (Hébreux 4 :15 et Hébreux 2 :18).

III- La source de la tentation (v. 13-14)
a. C'est une fausse vue que de penser que la source de la Tentation, c'est Dieu. Les hommes mettent le blâme sur Dieu quand ils sont tentés parce qu'ils ne veulent pas accepter le blâme et parce que Dieu ne viendra pas se présenter pour sa défense.

b. Dieu peut nous tester à travers les épreuves, mais Il ne nous tente jamais de faire le mal. Plusieurs n'arrivent pas à comprendre les versets **1 Samuel 16:23** et **2 Samuel 24:1**; ils n'arrivent pas à réconcilier **1 Chron. 21** et **Matt. 4:1** à ce sujet.

c. Le fait est que : bien que Dieu permette que nous soyons tentés de faire le mal, Il n'est jamais l'initiateur de la tentation. L'Exemple de Job est bien évident.

d. La vraie source de la tentation nous dit le verset 14 de Jacques 1er : C'est du dedans. C'est de l'intérieur. Chacun de nous a sa propre convoitise qui est tout simplement sa nature pécheresse interne (Lisez **Romains 7:13-25**). Notre nature pécheresse est propre et particulière à chacun de nous au point que, ce qui me tente chaque jour, peut ne pas être ce qui vous tente chaque jour.

IV - La progression de la tentation (v. 14-15)

a. La Tentation a un sentier qu'elle emprunte toujours quand elle attaque. Le verset souligne "Attiré par sa propre convoitise"; comme c'est le cas d'un ivrogne passe devant un bar.

b. "La convoitise une fois conçue, enfante le péché". Si vous permettez à vos pensées de demeurer ou si vous méditez sur ce qui a attiré votre nature pécheresse intérieure ; c'est là que vous allez commencer à pécher. Si vous ne voulez pas tomber dans la tentation il faut à tout prix éviter de méditer le mal.

c. "Le péché étant consommé produit la mort". Une fois que nous permettons à nos mauvaises pensées de prendre le contrôle de notre homme intérieur nous commettons un acte de péché. Ex. Tout d'abord l'ivrogne éprouve une forte envie de boire ; au lieu de fuir, il rentre dans un bar, s'assoit et commande; et avant longtemps, le voilà avec son verre à la main en train de boire.

d. L'exemple de l'ivrogne s'applique à toutes les autres tentations (immoralité, tromperie, médisance, mensonge, etc. Ce n'est pas un péché d'être tenté, le péché c'est de céder à la tentation.

e. Le péché c'est le petit enfant gâté de la convoitise. Le résultat ou les conséquences de la tentation, c'est la mort. La mort, c'est être séparé de Dieu dans le cas du croyant, la mort ou la séparation évoquée dans le verset veut dire un arrêt dans sa communion avec Dieu (***1 Jean 1:6***).

V- Le triomphe sur la tentation (v. 16-18)

a." Ne vous y trompez pas mes frères "c'est un avertissement au croyant pour qu'il ne cède pas à la tentation et n'en consomme pas les fruits.

b. C'est un avertissement au croyant pour l'aider à éviter même l'apparence du mal.

c. C'est un avertissement qui permet au croyant de se tenir en garde contre toute tentation extérieure qui pourrait atteindre sa nature intérieure. Martin Luther a écrit : *« Vous ne pouvez pas empêcher aux oiseaux de voler sur vos têtes; mais, vous pouvez les empêcher de faire leurs nids dans vos cheveux. »*

d. Pour triompher de la tentation il faut occuper vos pensées avec ce qui est bien (*v. 17*). L'Apôtre Paul l'a aussi souligné en **Phil. 4: 8**.

e. Pour triompher de la tentation, il vous faut mettre en pratique les principes de la vérité de la parole de Dieu (*v.18*). Lisez **Psaumes 119:9,11**.

ÉTUDE 12
LE DIEU DES FAIBLES
1 Cor. 1 : 26 - 31

*« **26**Considérez, frères, que parmi vous qui avez été appelés il n'y a ni beaucoup de sages selon la chair, ni beaucoup de puissants, ni beaucoup de nobles. **27**Mais Dieu a choisi les choses folles du monde pour confondre les sages; Dieu a choisi les choses faibles du monde pour confondre les fortes; **28**et Dieu a choisi les choses viles du monde et celles qu'on méprise, celles qui ne sont point, pour réduire à néant celles qui sont, **29**afin que nulle chair ne se glorifie devant Dieu. **30**Or, c'est par lui que vous êtes en Jésus-Christ, lequel, de par Dieu, a été fait pour nous sagesse, justice et sanctification et rédemption, **31**afin, comme il est écrit, Que celui qui se glorifie se glorifie dans le Seigneur. »*

Intro :
Esaie 25 : 4, Tu as été un refuge pour le faible.
Zacharie 13 : 7, Je tournerai ma main vers les faibles.
Job 5 : 15, Dieu protège le faible contre leurs menaces et le sauve de la main des puissants.
2 Chron. 14 : 10, Asa dit : Éternel Toi seul venir en aide au faible.
Joël 3 : 10, Que le faible dise, je suis fort.
Matt 26 : 41, La chair est faible.

C'est vraiment encourageant de savoir que Dieu nous accepte tel que nous sommes avec notre faiblesse. Quand nous venons à lui, Il prend notre faiblesse et nous offre sa force. Cette chair dans laquelle nous vivons est responsable de notre faiblesse, il nous faut constamment l'offrir à Dieu (**Rom. 12 : 1, 2**). C'est le seul moyen de la contrôler. Nous sommes de nature faible ; c'est avec Dieu seul que nous pourrons être forts. **1 Cor. 10 : 12**, *« Que celui… »*

- Devant certaines tentations nous nous sentons faibles.
- Devant certaines conditions : être veuve, orphelin, être abandonné par sa femme, son mari.

- Face à certains échecs, nous nous sentons faibles.
- Face à la mort d'un proche, nous nous sentons faibles.
- Face à : la maladie, la disette, le découragement, l'incertitude, la déception, le malheur, la solitude, la dépression, la persécution, les menaces de l'ennemi, le désespoir... Nous nous sentons faibles.

Toutefois c'est quand nous sommes conscients de notre faiblesse que Dieu agit en notre faveur.

I- Dieu utilise les faibles

1 Cor. 1 : 27
1- Abraham – manque de foi = Agar
2- Moise – assassin
3- David – adultère
4- Elie (***Jacques 5 : 17***) – suicidaire
5- Pierre – reniement
6- Paul – persécuteur, physiquement incapable.

Hébreux 7 : 28 et ***Hébreux 5 : 1 – 3***
Les faibles ne sont pas orgueilleux, ils savent que sans Dieu ils ne représentent rien ; aussi s'appuient-ils constamment sur Lui.

II- Dieu supporte les faibles

Rom. 8 : 26, L'Esprit nous aide dans notre faiblesse.
Hebr. 4 : 15, Il peut compatir à nos faiblesses
Hebr. 2 : 18, Il a été tenté... Il peut secourir ceux qui sont tentés.

III- Dieu fortifie les faibles

Esaie 41 : 10, Je te fortifie, je viens à ton secours.
Dan. 10 : 18, Celui qui avait l'apparence d'un homme me toucha de nouveau et me fortifie.
Dan. 10 : 19, ...Et comme il me parlait, je repris des forces.

Agée 2 : 4, Fortifie-toi Zorobabel, Josué ; peuple tout entier du pays… Je suis avec vous dit l'Éternel des armées.
Luc 22 : 43, Un ange apparut à Jésus pour le fortifier.
Eph. 3 : 16, Que Dieu vous donne d'être fortifiés par son Esprit.
Eph. 6 : 10, Fortifiez-vous dans le Seigneur et par sa force toute puissante.
Phil. 4 : 13, Je puis tout par celui qui me fortifie.

IV- Dieu délivre les faibles.

Daniel 3 : 17, Notre Dieu peut nous délivrer.
Ps 68 : 21, Dieu est pour nous le Dieu des délivrances.
Ps 91 : 3, C'est lui qui te délivre du filet de l'oiseleur.
Ps 91 : 4, Puisqu'il m'aime je le délivrerai.
Ps 103 : 4, C'est lui qui délivre ta vie de la fosse.
1 Sam. 17 : 37, Témoignage de David devant Goliath.

Conclusion : Si vous vous sentez faible en ce moment, réjouissez-vous, car votre faiblesse fait de Dieu votre Dieu ; Il est le Dieu des faibles. Adressez-vous aujourd'hui même au Dieu des faibles, offrez-lui votre faiblesse pour être fortifié par Lui.

- Il vous donnera la force de remporter la victoire sur la tentation.
- Il vous donnera le courage de supporter (les epreuves).
- Il vous communiquera sa joie qui ravivera votre force. ***Neh. 8 : 10***

Si vous êtes en guerre, Il sera votre paix.
Si vous êtes dans le noir, Il sera votre lumière.
Si vous êtes triste, Il sera votre joie.
Si vous êtes seul, Il sera votre compagnon.
Si vous avez soif, Il est La source intarissable.
Si votre foyer est prêt de tomber, Il est le réparateur des brèches.

ÉTUDE 13
LE SEIGNEUR DE L'URGENCE
Psaumes 50 : 1 – 15

Intro : Dans tous les hôpitaux, il y a un service d'urgence, il y a des cas qui ne peuvent pas attendre qui ont besoin d'une intervention urgente. Dieu se révèle dans la Bible comme le Seigneur de l'Urgence ; je suis fier d'avoir un Dieu si grand à ma disposition : *« Celui qui te garde ne sommeillera point Voici ne sommeille ni ne dort celui qui garde Israël. »*

Actuellement je suis sûr que vous avez des besoins dans votre vie qui ne peuvent pas attendre ; je veux vous dire avec toute ma force : mettez votre confiance dans le Seigneur de l'urgence. Il s'est révélé comme tel :

I- Devant la mer Rouge
Besoin : Traverser
L'Urgence de traverser
Exode 14 : 13 – 14, *Moïse répondit au peuple : Ne craignez rien, restez en place et regardez la délivrance que l'Éternel va vous accorder en ce jour ; car les Égyptiens que vous voyez aujourd'hui, vous ne les verrez plus jamais. L'Éternel combattra pour vous et vous gardez le silence.*

II- À Elim et Mara (Exode 15)
Besoin : Boire
L'eau de Mara était amère.
v. 25, Moïse cria à l'Éternel, et l'Éternel lui indiqua un bois qu'il jeta dans l'eau. Et l'eau devint douce.
v. 27, 12 sources d'eau et 70 palmiers à Elim.
« Tous les problèmes de cette vie sont solutionnés en Jésus. »
L'Urgence de boire

III- Dans le désert (Exode 16 : 4)
Besoin : Nourriture

« Voici je ferai pleuvoir pour vous du pain du haut des cieux. »
L'Urgence de manger

IV- Dans la fournaise et la fosse aux lions
Daniel et ses compagnons (***Daniel 3 : 25***)
« Je vois 4 hommes sans liens, qui marchent au milieu du feu et qui n'ont point de mal ; et la figure du 4ᵉ ressemble à celle d'un fils de Dieu. »
6 : 21, Mon Dieu a envoyé son ange et fermé la gueule des lions qui ne m'ont fait aucun mal.

V- Dans la prison
Paul et Silas – Pierre
Actes 16 et ***Actes 12***
Résumé : Jésus dans la barque. ***Marc 4 : 35 – 41***

Conclusion : Avant la grande tribulation, le Seigneur de l'Urgence viendra prendre les siens pour être avec lui. Quel grand jour ce sera. ***1 Thess. 4 : 14 – 16***

Les signaux d'Urgence sont envoyés :
- par le Jeûne et la prière
- par la méditation de la Parole de Dieu et la louange à Dieu
- par une vie de consécration

Le Seigneur de l'Urgence nous préserve du danger – guérit nos maladies – solutionne nos problèmes – etc. ***Psaumes 91 : 3***

ÉTUDE 14
QUAND L'ÉTERNEL FAIT DE GRANDES CHOSES
Psaumes 126

Intro : Notre Dieu est un grand Dieu et tout ce qu'il fait porte la marque de sa grandeur.
La création (L'univers), c'est l'œuvre d'un grand Dieu.

Ps 19, Les cieux racontent la gloire de Dieu et l'étendue manifeste l'œuvre de ses mains.
La Rédemption, c'est l'œuvre d'un grand Dieu.

Hebr. 3, Comment échapperons-nous ... Un si grand Salut.
C'est avec raison que nous chantons : Grand Dieu nous te bénissons – Que tu es grand O Dieu d'amour.

Ps 96 : 4, L'Éternel est grand et digne de louange.
Ps 77 : 14, Quel Dieu est grand comme Dieu.
Ps 86 : 10 (O Dieu) Tu es grand, tu fais des prodiges.
Ps 95 : 3, L'Éternel est un grand Dieu et un grand Roi.
Ps 104 : 1, Mon Dieu, tu es infiniment grand.
Ps 147 : 5, Notre Seigneur est grand et puissant.

Dieu étant grand, tout ce qu'il touche porte le sceau de sa grandeur ; il dit à Abraham : Je rendrai ton nom grand, (***Gen 12 : 2***) Je ferai de toi une grande nation.

Expliquez le ***Psaumes 126*** avant de rentrer dans la pratique
Psaumes 92 : 6, Que tes œuvres sont grandes O Eternel.
Nous ne devenons pas grands à cause de notre aisance, puissance, connaissance, ni à cause de notre avoir, de notre savoir ni de notre pouvoir. Nous devenons grands quand nous nous laissons toucher par Dieu et quand nous acceptons son grand Salut.

- Quand Israël fut délivré de l'Égypte, on cria : L'Éternel a fait pour nous de grandes choses. **Deut 10 : 21**
- Quand Marie reçut la grâce de porter Jésus, elle cria : L'Éternel a fait pour moi de grandes choses. **Luc 1 : 49**
- *__Quand Israël revint de l'exil babylonien dans le texte qui nous concerne, on crie : L'Éternel a fait pour nous de grandes choses nous sommes dans la joie.__*

__Le problème est que souvent nous sommes trop orgueilleux pour donner crédit à Dieu pour ce qu'il a fait pour nous__.

- Vous dites que vous êtes riches parce que vous travaillez dur, mais qui vous a donné la santé et la force de travailler ? Qu'est-ce que vous avez que vous n'ayez reçu ?
- Vous êtes intelligents, qui vous a donné l'intelligence ?
- Vous avez du pouvoir, qui vous a donné ce poste ?

Il est temps d'admettre que l'Éternel a fait pour nous de grandes choses.

I- Quand l'Éternel fait pour nous de grandes choses nous croyons rêver. (V.1)

a) Comme Pierre et la servante dans **Actes 12.**
Comme Israël devant la mer rouge.
Comme Joseph devenu 1er ministre de l'Égypte
Comme David devenu Roi d'Israël.
b) Comme Marie la mère de Jésus.
Elle a déclaré ce qui suit : Lisons **Luc 1 : 46 – 49**
« Mon âme exalte le Seigneur, et mon esprit se réjouit en Dieu, mon Sauveur, parce qu'il a jeté les yeux sur la bassesse de sa servante. Car, voici, désormais toutes les nations me diront bienheureuse parce que le Tout-Puissant fit pour moi de grandes choses. Son nom est saint. »
Qui croirait que la petite Marie deviendrait un jour la mère de Jésus ?

c) Comme Ruth, la moabite ; comme Rahab, la prostituée ; comme Esther, l'orpheline.

II- Quand l'Éternel fait de grandes choses, le monde païen le voit. (V. 2)

a) « Alors, on disait parmi les nations » Cela sous-entend que le monde parle de nous. La Bible dit : « Que votre lumière luise aussi devant les hommes… afin qu'ils voient nos bonnes œuvres. »
b) Quand vous vous mordez les uns les autres, quand vous calomniez et vous critiquez, quand vous parlez mal les uns des autres, le monde observe.
c) Quand on trouve du préjugé de couleur, d'argent, de connaissance, de maison, de voiture ; quand on trouve de la compétition dans une assemblée le monde inconverti en prend bonne note.

III- Quand l'Éternel fait pour nous de grandes choses, nous avons un témoignage. (v. 5 et 6)

Quel est ce témoignage ?
a) 1er témoignage : la semence dans la tristesse.

Même quand on vous a fait pleurer, souffrir, même quand on vous critique, on vous calomnie et on vous méprise ; même quand vos propres collaborateurs vous harcèlent, il faut continuer à semer.

Les gens qui vous critiquent quand vous semez vont être les premiers à consommer votre récolte.

b) 2e témoignage : La joie de la récolte

La joie de la moisson peut nous aider à oublier les difficultés de la semence.

Quand Joseph fut vendu par ses frères, à coup sûr il était triste de se retrouver esclave en Égypte. Mais quand il devint 1er ministre, il accueillit sa famille. Il donne ce témoignage : Vous avez planifié de me faire du mal, mais l'Éternel l'a changé en bien. Dieu seul peut faire cela (Genèse 50 : 20)

IV- Quand l'Éternel fait pour nous de grandes choses, nous sommes dans la joie.

a) Si vous atteignez votre but sans Dieu, vous ne serez pas dans la joie
b) Quand c'est l'Éternel qui fait pour vous les grandes choses que vous attendiez, vous serez dans la joie.

Conclusion : C'est Jésus qui a dit à ses disciples et à nous aussi : Jusqu'à présent, vous n'avez rien demandé en mon nom. Demandez afin que votre joie soit parfaite.

ÉTUDE 15
QUAND SATAN TE RÉCLAME
Luc 22 : 31 -34

Intro : Ce passage contient une histoire, mais aussi une leçon et un avertissement. Tous ceux-là qui veulent vivre pour le Seigneur deviennent automatiquement les cibles du diable. En lisant la Bible, vous pouvez voir que les meilleurs serviteurs de Dieu n'étaient pas épargnés.

Noé et son vin.
Abraham et Agar – Jacob et sa vie
Lot et Sodome – Inceste
Joseph et ses frères
Moise dès sa naissance
Job dans l'épreuve
David face aux tentations
Daniel dans la fosse aux lions
Shadrac, Meschac… dans la fosse aux lions

Satan réclame les enfants de Dieu pour appliquer son plan dans leur vie : dérober, égorger, détourner. ***Jn 10 : 16***

Ici, il veut cribler Simon, le porte-parole des disciples comme du froment. Jésus a dévoilé à Simon le plan du diable. Satan ne connaît pas le plan de Dieu, mais Dieu connaît le plan de Satan ; et un ennemi déjà identifié peut être vaincu. Satan veut faire tout son possible pour semer des troubles dans votre vie. Il veut nous détruire.

Quand satan vous réclame c'est pour atteindre Dieu. Ce passage nous indique ce qu'il faut faire :

I- Rester près du Seigneur (v. 31)
a) Parce que Simon était près du Seigneur il était bien placé pour connaitre le plan de l'ennemi. C'est en restant près du Seigneur que vous

serez informés des attaques de l'ennemi. Jésus lui dit :« Satan vous a réclamé » ; c'était une information importante.

b) En restant près du Seigneur, vous êtes informés de la stratégie de l'ennemi.

c) Le Seigneur appela Simon deux fois comme pour lui demander toute son attention.

II- Rester dans la prière (v. 32)
« J'ai prié pour toi »

    a) Le combat contre l'ennemi se fait à genou

    b) Il nous faut des compagnons de prière pour combattre l'ennemi

III- Rester dans la foi (v. 32)
« Afin que ta foi ne défaille point »

    a) Le trésor le plus précieux que nous ayons est notre foi en Dieu ; notre plus grand bien, notre plus grande richesse dans ce siècle-ci et dans l'éternité est notre foi en Dieu.

    b) Quand l'ennemi attaque l'enfant de Dieu, il a pour objectif de détruire sa foi en Dieu. ***1 Tim 1 : 18 – 20***

VI- Rester en place (v. 32)
« Quand tu seras revenu ou converti ou quand tu auras fait demi-tour »

    a) Revenir, se convertir implique, rester en place ou reprendre sa place

    b) Chuter c'est laisser sa place ; revenir c'est reprendre sa place

    c) La parabole de l'enfant prodigue est l'exemple d'un fils qui a laissé et repris sa place

V- Rester près des autres
« Affermis tes frères »

    a) Dieu pense à nous et aux autres

    b) Nous devons penser à nous-mêmes et aux autres également

Conclusion :

L'ennemi craint ceux-là qui restent près du Seigneur, dans la prière, dans la foi, en place et ceux-là qui restent près des autres.

ÉTUDE 16
POUR QUE L'ÉGLISE REDEVIENNE UNE MAISON DE PRIÈRE
Matt 21 : 12 -14

Intro : Quelqu'un a souligné :
- Vous pouvez voir combien une église est populaire en regardant ceux-là qui viennent le dimanche matin.
- Vous pouvez voir combien un pasteur est populaire en remarquant ceux-là qui viennent le dimanche soir.
- Mais vous pouvez voir combien Jésus est populaire en regardant ceux-là qui viennent aux réunions de prière.

La prière est la mesure précise de la condition de l'Église ; à travers la prière nous pouvons jauger le montant du travail de Dieu au milieu de son peuple. Dieu est présent quand son peuple prie et Il est absent quand son peuple cesse de prier.

Un grand prédicateur écossais a écrit ceci en 1853 : *« Dieu veut faire savoir à son peuple que leur seul espoir c'est la prière, leur seule puissance contre le monde c'est la prière. »*

Quand nous venons à l'Église ce qui compte, c'est de rencontrer Dieu.

Jésus-Christ n'a pas dit : Ma maison sera appelée (une maison de commerce), une maison de Sermon, une maison de musique, une maison de chants, une maison de fête, une maison de club d'amis, mais une maison de prière.

L'Église du N.T. est une église qui prie. Celle qui ne prie pas est dans le coma ; à cause de ce coma, elle ne peut pas recevoir le message de Dieu. Elle ne peut pas louer Dieu, elle ne peut pas Le servir non plus.

La prière est le signe vital de l'Église et quand on ne le trouve pas, quand on ne perçoit pas ce battement de cœur : L'Église est morte et le chrétien aussi, à l'instar de l'Église de Sardes à qui le Seigneur disait : Tu passes pour être vivante et tu es mort. Ceux-là qui s'ennuient de prier, qui s'ennuient d'être dans la présence de Dieu doivent d'ores et déjà remettre leur visa pour le ciel : prier, louer, chanter c'est ce que nous aurons à faire, entre autres, dans le ciel.

Quand Jésus apparut dans le Temple, il vit un lieu qui ressemblait à un plaza, à un magasin, il ne vit pas un temple. Ceux-là qui vendaient les différentes offrandes, ceux-là qui échangeaient l'argent des touristes et des juifs de la diaspora pour qu'ils paient en monnaie juive la taxe du temple, pensaient tous rendre un très grand service. Ils étaient cependant des <u>serviteurs opportunistes</u>.

Dieu n'est pas impressionné par ce que vous faites pour lui, mais plutôt par la raison et le motif pour lesquels vous le faites, l'Esprit qui vous anime en le faisant. La prière est importante parce que c'est là que vous rencontrez Dieu. Ne pas prier Dieu c'est un signe de mépris. , ne pas prier Dieu c'est s'appauvrir en énergie spirituelle. Ne pas prier Dieu et dans la mesure que c'est la prière qui est notre seule ligne directe vers Dieu, ne pas prier Dieu c'est rompre la communauté.

Je voudrais vous faire remarquer ceci :

I- *Jésus lança son ministère après 40 jours de jeûne et de prière. Matt. 4*

a) Si Jésus, le fils de Dieu a dû prier pour commencer son ministère et a prié tout au long de son ministère, comment peut-on imaginer une vie chrétienne sans prière.
b) Le travail de l'Église doit être confié aux hommes et aux femmes de prière.

c) Dans le service de Dieu, on devient la cible des grandes tentations. C'est par la prière que nous pouvons les vaincre. **Matt 4 : 1 - 2**

II- Jésus lança son Église après 10 jours de jeûne et de prière.

a) L'Église fut fondée, pas pendant un concert, ni pendant un message, mais dans une réunion de prière. Jésus-Christ accoucha son Église au cours d'une séance de prière.

Les plus grandes bénédictions de Dieu nous sont données dans la prière. Quand nous commençons à prier, les anges de Dieu commencent à mettre en boite ce que Dieu a pour nous, ils s'arrêtent quand nous cessons de prier. Les chrétiens de nos jours achètent leurs tickets bien chers pour aller assister à un concert évangélique tandis qu'il faut les supplier et passer des annonces pour qu'ils viennent prier.

III- Les apôtres lancèrent l'évangélisation mondiale dans le jeûne et dans la prière. *Actes 13*.

a) Chacun n'essayait pas de faire le travail de l'autre, c'est le Saint-Esprit qui dirigeait l'Église dans le choix de quel travail pour quel type d'homme. La nation de sanctification pour le service était une chose acquise.

b) Les hommes et les dames missionnaires de l'Église doivent être des gens de prière. De telles gens sont des envoyés de Dieu pour répandre partout les bénédictions de Dieu. Ces gens-là doivent régulièrement être arrosés de la puissance de Dieu dans la prière.

IV- Les chrétiens de la Première Église cultivaient une vie de prière.

a) En priant, ils témoignèrent de la fondation de l'Église. *Actes 2 : 1*
b) Ils persévéraient dans la prière. *Actes 2 : 41*
c) Il y avait une heure spéciale pour la prière. *Actes 3*
d) Dans la persécution, ils priaient. *Actes 4*
e) Dans le choix des ouvriers, ils imposèrent les mains sur des hommes de prière. *Actes 6*
f) Les apôtres eux-mêmes étaient des hommes de prière.
g) Étienne, le 1er martyr chrétien mourut en priant.

h) L'Église de la Samarie fut fondée dans la prière. ***Actes 8 : 14***
i) L'Apôtre Paul mena une vie de prière dès sa conversion. ***Actes 9 : 10 – 12***
j) Corneille priait même avant sa conversion. ***Actes 10***
k) Pierre fut délivré de la prison par la prière. ***Actes 12***
l) La prière précède l'évangélisation mondiale. ***Actes 13***
m) Lydie s'est convertie dans une réunion de prière. ***Actes 16***
n) Paul et Silas furent délivrés de la prison par la prière. ***Actes 16 : 25***
o) Douze hommes reçoivent le Saint-Esprit dans la prière. ***Actes 19***
p) Paul pria avec les anciens d'Éphèse avant de leur dire : Adieu. ***Actes 20 : 36 – 38***
q) Paul prie dans le temple. ***Actes 22 : 17***
Etc.

V- La parole de Dieu appelle tous les chrétiens à se consacrer à une vie de prière.

Phil. 4 : 6, Faites connaître vos besoins à Dieu par des prières.
1 Tim 2 : 1, J'exhorte avant toutes choses à faire des prières.
Jacques 5 : 15, La prière de la foi sauvera le malade.
1 Pierre 4 : 7, Soyez sobres pour vaquer à la prière.
Eph 6 : 18, Faites en tout temps par l'Esprit toutes sortes de prière et de supplication.
1 Thess 5 : 17, Priez sans cesse.
Jacques 5 : 16, Priez les uns pour les autres.
Matt 5 : 44, Priez pour ceux qui vous persécutent.
Matt 9 : 38, Priez le maître de la moisson.
Matt 26 : 41, Veuillez et priez afin que vous ne tombiez pas dans la tentation.
Luc 18 : 1, Jésus leur adresse une parabole pour montrer qu'il faut toujours prier.
1 Tim 2 : 8, Je veux que tous les hommes prient en tout temps.

Quand vous venez à l'Église, ne vous occupez pas de votre camarade qui regarde les autres prier parce qu'il n'y voit aucune nécessité. Priez vous-mêmes.

Priez quand vous êtes à la maison, à l'Église, chez votre ami.

Nous avons dans le culte un compte d'épargne, un dépôt à terme, un compte courant. La prière c'est le seul moyen de faire des retraits, des tirages. C'est normal de dire que vous allez faire un tirage quand vous allez prier.

Conclusion : Lançons donc une campagne de prière. Toutes nos églises doivent s'engager dans cette campagne pour devenir des maisons de prière.

ÉTUDE 17
LA DIMENSION INTIME DE LA VIE CHRÉTIENNE
Jean 21 : 15 à 17

Intro : Dieu réclame avant tout notre amour avant de réclamer notre service. Nous pouvons le servir sans l'aimer, mais nous ne saurons l'aimer sans le servir.

Ce n'est qu'après avoir demandé à Simon s'il l'aimait que Jésus lui donne un travail à faire.

Jésus lui fit la question deux fois de plus pour aider Pierre à s'examiner et à évaluer sa vie intime avec Christ.

Les 3 personnes de la trinité sont intimement liées. Le Père aime le Fils :
- ***Jn 17 : 23 – 24***, C'est son fils bien-aimé. ***Matt 3 : 16 – 18***, C'est son fils unique ***Jn 3 : 16*** qui a toute son affection.
- ***Jn 10 : 30***, Le Fils et le Père sont un. Le Saint-Esprit est en communion avec le Père et le Fils.

Aussi, c'est l'amour qui est la force motrice de la trinité.

- Dieu a tellement aimé le monde ***Jn 3 : 16, Rom 5 : 8***
- Christ a aimé l'Église ***Eph 5***
- L'amour de Christ est répandu dans nos cœurs par le Saint-Esprit. ***Rom 5***

Au commencement de l'engagement de Pierre, il était question de : « Suis-moi et je te ferai pêcheur d'hommes ». Après la crucifixion et la résurrection, ça a changé : « Aime-moi et pais mes brebis »

I- L'intimité chrétienne expliquée.
a) La communication est le produit de l'intimité. Ex : La prière cultive l'intimité.

b) La dévotion est l'essence de l'intimité. Ex : Le sacrifice dans le service.

c) L'affection est l'expression de l'intimité. Ex : Affecter // Tristesse ou joie, etc.

d) ***Ps 16***, « J'ai constamment l'Éternel sous mes yeux. »

II- L'intimité chrétienne illustrée

    a) Entre l'apôtre Jean et Jésus ***Jn 13 : 23 – Jn 21 : 20***

    b) Entre Marie et Jésus ***Jn 12 : 1 à 3, Luc 10 : 38 – 42***

    c) Entre Jésus et ses disciples ***Jn 13 : 1***
« Jésus mit le comble à son amour pour les disciples »

    d) Entre Jésus et Lazare
« Celui que tu aimes est malade » ***Jn 11 : 3, 5***

III- L'intimité chrétienne pratiquée.

a) ***Ps 18 : 2***, Je t'aime O Eternel.
Ps 116 : 1, J'aime l'Éternel.
Matt 22 : 37, Tu aimeras ton Dieu de tout ton cœur…
Jn 14 : 15, Si vous m'aimez gardez mes commandements.
Jn 14 : 21, Celui qui a mes commandements et qui les garde c'est celui qui m'aime.
Jn 14 : 23, Si quelqu'un m'aime il gardera ma parole.
Rom 8 : 28, Toutes choses concourent au bien de ceux qui aiment Dieu.
Eph 6 : 24, Que la grâce soit avec tous ceux qui aiment Jésus-Christ d'un cœur pur.
Jacques 1 : 12, Le Seigneur a promis la couronne de vie à ceux qui l'aiment.
Jacques 2 : 5, Le royaume est promis à ceux qui l'aiment.

Conclusion : Il n'y a que deux personnes à connaître vraiment si vous aimez Dieu : c'est Dieu et vous-même. Pierre dit au Seigneur : « Tu sais que je t'aime ».

Il faut passer de la dimension PHILEO (UN AMOUR RÉDUIT) de l'intimité chrétienne à la dimension AGAPAO (LE PLUS GRAND AMOUR)

ÉTUDE 18
LES TENTATIONS DE JÉSUS-CHRIST
Matthieu 4 :1-10

Le Christ a été tenté par satan dans le désert. Il fit face à trois tentations : la Jouissance, le Pouvoir, l'Avoir. La tentation du Christ est toute une pédagogie dans la mesure où sa propre tentation nous apprend à résister à la tentation par l'obéissance, la connaissance et la foi dans les commandements divins.

Luc chapitre 4 et ***Matthieu chapitre 4*** décrivent la tentation de Jésus au désert. ***Luc 4:1*** et ***2*** nous dit ceci : *« Jésus, rempli du Saint-Esprit, revint du Jourdain, et il fut conduit par l'Esprit dans le désert où Il fut tenté par le diable pendant quarante jours. Il ne mangea rien durant ces jours-là, et, après qu'ils furent écoulés, il eut faim. »*

Le détail qui ressort de ces versets c'est que Jésus fut tenté par le diable pendant 40 jours. On nous rapporte seulement trois des tentations qu'Il a subies à la fin des 40 jours ; et même des 40 jours Il fit face à d'autres tentations, car Luc nous rapporte : « le diable s'éloigna de Lui jusqu'à un moment favorable. »

C'est avec raison que ***Hébreux 4:15*** souligne : *« car nous n'avons pas un souverain sacrificateur qui ne puisse compatir à nos faiblesses ; au contraire, Il a été tenté comme nous en toutes choses, sans commettre de péché. »* Ces paroles nous enseignent explicitement que le Christ a fait face aux mêmes tentations que nous. Voilà pourquoi nous pouvons prendre courage, sachant que : « ayant été tenté Lui-même...Il peut secourir ceux qui sont tentés. (Hébreux 2:18)

Il y a trois messages à découvrir dans la Tentation du Christ : Un message typique, Un message doctrinal et un message pratique

I- Le Message typique

Dans le seul récit de la tentation du Christ qui nous est rapporté, le Christ peut être comparé à deux types ou deux figures de l'Ancien Testament : Adam et David.

COMME LE DERNIER ADAM (*1 cor. 15:45*)

1-Adam fut tenté dans un beau jardin ; Christ fut tenté dans un désert abandonné.

2-Adam n'avait besoin de rien quand il fut tenté ; Christ, lui, avait faim.

3-Adam était le Roi de l'ancienne création (**Gen. 1:26**) ; Christ, le Roi de la nouvelle création spirituelle (***2 Cor. 5:17***)

4- Adam pécha et perdit son pouvoir de dominer sur la création (***Heb. 2:6-9***) ; Christ obéit et retrouve ce que Adam avait perdu (***Romains 5:12-21***)

5- Adam essuya la défaite et conduisit l'humanité à la mort ; Christ fut vainqueur et conduit tous ceux qui croient en Lui à la vie éternelle.

COMME LE FILS DE DAVID

David et Christ viennent de Bethléem.
David et Christ furent choisis et oints par Dieu
Les deux connurent l'exil et la persécution
Goliath lança un défi à Israël pendant 40 jours; satan tenta le Christ pendant 40 jours
David tua Goliath avec une des 5 petites pierres qu'il avait prises du torrent ; Christ utilisa un verset des cinq livres de Moise (Deutéronome) pour mettre satan en fuite. (***Deut 6:16***)

6) Goliath était un homme fort ; satan est comparé à un homme fort (***Matt 12:22-30***)

7) David coupa la tête du géant Goliath avec son épée ; Christ vainquit satan avec l'épée de l'Esprit, la Parole de Dieu (***Hébreux 4: 12***)

II- Le message doctrinal

Dans la première tentation (la tentation de la jouissance), satan dirigea ses artifices contre le corps : les désirs de la chair. Le désir de manger parce qu'on a faim n'est évidemment pas un péché. IL est très facile de comprendre la suggestion de satan au Christ : si tu es fils de Dieu, Dieu ne doit pas te laisser avec cette grande faim. Satan veut toujours nous porter à penser que Dieu ne veut pas notre bien et qu'Il nous empêche de tout avoir. Il a suggéré la même chose au premier Adam en **Genèse 3 : 5**. La suggestion de satan est que Dieu ne nous aime pas vraiment ; s'Il nous aimait, Il prendrait mieux soin de nous. Christ avait le pouvoir de changer les pierres en pains ; mais, utiliser son pouvoir divin en dehors de la volonté de Dieu aurait pour résultat sa défaite devant le diable. Il fit usage de la Parole de Dieu pour répondre à cette tentation en Deutéronome 8 : 3 : Nourrir l'homme spirituel est plus important que nourrir l'homme physique. Lisez **Deutéronome 8 : 1 - 6** et vous verrez que Dieu nous éprouve des fois dans les choses ordinaires de la vie comme le manger et le boire. Jésus a vécu toute sa vie sous l'autorité de la Parole de Dieu ; si nous voulons remporter la victoire sur nos tentations, la Parole de Dieu doit être notre boussole. Elle doit être lue et méditée quotidiennement avec l'ardent désir de la mettre en pratique avec l'assistance du Saint-Esprit.

Dans la deuxième tentation (la tentation du pouvoir), satan osa demander à Jésus de tester ou d'éprouver la fidélité de Dieu. La suggestion de satan est celle-ci : « Jésus, puisque vous croyez en la Parole de Dieu, pourquoi ne pas essayer de tester une de ses paroles ». C'est alors que satan lui cita les versets du **Psaume 91:11-12** en tordant le sens: « si vous pensez vraiment que Dieu peut prendre soin de vous, pourquoi ne pas vous jeter du haut du Temple et laisser les anges vous attraper. » À cette tentation Christ appliqua le verset du **Deutéronome 6 : 16** : « Vous ne tenterez point l'Éternel votre Dieu ».

Quand satan cite des versets de la Parole de Dieu, ou bien il laisse certaines phrases ou bien il ajoute. Voyons ce qui est écrit vraiment au **Psaume 91:11et12** et comparons avec ce que satan a dit pour sa part :

Psaumes 91:11et12 : « *car il ordonnera à ses anges de te garder dans toutes tes voies ; ils te porteront sur les mains de peur que ton pied ne heurte contre une pierre.* »

Voici ce que Satan a dit pour sa part en citant le **psaumes 91:11et12** : « *Il donnera des ordres à ses anges à ton sujet ; et ils te porteront sur les mains de peur que ton pied ne heurte contre une Pierre.* » **Matt. 4:6**

Remarquez bien que Satan a omis : « …dans toutes tes voies… » et il a ajouté : « … à ton sujet … »

Que veut dire dans toutes tes voies ? Pourquoi Satan a-t-il omis " dans toutes tes voies " ? La réponse est que Dieu tient ses promesses envers nous quand nous lui obéissons dans toutes nos voies. En d'autres termes, Dieu ne nous protègera pas si nous ne marchons pas dans ses voies. Faites attention à ne pas vous appuyer sur une promesse de Dieu en dehors de son contexte (quand vous n'avez pas rempli les conditions). Faire quelque chose sans être autorisé par la Parole de Dieu, c'est commettre un péché (**Romains 14 : 23**). Désobéir de façon délibérée et s'attendre à ce que Dieu nous vienne en aide ne donnera que châtiment pour résultat.

Dans la troisième tentation (la tentation de l'avoir), satan offre à Christ un chemin facile pour devenir Roi. Si la première tentation était dans le domaine physique, celle-ci est dans le domaine interne ; elle est au niveau des émotions. Si la première touche au corps, celle-ci touche à l'âme de Jésus. Comme sur un grand écran, satan fait défiler les plus grands royaumes du monde : les gloires de Rome, l'Égypte…toutes les grandes richesses de l'époque. En sa qualité de prince de ce monde (***Jean 14 :30***), Dieu permet à satan d'avoir un certain pouvoir, un certain contrôle sur ses propres royaumes qu'il a acquis par ruse depuis le jardin d'Eden. Selon **Psaume 2:6-9**. Dieu a déjà promis à Christ de lui remettre ses royaumes ; mais, Il doit mourir sur la croix pour les prendre. Satan essaya donc de dissuader le Christ d'aller à la croix. La volonté de

Dieu était de conduire le Fils au trône par le chemin de la croix ; le diable propose à Jésus de l'obtenir sans la croix." Tu peux avoir la couronne sans la croix." Tu peux avoir la richesse sans les souffrances. " Quelle grande tentation que celle-ci : " Réussir sans le chemin de la croix !" Cette tentation a fait tomber un grand nombre de chrétiens. Nous voulons les réalisations des promesses de Dieu dans notre vie sans porter notre croix ; nous voulons l'accomplissement sans le processus.

Christ vainquit satan avec **Deutéronome 6:13** : " tu adoreras le Seigneur ton Dieu, et tu Le serviras Lui seul. " Nous adorons toujours ce que nous servons. Si quelqu'un adore l'argent, il vit pour l'argent, sert l'argent et obéit à l'argent. Si quelqu'un adore Dieu, il vit pour Dieu et obéit à Dieu. Il ne peut pas servir deux maîtres à la fois. (**Matt. 6:24**).

Combien se sont prosternés devant satan pour avoir le succès ? Il est important de comprendre que le gouvernement suprême appartient à Dieu et non à satan. La réussite de ceux qui se prosternent devant satan n'est que passagère. Satan nous attire par les choses matérielles et temporelles ; mais Dieu nous attire avec les trésors du ciel.

Le jour viendra où Satan remettra les royaumes qui sont entre ses mains à l'Anti-Christ (Apocalypse 13). Mais Christ reviendra pour reprendre possession de ses territoires (Apo. 19:11-21) et établira son propre royaume sur la terre pour une période de mille ans.

III- Le message pratique

1-Christ fut tenté comme un homme et vainquit satan comme un homme. Il est donc, notre parfait modèle. **Heb. 4:15**; **Heb. 2:17-18**. Nous pouvons donc bâtir notre victoire sur les paroles de *1 cor 10:13*

" Aucune tentation ne vous est survenue qui n'ait été humaine, et Dieu, qui est fidèle, ne permettra pas que vous soyez tentés au-delà de vos forces ; mais avec la tentation préparera aussi le moyen d'en sortir, afin que vous puissiez la supporter "

2- Nous remportons la victoire sur satan avec la Parole de Dieu, l'épée de l'Esprit (**Ephésiens 6:17-18**). C'est important de connaître la parole de Dieu et d'en faire usage au besoin.

3- Christ dépendait de la Puissance de l'Esprit (**Matt 4:1**). Si nous marchons selon l'Esprit, nous pouvons remporter la victoire sur satan. (**Galates 5:16**)

4- Satan connaît la Bible ! Lisez bien et méditez la Bible pour savoir quand satan ou ses ministres tordent le sens de la Parole de Dieu pour nous induire en erreur et pour faire dire aux versets ce que Dieu Lui-même n'a jamais dit au départ.

5- Il n'y a pas d'endroit ou satan ne puisse venir nous tenter ; il tenta le Christ dans un désert, au sommet du Temple, et sur une haute montagne. Vous pouvez être tenté à l'église comme dans le monde : veillez et priez !

6- Notez bien que le Christ fut tenté à différents niveaux ;

    a) la première tentation fit appel à la raison de jouir
    b) la deuxième tentation posa la question du pouvoir
    c) la troisième tentation rencontra l'objection de l'avoir.

Le péché est une chose graduelle. (**Psaumes 1:1**)

7- À cause de la victoire du Christ, nous pouvons nous aussi avoir la victoire (**1 Pierre 5:9 et Jacques 4: 7**)

" Soumettez-vous donc à Dieu ; résistez au diable, et il fuira loin de vous. "

Comme nous venons de le constater, pour être victorieux sur la tentation il n'y a qu'une seule réponse : **_la Parole de Dieu et la prière_**. Il faut utiliser les deux ensemble. Si vous lisez la Bible sans prier, vous succomberez à la tentation par manque de puissance; et si vous priez sans lire la Bible, vous tomberez dans la tentation par manque de jugement. La

Parole de Dieu et la prière vous donnent le jugement et la puissance nécessaires pour combattre la tentation.

Jésus-Christ s'est servi de la parole de Dieu face à toutes les tentations de l'ennemi. Connaître l'Ecriture est une clé pour la victoire sur les tentations ; mais cela ne suffit pas sans la prière pour recevoir de Dieu la force nécessaire pour ne pas y succomber.

Que faisait Jésus dans le désert? Il priait. C'est par la prière que la parole de Dieu devient vivante en nous et que nous recevons la force de résister aux tentations et de remporter la victoire.

" Veillez et priez, afin que vous ne tombiez pas dans la tentation ; l'esprit est bien disposé, mais la chair est faible." **Matt. 26:41**.

ÉTUDE 19
LE BUT DES ÉPREUVES ET DES TENTATIONS

" Mes frères, regardez comme un sujet de joie complète les diverses épreuves auxquelles vous pouvez être exposés, sachant que l'épreuve de votre foi produit la patience. "*Jacques 1:2*

" Heureux l'homme qui supporte patiemment la tentation ; car, après avoir été éprouvé, il recevra la couronne de vie que le Seigneur a promise à ceux qui l'aiment. "*Jacques 1:12*

Chaque changement de niveau ou admission à une dimension supérieure de la vie chrétienne passe obligatoirement par une épreuve ou une tentation, Il n'y a pas de raccourci possible. On dit souvent : " Aux grands maux, les grands remèdes". Eh Bien ! Dans le domaine qui nous occupe il est aussi vrai d'affirmer : " Aux grandes étapes avec Dieu, les grandes tentations ".

Les épreuves viennent de Dieu avec pour objectif de nous approcher de Lui, de nous donner une plus grande part à sa communion ; mais, les tentations viennent de Satan avec pour objectif de nous éloigner de Dieu et de nous faire manquer ou rater le but divin. Plus on avance avec Dieu, plus les tentations prennent des proportions et se multiplient. On peut considérer les épreuves et les tentations comme <u>des examens de passage</u>, dans la mesure où en lisant la Bible on remarque que tous les serviteurs de Dieu qui ont atteint une certaine promotion spirituelle ou temporelle ont été tous examinés par des épreuves comme par des tentations. Voyons ensemble quelques exemples:

<u>**1- Abraham**</u> : Reconnu comme le père de la foi. Examen de passage : Le sacrifice de son Fils Isaac

2- ***Job*** : Reconnu comme un homme intègre et droit, craignant Dieu et se détournant du mal. Examen de Passage : La perte de sa famille, de ses amis, de ses biens et de sa santé.

3- ***Daniel*** : Reconnu comme le serviteur du Dieu vivant. Examen : Une nuit dans la fosse aux lions.

4- ***Shadrac, Meschac, et Abed Nego***. Reconnus : Serviteurs du Dieu vivant : Examen : La fournaise ardente.

5- ***Joseph*** : Reconnu comme l'homme en qui réside l'Esprit de Dieu, 1er ministre de l'Égypte. Examen de passage : Kidnappé par ses propres frères et jeté dans un trou pour être ensuite vendu. Il lutta contre une belle Égyptienne pour ne pas tomber dans l'immoralité, passa des années en prison. Il eut au total environ 13 ans d'examens difficiles.

6- ***David*** : Reconnu : Roi d'Israël, l'homme selon le Cœur de Dieu. Examen : le défi des lions, le défi de Goliath, le défi de Saul.

7- ***Moise*** : Reconnu : Leader du Peuple de Dieu. Examen : Le défi de l'Égypte, le défi de la mer rouge, le défi du désert.

8- ***Jacob*** : Reconnu comme Israël : Prince avec Dieu. Examen : 14 ans chez son oncle Laban ; frappé à la hanche personnellement par l'Éternel.

9- ***Josué*** : Reconnu : Serviteur fidèle et courageux. Examen : La conquête de Canaan et les murailles de Jéricho.

10 – ***Noé*** : Reconnu : Homme juste et intègre dans son temps. Examen : Marcha avec Dieu et sa famille dans un monde corrompu et construisit une arche sous l'ordre de Dieu.

11- **_Abel_** : Reconnu : Premier héros de la foi et déclaré juste par Dieu qui approuva ses offrandes. Examen : la perte de sa vie sur le chemin de l'obéissance à Dieu.

12- **_L'Apôtre Paul_** : Reconnu : comme le Prince de Apôtres : Examen : Le chemin de Damas, son écharde dans la chair, ses naufrages, ses persécutions …

13- **_Jésus-Christ_** : Reconnu : Roi des Rois, Seigneur des Seigneurs, l'Alpha et l'Omega, Le commencement et La Fin, Le Premier et Le Dernier, le Tout Puissant, le Prince de la Vie, le premier né des morts. Examen de passage : Toutes les épreuves et les tentations humaines, la croix, et le tombeau. Il en est sorti toujours VAINQUEUR.

Il ressort de ces exemples que les serviteurs qui ont réussi avec Dieu et sont passés à un niveau supérieur ont eu les qualifications spirituelles suivantes. C'étaient des hommes qui dépendaient de Dieu en le craignant et en se détournant du mal. C'étaient des hommes justes et intègres, des serviteurs courageux et animés de l'Esprit de Dieu qui voulaient tout faire même au prix de leur vie pour faire plaisir à Dieu et lui être agréable. C'étaient des hommes motivés par leur amour pour Dieu et par la flamme divine.

Il faut quand même noter quelques exemples de serviteurs de Dieu qui n'ont pas toujours réussi et d'autres qui ont échoué jusqu'à la fin de leur vie :

1- Adam a échoué à cause d'un fruit.
2- Caïn a échoué pour une offrande qu'il voulait présenter à sa manière.
3- Abraham a échoué en suivant les mauvais conseils de sa femme qui l'encouragea à prendre Agar sa servante pour femme. Il a aussi échoué en descendant en Égypte sans chercher la direction de Dieu et en répandant le fameux mensonge que Sarah sa femme était sa sœur.
4- Esaü a échoué à cause d'un plat de potage.

5- David a échoué à cause d'un regard posé sur Bathshéba.
6- Salomon a échoué à cause de ses mille femmes.
7- Samson a échoué à cause des prostituées, dont la fameuse Delila.
8- Juda a échoué et a trahi Jésus pour 30 pièces d'argent.
9- Ananias et Sapphira sa femme ont échoué pour avoir menti aux disciples.
10- Demas, un compagnon de Paul (*2 Tim 4:10*) a échoué par amour pour le siècle présent (pour le monde).
11- Pierre a échoué pour avoir mis trop de confiance en Pierre

12- Israël a échoué 40 ans dans le désert pour le manger et le boire, l'idolâtrie et les femmes.

13- Satan a échoué parce qu'il avait, par orgueil, voulu prendre la place du grand EL ELYON.

De ces exemples, il ressort que ceux-là qui ont échoué dans leurs expériences avec Dieu et sont passés à un niveau inférieur, pendant une période donnée ou toute leur vie, ont eu les déficits spirituels suivants : C'étaient des âmes sensibles aux désirs de la chair comme le manger, le boire, les femmes, l'argent, le monde, l'orgueil, le pouvoir…

Les épreuves ou les tentations qui peuvent être devant nous maintenant sont au rendez-vous pour que nous devenions meilleurs ou pires, pour nous faire régresser ou progresser sur le chemin de notre vie avec Dieu. Les épreuves comme les tentations font ressortir notre vrai caractère et nous donnent une claire opportunité de croître avec l'aide de Dieu ou de manquer le but si nous tombons dans la désobéissance en suivant la voix de l'adversaire, le diable.

Que faut-il donc faire pour réussir ces examens de passage ?

Lisez le récit de la tentation de Jésus-Christ en Luc chapitre 4 et en ***Matt chapitre 4***. Il nous est donné d'apprendre du Christ même ce qu'il faut faire pour réussir les examens de passage que sont les épreuves et les tentations.

I- Il faut se soumettre au Saint-Esprit

L'Esprit ne conduisit pas Jésus dans la tentation, mais plutôt l'accompagna devant la tentation ; c'est la seule façon de le comprendre puisque la Bible dit que Dieu ne tente personne. Pour avoir une première garantie de victoire sur la tentation, il faut devenir un enfant Dieu, il faut que l'Esprit-Saint vienne vous habiter. Il faut que vous naissiez de nouveau (**Jean 3: 1à 16; Romains 8:9**). Il faut que vous parveniez à réaliser que Devant Dieu vous êtes un pécheur perdu, condamné et sans espérance ; et que sans Jésus, la seule provision qui a été donnée à l'homme de recevoir le pardon de ses péchés et le don gratuit du salut vous êtes perdu. Quand la Bible parle du salut, aucune question de religion n'est soulevée ; il s'agit plutôt d'avoir une relation personnelle avec Jésus-Christ. Cette relation personnelle peut commencer par une prière dans laquelle on dit à Jésus des paroles semblables à celles-ci : " *Seigneur Jésus, je reconnais que je suis un pécheur et je suis convaincu que tu es venu sur terre mourir pour des pécheurs comme moi. Je t'accepte comme mon Seigneur et mon Sauveur ; pardonne tous mes péchés, sauve-moi. Change ma vie, et donne-moi la force de marcher avec toi.* "

Les enfants soumis a Dieu reçoivent le Saint Esprit qui demeure en eux. Et quand nous sommes accompagnés de l'Esprit face aux tentations, impossible d'accomplir les désirs de la chair. À moins que vous ne deveniez un enfant de Dieu, aucune victoire durable sur la tentation ne vous sera possible.

II- Il faut se soumettre à la prière

Si Jésus Christ le Fils de Dieu ne pouvait se passer de la prière, nous ne saurions non plus nous en passer si nous voulons traverser victorieusement les tentations et les épreuves. Il a dit Lui-même aux disciples : " Veillez et priez afin que vous ne tombiez pas dans la tentation : **Matt 26:41**. Dans **Luc 4** et **Matt 4**, nous voyons Jésus en prière pendant 40 jours. Dans la tentation comme dans les épreuves, le vrai combat est livré seulement sur les genoux. L'enfant de Dieu n'est vraiment fort que quand il est à genoux.

III- Il faut se soumettre à la parole.

Il nous est donné de remarquer que Jésus-Christ a fait usage de la parole de Dieu pour répondre aux tentations du diable. "Il est écrit" répondit-il plusieurs fois à l'adversaire. L'enfant de Dieu doit mémoriser la parole de Dieu, la proclamer de sa bouche, la serrer dans son Cœur et la démontrer dans sa vie. La parole de Dieu est la seule épée que craint le diable. **Hébreux 4:12.**

IV- Il faut se soumettre au Seigneur.

" Tu adoreras le Seigneur ton Dieu, et tu le serviras Lui seul " répondit Jésus à Satan le diable. Notre Seigneur Jésus est venu sur terre accomplir une mission d'obéissance au Père. La Bible résume sa mission en ces mots : " Il s'est humilié Lui-même en se rendant obéissant jusqu'à la mort, même jusqu'à la mort de la croix. " **Phil. 2:8**.

La leçon que nous apprenons du Christ est celle-ci : Rien ne peut remplacer l'obéissance à Dieu. Samuel dit à Saul de la part de l'Éternel : " …Voici, l'obéissance vaut mieux que les sacrifices." **1 Samuel 15:22**

Nos sacrifices pour le Seigneur ne pourront nullement suffire pour que nous passions à un niveau supérieur de communion avec Dieu ; il faut obligatoirement subir les examens de passage (des épreuves et des tentations) en nous soumettant au Saint-Esprit de Dieu, à la Prière à Dieu, à la Parole de Dieu, et au Seigneur Dieu.

À vous qui lisez ces lignes et qui ne connaissez pas encore Jésus pour sauveur, laissez-moi vous raconter une histoire :

" Un homme, perdu dans le désert, traîne dans les sables brûlants. Il rencontre des marchands qui essaient de lui vendre une cravate. D'une voix rauque, il les traite de fous : " Vend-on une cravate à un homme qui meurt de soif ? Les marchands poursuivirent leur chemin.

Le lendemain, le voyageur relève la tête et n'en croit pas ses yeux : il a atteint un restaurant ou le parc de stationnement est rempli d'autos ! Il se traîne jusqu'à la porte et, sur le point de s'effondrer, il dit : " À boire, par pitié ! " ; " Désolé, répond le portier, on n'entre pas ici sans cravate ! "

Bien des gens traversent l'existence, assoiffés de plaisirs et traitent de fous ceux qui veulent leur présenter l'Évangile, considérant ce message sans valeur. Mais quand ils voudront entrer à " l'hôtel du Seigneur ", on leur dira : " Désolé, on n'entre pas ici sans un Cœur régénéré. " Êtes-vous de ces gens-là ?

ÉTUDE 20
LES PRINCIPES DE L'ABONDANCE
2 Rois 7 :1-9   ;   Phil 4:19

Cette histoire de l'Ancien Testament donne clairement la marche à suivre pour avoir la vie abondante. LISONS L'HISTOIRE et SOULIGNONS ENSEMBLE LES PRINCIPES DE L'ABONDANCE

I- Il faut croire

Le passage souligne à maintes reprises que l'officier du Roi est mort parce qu'il n'avait pas cru que le prophète Élisée disait la vérité. L'enfant de Dieu qui ne fait pas confiance à Dieu ne recevra rien de Dieu (Hébreux 11:6)

II- Il faut agir

Les 4 lépreux avaient grandes raisons de s'apitoyer sur leur sort, traînant une maladie incurable. Ils ont décidé de ne pas mourir avec le ventre vide. Ils ont laissé leur coin d'inaction pour aller chercher quelque chose. **Jacques 2:26** dit clairement que LA FOI SANS LES OEUVRES EST UNE FOI MORTE. L'enfant de Dieu qui veut l'abondance doit se mettre au travail.

III- Il ne faut pas avoir peur

Les 4 lépreux ont été dans le camp de l'ennemi (les Syriens) pour trouver à manger ; ils n'ont pas eu peur. La peur peut handicaper tous ceux-là qui veulent réussir. La Bible dit dans le livre des **Proverbes 16:7** " Quand l'Éternel approuve les voies d'un homme, Il dispose à son égard même ses ennemis. "

IV- Il faut partager

Les 4 lépreux ont pris la décision d'aller informer la maison du Roi de Samarie ; ils ne voulaient pas être les seuls à jouir de l'abondance. L'enfant de Dieu doit chercher le bien de sa famille, de son église, de sa communauté, de son environnement et de son pays. La bénédiction de Dieu ne permet pas l'égoïsme, elle ouvre la porte sur la libéralité, sur l'hospitalité et sur la générosité. **Actes 20:35** nous rappelle les paroles du Seigneur : " IL Y A PLUS DE BONHEUR A DONNER QU"A RECEVOIR "

Conclusion : Qu'allez-vous faire de ces principes ? Qu'est-ce que vous n'avez pas encore fait ? Qu'est-ce qu'Il vous manque ? Que Dieu vous aide à suivre Sa Parole, pour votre plus grand bien.

ÉTUDE 21
QUAND L'ÉGLISE EST EN FLAMMES
Exode 3:1 à 5

" Dieu dit : N'approche pas d'ici, ôte tes souliers de tes pieds, car le lieu sur lequel tu te tiens est une terre sainte." ***Exode 3:5***

" Et ils se dirent l'un à l'autre : Notre cœur ne brûlait-il pas au-dedans de nous, lorsqu'il nous parlait en chemin et nous expliquait les Écritures ? " ***Luc 24:32***

Intro : Ce n'est pas le battement des mains, les chants rythmiques, les danses les alléluias et les AMENS qui peuvent rendre une église CHAUDE; ce n'est pas l'EMOTIONALISME et le SENSATIONALISME qui rendent l'église bouillante. Dieu n'est pas du tout impressionné par nos bruits ; c'est plutôt notre obéissance qui l'intéresse. Nos extases spirituelles ne signifient rien si nous n'avons pas reçu une vraie INJECTION d'Esprit-Saint. Si vous voulez être membre d'une église en flammes, voici l'église qu'il vous faut :

I- Une église est en flammes quand Dieu y est présent. (Exode 3:1 à 5)

a) La Présence de Dieu se manifestait dans le buisson ardent dans cette célèbre vision de Moïse en Horeb. Cet emblème annonçait à Moïse la résistance du peuple de Jéhovah, malgré sa fragilité, à la fournaise de la persécution en Égypte ; il a été appliqué depuis à l'église Chrétienne.
b) Étienne insiste sur l'appel de Dieu à Moïse en disant : " UN ANGE APPARUT A MOISE, AU DÉSERT DE LA MONTAGNE DE SINAÏ DANS LA FLAMME D'UN BUISSON EN FEU. " ***Actes 7:30***
c) Jésus Lui-même, harcelé par les saducéens incrédules, leur avait fermé la bouche avec une proclamation sans réplique de la résurrection

au nom du " Dieu des vivants ", en s'appuyant sur le récit du buisson. (Marc 12:26; Luc 20:37).

d) Esaïe dans sa vision, vit le Seigneur assis sur un trône très élevé" ET LA MAISON SE REMPLIT DE FUMÉE ". *Esaïe 6:4-6*

e) La présence de Dieu est pour l'église qui se réunit dans l'amour de Dieu *(Psaumes 133)* et au nom de Jésus *Matt 18:20*. La présence de Dieu est pour l'église qui obéit à la grande commission *(Matt. 28:18-20)*

II - Une église est en flammes quand les fidèles restent en prière. (Actes 2: 1 à 4)

a) Le jour de la Pentecôte, les disciples priaient quand des langues de feu se posèrent sur chacun d'eux.

b) Le Saint-Esprit est quelques fois représenté dans le Nouveau Testament sous l'emblème du feu. L'effusion du Saint-Esprit le jour de la Pentecôte est accompagnée du signe visible de " langues séparées qui ressemblaient à des langues de feu " (*Actes 2:3*), c'est-à-dire **ayant la forme de petites flammes**: symbole d'un don approprié à chacun, mais de même nature pour tous.

c) L'église qui ne reste pas en prière ne sera jamais en flammes pour Dieu; et le chrétien qui n'a pas une vie de prière sera froid ou tiède dans sa relation avec Dieu et dans son service à Dieu *(Apocalypse 3:14-22)*.

III - Une église est en flammes quand la parole de Dieu est proclamée. (Luc 24:28-32)

a) Les cœurs des disciples d'Emmaüs n'ont pas cessé de brûler à l'écoute de l'enseignement de Jésus.

b) L'enseignement des disciples est inclus dans la grande commission *(Matt.28:19,20)*.

c) Le Psalmiste décrit la parole de Dieu comme une lampe et une lumière (***Psaumes 119:105***)

IV – Une église est en flammes quand les détritus du péché sont continuellement brûlés. (Actes 19:18-20)

a) On brûla les matériels de péché de ces nouveaux convertis à Éphèse.

b) Dans la confession et la repentance, le chrétien met le feu à ses péchés (***1 Jean 1:9 ; Psaumes 51; Psaumes 32***)

c) On brûla Acan avec tous ses effets pour ôter l'interdit du sein d'Israël (***Josué 7:24-26***)

V- Une église est en flammes quand ses flammes atteignent la communauté dans laquelle elle évolue. (Matt. 28:19-20 et Actes 1:8)

a) Le Saint-Esprit devait descendre pour allumer les flambeaux de l'Évangile ; c'est ce qui allait faire des disciples des témoins.

b) Dans le livre des Actes des Apôtres, les flammes de l'Église commencèrent à Jérusalem le jour de la Pentecôte, passèrent par la Judée et la Samarie avant d'atteindre les extrémités de la terre.

c) L'église qui fait des disciples pour christ dans la puissance du Saint-Esprit et en obéissance à la grande commission sera toujours en flammes.

Conclusion : L'église qui accomplit sa Mission d'exalter le Sauveur, d'édifier les Saints, et d'évangéliser les pécheurs, est une église en flammes. Est-ce que vous brûlez au dedans de vous pour Dieu comme les disciples d'Emmaüs ?

Comme un édifice en flammes attire l'attention, tout le monde vient regarder quand une église est spirituellement en flammes. Ceux qui viendront regarder témoigneront que c'est le Saint-Esprit qui est la cause;

et comme Moïse devant le buisson ardent, ils auront à ôter leurs chaussures pour entendre les ordres du Seigneur.

ÉTUDE 22
L'ÉTERNEL MA BANNIÈRE
Exode 17 : 8 – 16

Intro : Amalek était le petit-fils d'Esaü (***Gen 36 : 12***) qui devint par la suite un peuple : les Amalécites, ennemis jurés d'Israël. Les Amalécites s'alliaient toujours aux ennemis d'Israël : Moabites – Ammonites – Madianites ***Juges 3 : 13*** ; ils étaient ses ennemis perpétuels.
Dans ce passage. Moïse décida de livrer bataille contre les Amalécites, mais refuse de le faire sans se faire accompagner par Dieu.
Il faut l'aide de Dieu pour remporter la victoire sur les Amalécites.

I- Le plan du combat (v. 8, 9)

a) Moïse sur la colline, les mains levées vers Dieu, accompagné d'Aaron et Hur.
b) Josué tirant l'épée dans la vallée avec l'armée d'Israël.

II- Le déroulement du combat (v. 10, 12)

a) Israël est plus fort quand Moïse élevait sa main, Amalek le plus fort quand Moïse baissait sa main.
b) Aaron et Hur soutiennent les mains fatiguées de Moïse qui s'assoit sur une pierre, et ses mains restèrent fermes jusqu'au coucher du soleil.

III- Le résultat du combat

a) Amalek est vaincu.
b) Un autel est dressé : L'Éternel, ma bannière.

IV- Le souvenir du combat (v. 14)

a) Écris cette victoire ; cette bataille a été gagnée.
b) J'effacerai la mémoire d'Amalek. La guerre reste encore à gagner.

V- Le secret du combat

a) L'Éternel ma bannière.
Bannière, drapeau, étendard = en Hébreu :
DEGEL = ce qui est fait pour être vu.
NES = ce qui parait ou ce qu'on lève comme la perche du serpent d'airain. **Nbres 21 : 9**

L'"Éternel ma bannière = c'est l'Éternel qui doit être vu dans cette victoire, c'est l'Éternel que nous avons élevé, c'est Lui qui doit paraître, c'est Lui qui a fait cela ! C'est Lui la source de mes bénédictions. À Dieu seul la gloire.

b) « La main a été levé vers le trône de l'Éternel. » Quand les mains sont levées vers le trône de grâce et de jugement, tout est décidé, ce n'est qu'une question de temps.

Ps 20 : 6, Nous lèverons l'étendard au nom de notre Dieu. Les versets du **Ps 24** décrivent ces mains qui peuvent frapper au trône de Dieu.

Conclusion : **Jn 3 : 14, 15** *« Et comme Moïse éleva le serpent dans le désert, il faut de même que le Fils de l'Homme soit élevé afin que quiconque croit en Lui ait la vie éternelle. »*

Quand Jésus fut élevé sur la croix, Il devint la bannière de notre salut, le drapeau de la délivrance. Elevons Jésus notre seule bannière. Dès que nous élevons la bannière de Jésus le diable s'enfuit.

ÉTUDE 23
LES CONDITIONS DE LA DÉLIVRANCE

Intro : La Bible nous enseigne en ***Luc 4 : 19*** que Jésus Christ est venu pour proclamer aux captifs (prisonniers) la délivrance.
D'ailleurs le nom de Jésus veut dire celui qui sauve, celui qui délivre, celui qui libère.
Ps 28 : 8, L'Éternel est le rocher des délivrances.
Ps 32 : 7, Tu m'entoures de chants de délivrances.
Ps 68 : 21, Dieu est pour nous le Dieu des délivrances (matériel et spirituel).
Ps 111 : 9, Il a envoyé la délivrance à son peuple.
Ps 116 : 13, J'élèverai la coupe des délivrances.
Ps 130 : 7, L'Éternel multiplie les délivrances.
Lisez toute la bible et vous verrez que l'Éternel a prouvé à maintes reprises qu'Il peut effectivement délivrer.

- Il a délivré Noé et sa famille du déluge.
- Il a délivré Lot de Sodome.
- Il a délivré tout un peuple de plus d'un million d'habitants en les faisant sortir d'Égypte.
- Il les a délivrés devant la mer rouge.
- Il a délivré Israël 40 ans dans le désert.

Qui a fait tomber les murailles de Jéricho ?
Qui a délivré David devant Goliath ?
Qui a délivré Daniel dans la fosse aux lions ?
Qui a délivré les 3 jeunes hébreux dans la fournaise ardente ?
Qui a délivré David de ses oppresseurs ?
Qui a délivré Pierre dans la prison ?
Qui a délivré Elie sur le Mont Carmel ?

La réponse : c'est DIEU !
Si d'après ***Hebr 13 : 8***, Il est le même, hier, aujourd'hui, éternellement.
Dieu peut délivrer encore ! Si vous le croyez, dites AMEN.

Les paralytiques, les aveugles, les sourds, les muets, les affamés, les démoniaques, les prostituées, tous ceux-là qui suivaient Jésus ne voulaient qu'une chose : la délivrance.

Zachée – Bartimée – Marie – Marthe – Lazare de Béthanie – la femme samaritaine – la femme adultère – Nicodème – la femme à perte de sang – les 10 lépreux – le serviteur du centenier – la femme cananéenne, etc. Ils ont tous fait l'expérience de la délivrance divine.

Je veux vous dire aujourd'hui, si vous êtes disposés à respecter les conditions, Dieu peut vous délivrer immédiatement.

La délivrance devant la mer rouge était une délivrance immédiate, et j'ai trouvé cette délivrance en **Exode 14**.

Ps 118 : 6, L'Éternel est pour moi, je ne crains rien.

Hebr 13 : 6 L'Éternel est mon aide, je ne crains rien.

Esaïe 41 : 10 – 14 ; Esaïe 43 : 1 ; Esaïe 44 : 2.

I- Ne craignez rien (v. 13)

a) Une armée égyptienne bien entraînée court après un peuple Israël non-équippé pour se battre ; c'est normal que ces derniers ont tous peur.

b) Quand Dieu vous dit : « Ne craignez rien ! » C'est parce que déjà son armée vous prend en charge. « L'Éternel des armées est avec nous »

II- Restez en place (v. 13)

a) Pas de panique ! Ne courez pas ! Ne fuyez pas !
Pour nous aujourd'hui, restez en place veut dire :
1- Restez dans l'Église. **Hebr 10 : 25**
2- Restez dans le jeûne et dans la prière. ***Mc 14 : 34 ; Eph 6 : 18***
3- Restez dans la parole. ***Josué 1 : 8, 9 – Ps 1er – 2 Tim 3 : 16***
4- Restez dans le service. ***Josué 24 : 15 ; 1 Cor 15 : 68***
5- Restez dans la réconciliation.
6- Restez dans l'amour, l'unité, la paix, l'harmonie…

Ps 133, « C'est là que l'Éternel envoie la bénédiction… »

7- Ne prenez pas la route de l'enfant prodigue **Luc 15** // Chuter = laisser la maison. Si vous voulez vivre indépendamment de Dieu vous signez votre propre échec. Jésus a dit : « Sans moi vous ne pouvez rien faire » *Jn 15 : 3*

8- Restez loin de ce monde, loin des Égyptiens. *1 Jean 2 : 15 – 17.*

9- Restez dans la vérité.

III- Regardez la délivrance (v. 13)

1- Regardez la délivrance avant même que la délivrance vienne demande beaucoup de foi. Foi, c'est une décision : Je choisis de croire même si je ne vois rien.

Si vous voulez regardez votre délivrance, vous ne pouvez vous empêcher de voir des Égyptiens.

Ces jours-ci, les Égyptiens sont nombreux, nous avons des Égyptiens chez nous, dans notre voisinage, dans notre travail.

IV- Gardez le silence (v. 14)

a) Les grandes délivrances de Dieu réclament le silence.

Ps 37 : 7, Garde le silence devant l'Éternel et espère en lui.

Lam 3 : 26, Il est bon d'attendre en silence le secours de l'Éternel.

Hab 2 : 20, l'Éternel est dans son Saint Temple que toute la terre fasse silence.

V- Commencez à marcher (v. 15)

a) Dieu va ouvrir la mer rouge, mais le peuple doit commencer à marcher en direction de la mer.

b) Dieu ne fera jamais par un miracle ce que vous et moi devons faire par obéissance.

- Dieu va tuer Goliath, mais David doit utiliser sa fronde.
- Dieu va délivrer Noé, mais il doit construire une arche.
- Dieu va délivrer Lot, mais il doit sortir de Sodome.
- Si Naman veut guérir de sa lèpre, il doit plonger sept fois dans le fleuve, six fois et demie ne feront pas l'affaire.
- Six tours ne suffiront pas pour faire tomber les murailles de Jéricho.
- Si vous voulez voir Lazare ressuscité : Rouler la pierre.

- Vous voulez du vin aux noces de Cana, remplissez les pots.
- Vous voulez nourrir 5000 hommes, présentez au Seigneur cinq pains et deux poissons.
- Vous avez une perte de sang pendant 12 ans, les docteurs ne peuvent rien pour vous, si vous restez chez vous sans chercher Jésus qui passe, vous allez mourir dans votre sang.

Conclusion :

La délivrance obéit à des conditions. Dieu ne fait jamais par un miracle ce que nous devons faire par obéissance. Respectons donc les conditions de la délivrance.

ÉTUDE 24
LES BÉNÉFICES DU SERVICE
Marc 10 : 28 – 31

Intro : Dieu est un bon employeur, Il paie bien, Il paie à l'heure, Il donne des augmentations, des promotions, des avantages excellents non seulement dans ce siècle mais aussi dans le siècle à venir.

Dieu emploie à tout moment, Il a toujours du travail à faire, et il emploie seulement à temps plein.

Comment comprendre le « peu d'ouvriers » qui travaillent dans les champs du Seigneur ?

Ils ne sont pas convaincus que Dieu est un bon employeur, ils ont peur de prendre des engagements qui les obligent à travailler pour Dieu.

Je voudrais utiliser le passage qui est devant nous pour vous prouver que Dieu est un bon employeur et que vous pouvez faire carrière dans la compagnie de Dieu.

I- Les conditions de l'emploi.
a) Quitter maison, frères, sœurs, mère, père, enfants,
Ses affections.
b) Terres.Ses possessions
c) Servir : Moi et la Bonne Nouvelle. (***v. 29***)

II- Le salaire de l'emploi
a) Centuple dans ce siècle-ci
- Cent fois plus de maisons – frères – sœurs – mère – père – enfant.
b) Persécutions au centuple.
c) Dans le siècle à venir : La vie éternelle.

III- L'honneur de l'emploi
a) Les premiers seront les derniers. Ceux qui paraissent être les premiers dans ce monde s'occupant de leurs affaires seront les derniers aux yeux de Dieu.

b) Les derniers seront les premiers. Ceux qui paraissent être les derniers aux yeux du monde en s'occupant des affaires de Dieu seront les premiers aux yeux de Dieu.

Conclusion : ***Gal 6 : 9***, ... Nous moissonnerons (tous) au temps convenable, si nous ne nous relâchons.
Liste des témoignages des employés de Dieu.
- ***Hebr 11***, Noé, Abraham, David, Daniel.
- ***Luc 14 : 21 – 23***

Quel privilège d'être des employés du Roi !

ÉTUDE 25
NE VOUS METTEZ PAS AU SERVICE DU DIABLE
Matt 16 : 21 – 23

Intro : Le diable est l'ennemi acharné de Dieu, il se croit capable de détruire le Royaume de Dieu ou du moins de contrecarrer le travail et le plan de Dieu. Pour ce faire, il utilise tous les moyens possibles. Mais le moyen le plus efficace c'est pousser les serviteurs de Dieu à s'opposer au travail de leur divin maître. Dans le Jardin d'Eden, il s'est servi d'Eve et Adam pour amener le péché dans le monde et il continue encore à faire la même chose pour réussir dans ses voies.

I- Le diable s'est servi de Pierre (Matt 16)

a) Ça s'est passé quelques minutes après que le Saint-Esprit a fini de se servir de lui.
b) Le chrétien doit constamment veiller et prier n'étant jamais trop spirituel pour être sollicité par le diable. Quand vous voulez éloigner quelqu'un du plan de Dieu, c'est bien Satan qui se sert de vous ; vous êtes un instrument entre ses mains.
c) Pierre a parlé pour satan en faisant cette déclaration.

II- Le diable s'est servi de Judas
Luc 22 : 3 ; Jn 13 : 27

a) Le diable prit complètement possession de Judas qui partit pour négocier la vente de Jesus aux autorites religieuses.
b) Le diable peut se servir de vous pour encourager les autres à vendre Jésus dans le sens de l'éliminer.
c) Judas s'est engagé comme disciple de Jésus pour s'occuper de ses propres intérêts.

III- Le diable s'est servi de Ananias et de Sapphira (Actes 5 : 3)

a) Quand vous dites des mensonges sur un serviteur de Dieu qui fait le travail de Dieu

b) C'est le diable qui se sert de vous pour contrecarrer l'œuvre de Dieu quand vous calomniez pour cacher vos intérêts.

IV- Le diable peut se servir de vous (2 Cor. 2 : 11)

a) Il peut se servir d'une épouse pour allumer le feu du tapage dans le foyer.

b) Il peut se servir d'un époux pour créer la discorde et provoquer la séparation éventuellement.

c) Il peut se servir de vos enfants et de votre entourage non chrétien pour vous rendre la vie difficile.

d) Il peut se servir d'une gamme de circonstances et d'événements pour vous mettre en colère et en furie.

e) La prochaine fois que satan rôde autour de vous, si vous avez du discernement vous pouvez même le sentir.

Conclusion : Que faut-il faire pour ne pas se laisser utiliser par le diable ?
1- Veiller et prier / SOS Prière.
2- Fortifier la chair en rendant l'esprit mieux disposé.
3- Rester toujours alerte aux moindres attaques du diable.

Quand vous découragez les autres dans leurs travaux chrétiens le diable se sert de vous.

Quand vous ne vous mettez pas au service de Dieu vous êtes automatiquement au service du diable.

ÉTUDE 26
SI NOTRE CŒUR NOUS CONDAMNE
1 Jean 3 : 20

Intro : Notre cœur nous condamne à chaque fois que nous permettons à un péché de franchir sa porte ; le péché est un visiteur de malheur et quand le cœur le voit, il dit : Qu'avez-vous apporté dans mon salon ?
Les péchés retrouvés en **Marc 7 : 21 – 23** sont ceux qui conduisent votre cœur à vous condamner.

Notre cœur nous condamne quand nous tolérons un péché mignon dans notre vie. Le péché mignon c'est un péché bien connu, mais qu'on figure dans les registres de ce qu'on fait de mal. Le péché mignon est un péché rendu légal qu'on peut même commettre avec la conscience que Dieu me regarde, mais ça va. Les péchés mignons ne sont pas « confessables » puisqu'ils sont légalisés.

« Il y a des membres d'église qui, si l'on devait se réunir à cet effet, voteraient aujourd'hui pour la légalisation du péché dans l'Église.
Que peut-il arriver à un chrétien qui marche avec un cœur qui le condamne ?

I- Sa vie spirituelle baisse

a) Sa communion est constamment affectée.
b) Sa communication avec Dieu est touchée.
c) Les choses de Dieu le laissent indifférent.
d) Il est conscient de rendre à Dieu un culte artificiel avec son corps et non avec son cœur.
e) Il n'est plus arrosé par l'onction divine. **Ps 13**
f) Il ne vit pas la vie chrétienne, il ne fait qu'exister et subir cette vie.

II- Son assurance en Dieu baisse (v. 21)

a) Il vit sans foi en Dieu et sans espérance.
b) Il a une grande peur puisqu'il n'a pas toute la garantie que Dieu marche avec lui.
c) Il n'a pas grande envie de prier sachant qu'il n'obtiendra rien ; car quand il commence à prier, il voit son péché, mais refuse de se repentir.

III- Son amour pour Dieu et pour ses frères baisse

a) Il aime en paroles et avec la langue sans poser des actions vraies.
b) Il s'ennuie au milieu de ses frères et sœurs en Christ au lieu de se réjouir.

Conclusion :

Le Dieu qui est plus grand que notre cœur peut le changer si nous allons vers lui dans la confession et la repentance (1 Jean 1 :9)

ÉTUDE 27
VIVRE AVEC UNE ÉCHARDE
2 Corinthiens 12 : 1 – 10

Intro : Le mot « SKOLOPS » employé par Saint-Paul dans ce passage désigne dans le grec classique un pieu pointu, une épine. Il s'agit évidemment d'une souffrance ou d'une infirmité physique à manifestations périodiques qui même au cours de ses ravissements inexprimables jusqu'au 3e ciel, le ramène à la dure réalité d'une santé fragile et en l'humiliant gêne jusqu'à son apostolat.

Il avait précisément subi une crise aiguë de maladie en Galatie (***Gal 4 : 13***). Les hypothèses les plus courantes sur son mal mystérieux sont : épilepsie, ophtalmie, fièvre paludéenne, lèpre.

L'apôtre n'a pu obtenir de Dieu d'en être délivré, mais la grâce du Seigneur lui suffit, et sa force agit dans la faiblesse du croyant.

I- L'écharde de David

a) Ses fils **2 Samuel 12 : 10 - 12**
L'aîné Ammon, fait violence à sa demi-sœur Tamar. Il est tué par son frère Absalon. Puis c'est la révolte d'Absalon, proclamé roi à Hébron. Ce dernier est tué. Les derniers jours du roi furent encore troublés par la tentative de son fils Adonija qui échoua et Salomon le remplaça.

II- L'écharde d'Osée

a) Sa femme Gomer
Le livre d'Osée présente l'histoire de cette femme de prostitution que le prophète épouse sur l'ordre de YAHVE, qu'il chasse ensuite à cause de son inconduite, mais à qui finalement après un temps d'épreuve, il pardonne, la réinstallant dans ses prérogatives d'épouse et de mère.

III- L'écharde de Paul

a) Sa santé

Paul fut à maintes reprises lapidé, battu, en situation de naufrage, etc.

b) Une mauvaise santé est une écharde

« Un ange de satan pour le souffleter ». L'écharde peut être une épine, un handicap physique ou spirituel nous rappelant constamment que c'est par la grâce de Dieu que nous sommes ce que nous sommes.

c) L'écharde produit en nous le dégoût de la terre et l'amour du ciel.

IV- L'écharde de Jésus

a) Sa croix. **Luc 12 : 50 ; Matt 26 : 38 et 39**

b) Jésus Christ a passé les 33 années de sa vie avec l'écharde de la croix.

Conclusion : Il n'y a pas de vrai serviteur de Dieu sans écharde. C'est l'écharde qui brise le vase d'albâtre de notre vie et répand autour de nous l'odeur du ciel, l'odeur de vie.

ÉTUDE 28
CE QU'IL FAUT CHANGER QUAND ON A RENCONTRÉ JÉSUS-CHRIST
Jean 3 :1-16

Intro : Il n'y a qu'une seule société dans ce monde qui change les cœurs et les vies : c'est l'Église de Jésus Christ. La Bible donne la parole du changement.

Pour que Nicodème entre dans le royaume de Dieu il lui faut naître de nouveau ; et la nouvelle naissance expérimentée par le croyant en Jésus Christ fait de lui le récipient du germe de changement : La personne su Saint-Esprit.

On me demanda un jour que faut-il changer dans sa vie une fois qu'on a rencontré Jésus Christ. La Bible donne la réponse qui suit :

I- Il faut changer d'amis
2 Cor 6 : 14 – 17
a) La conversion d'un pécheur au Seigneur résulte en un changement d'amis. Toute amitié suppose la mise en commun de ce qu'on a de ce qu'on est. La communauté chrétienne est incompatible avec la communauté mondaine. La 1ère n'a rien de commun avec la seconde.

II- Il faut changer son travail
Matt 9 : 9 – 13
a) Tout travail contraire aux normes et aux principes de la communauté chrétienne ne peut être accepté par les membres de cette communauté. Changer de travail suppose : si l'on gagnait son pain en se donnant à la prostitution, en jouant au hasard, en vivant dans le concubinage. Ex : La femme samaritaine (on doit changer de travail et de pratique)
b) Matthieu laissa son travail de publicain quand il rencontra Jésus,

III- Il faut changer ses dépenses
Luc 19 : 1 à 10

a) La première dépense dans le budget du chrétien c'est sa dépense pour Dieu.

La conversion de Zachée opéra un changement dans ses finances.

b) Au moment même de sa conversion, les dépenses du croyant changent à cause de son goût qui a changé.

IV- Il faut changer ses plaisirs
Exode 32

a) Il y eut carnaval au désert de Sinaï quelques jours après l'expérience de la mer rouge. Le peuple Israël pensait pouvoir servir Dieu sans changer de plaisir.

b) On ne peut pas se livrer aux plaisirs de ce monde et servir Dieu en même temps.(2 Cor. 6 :14-17 ; 1 Jean 2 :15-17).

VI- Il faut changer ses affections
Col 3 : 1 – 3
Romains 8 : 5 -7

a) Aimer Dieu.
b) Aimer les saints. **Rom 12 : 10 ; 1 Pierre 5 : 14**
c) Aimer les pasteurs. **1 Thess 5 : 13**

Conclusion : **Ps 16**, « J'ai constamment l'Éternel sous mes yeux. »
L'évangile du Salut est l'évangile du changement (2 Cor.5 :17 ; Rom.1 :16-17).

ÉTUDE 29
L'EXPÉRIENCE DE LA PRISON
Apocalypse 2 : 10

Intro : Dieu utilise toutes formes de prison pour former ses enfants. Les plus grands hommes de la Bible l'ont été pour avoir fait la prison. L'enfant de Dieu emprisonné trouve une occasion rare d'expérimenter la promesse de Dieu, la présence de Dieu et la puissance de Dieu.
- Le chrétien orgueilleux n'a pas fait la prison.
- Le chrétien rebelle n'a pas fait la prison.
- Le chrétien infidèle n'a pas fait la prison.
- Le chrétien charnel n'a pas fait la prison.

La prison nous débarrasse de nous-mêmes, nous donne le temps d'être seul avec Dieu et de nous abreuver à la source de sa puissance. La prison révèle notre petitesse et nous en sortons dépendant de la grandeur de Dieu.

I- Joseph alla en prison (Genèse 39 : 20)

a) Joseph vendu par ses frères, c'était déjà la prison ; toutefois, il fut jeté en prison pour un acte qu'il n'avait pas commis. Dieu l'envoya en prison pour le préparer à occuper le poste de 1er ministre de l'Égypte.

b) Votre prison peut bien être la voie qui mène à votre succès.

II- Jérémie alla en prison (Jer 20 : 2).

a) Un prophète de Dieu peut passer par là. Tel fut le cas de Jérémie.

b) **Luc 21 : 12 – 13**, On vous jettera en prison… à cause de son nom ; cela vous arrivera pour que vous serviez de témoignage.

III- Michée alla en prison (1 Rois 22 : 27).

a) Emprisonné pour la vérité. (Achab mourut)

IV- Jean Baptiste alla en prison (Matt 11 : 2)

a) Emprisonné pour la vérité

V- Pierre alla en prison (Actes 4 : 3 et Actes 12 : 6 - 10)

a) Pour Christ et pour la vérité
b) Pour la cause de l'évangile

VI- Paul alla en prison (Actes 16 et Phil 1)

a) Dieu envoya Paul et Silas en prison pour sauver une famille.
b) Paul écrivit les épîtres : Éphésiens, Philippiens, Colossiens et Philémon en prison. On entend Dieu mieux en prison. **Phil 1 : 12 – 14 ; Eph 3 : 1, 4 : 1 ; 2 Tim 1 : 8.**

Conclusion : Êtes-vous en prison en ce moment ?
- La maladie est une forme de prison, vous êtes privé de votre santé pour que vous appreniez à dépendre de Dieu.
- La disette est une forme de prison.
- La persécution, la perte de ce qui est cher.
- Un foyer en guerre est une forme de prison.

Ce qu'il faut faire quand on est en prison :
       Lisez la Parole de Dieu.
       Priez le Dieu de la Parole.
       Repassez votre vie pour correction.
       Consacrez-vous à l'Éternel.
C'est ce que fit Jonas dans le ventre du poisson.

Exhortation :
- Quelques-uns de vous ont besoin de faire la prison pour être corrigés. Vous avez trop d'orgueil, trop de colère, trop de zèle pour le mal, trop d'amour pour le monde et les choses de ce monde.
- D'autres sont en voie de sortir de prison ; les chrétiens les plus gentils, les plus humbles, les plus courtois, les plus serviables, les plus coopérants, les plus obéissants, les plus fidèles sont des chrétiens qui ont fait la prison.

- Job, sorti de la prison de ses souffrances devint un Job différent.

- Daniel, sorti de la prison de la fosse aux lions devint un Daniel différent.
  Shadrac, Meschac et Abed Nego, sortis de la fournaise ardente deviennent différents.
- On est jamais le même quand on a marché avec Dieu.
  Préparez-vous à faire la prison pour être agréable à Dieu.

ÉTUDE 30
LA NÉCESSITÉ D'ÊTRE LÀ
Ps 133 : 3 ; Jean 20 : 24 – 29

Intro : Pour être béni de Dieu, il faut être là c'est simple. Dieu veut nous bénir, mais trop souvent nous sommes mal placés ; Jésus a dit en ***Jean 12 : 26***, Là où je suis là aussi sera mon serviteur. Si vous êtes là où Dieu n'est pas, vous ne serez jamais béni. Plusieurs de ceux qui se disent chrétiens passent plus de temps dans le monde que dans le Seigneur ; plus de temps à s'occuper de leurs propres affaires comme Marthe que d'être assis aux pieds du Seigneur comme Marie. Ils sont tellement lourds et en panne d'Esprit qu'il faut les remorquer chaque dimanche pour les amener à l'Église. Ils peuvent être assis à l'Église et voyager dans leur esprit sur une distance de 1000 kms / heure sur une distance de 1000 kms à la vitesse de 1000 km/heure. Apprenons donc des premiers chrétiens, ils étaient là où le Seigneur les voulait.

I- Les disciples étaient là le soir de la résurrection du Seigneur. (Matt 28 : 7)

Au Rendez-vous du Seigneur.

a) Ils reçurent la paix du Seigneur.
b) Ils reçurent la commission du Seigneur.
c) Les disciples furent dans la joie en voyant le Seigneur.

Vous êtes venus ce matin pour voir le Seigneur, non pour voir vos amis, mais le SEIGNEUR. Ne sortez pas d'ici avant de le voir. IL EST LA. ***Hebr 2 : 20***

II- Ils étaient là le jour de la Pentecôte. (Actes 2 : 1)

a) L'Esprit tomba sur eux et ils furent remplis du Saint-Esprit.
La plénitude de l'esprit ne veut pas dire que vous avez tout l'Esprit de Dieu, mais plutôt l'Esprit de Dieu occupe tout votre être.

b) C'est intéressant de remarquer que quand l'Esprit se posa sur eux la première chose qu'il changea en eux fut leur langage. LE CHRÉTIEN DOIT PARLER DIFFÉREMMENT.

III- Ils étaient tous là dans l'Église primitive. (Actes 2 : 41 – 47)
Rendez-vous du Seigneur.

Matt 18 : 20, Là où deux ou trois sont assemblés en mon nom je suis au milieu d'eux.
a) Ils persévéraient. Ils étaient là.
b) Ils étaient dans le même lieu.
Résultat : Le Seigneur ajoutait chaque jour à l'Église ceux qui étaient sauvés.

IV- Serez-vous là quand l'appel se fera au ciel.
Jean 14 : 1 – 3
a) Pour être là en haut, il faut être là en bas.
Jean 3 : 3, Jésus lui répondit : En vérité, en vérité je te le dis si un homme ne naît de nouveau il ne peut voir le Royaume de Dieu.
b) Ils n'entreront pas tous. ***Matt 7 : 21 - 23***
Commettre l'iniquité, HAMARTIA, manquer le but, ne pas être là où Dieu vous veut.

Conclusion : Jésus dit en ***Matt 6 : 21***, Car là où est ton trésor là aussi sera ton cœur.
Êtes-vous là dans l'Église de Dieu ?
Êtes-vous là dans la prière à Dieu ?
Êtes-vous là dans la parole de Dieu ?
Êtes-vous là dans la pureté selon Dieu ?
Êtes-vous là dans le service de Dieu ?

ÉTUDE 31
SATAN PARMI LES SAINTS
Job 1er : 6 à 12, 2 : 1 – 2

Intro : Satan n'est pas quelqu'un qui aime rester chez lui, il aime sortir et plus spécialement il aime aller à l'église. Dans ce passage, nous voyons satan assister à la convocation solennelle des fils de Dieu ; à le voir, on aurait vite cru qu'Il est le fils de Dieu aussi. La présence de Satan parmi les fils de Dieu nous aide à comprendre que Satan se présente parmi les saints pour saboter le travail de Dieu. Il est le chef du désordre et aujourd'hui nous nous proposons d'étudier ses stratégies. Il utilise tous ceux-là qui ont un zèle amer.

I- Le simple fait de nous assembler avec les gens de Dieu ne fait pas de nous des gens de Dieu pour autant.

1- Très clairement, satan ne se présente pas devant Dieu pour l'adorer. Sa présence parmi les fils de Dieu est une présomption et non une révérence.
2- Même en présence de Dieu un esprit déchu reste un esprit déchu. Son adoration n'est pas acceptée, car ce n'est pas une vraie adoration.
3- Satan s'est présenté dans l'assemblée pour accuser Job et penser à sa destruction.
De ceci nous apprenons aussi:

II- Les meilleures assemblées ne sont pas à l'abri du malin.
1- Ceci devrait nous aider à continuer à nous assembler avec les saints bien qu'il puisse y avoir dans l'assemblée plusieurs agents du diable. Est-ce que les fils de Dieu doivent cesser de se rencontrer parce que satan peut venir parmi eux ?
2- Parmi les douze disciples, l'un était du diable. Comment Jésus peut-il avoir un diable dans son groupe ?
3- Cela devrait nous aider à être vigilants même quand nous prions. Satan n'est jamais absent.

4- Cela devrait nous encourager à être des serviteurs fidèles, de sorte que le diable ne se sente pas chez lui dans la congrégation, mais qu'il se sente plutôt ennuyé par la vérité qu'il hait. (**Ps 1er**)

Quand vous venez à l'église vous ne chantez pas, vous ne priez pas, vous parlez, vous complotez, vous critiquez, vous n'écoutez pas le message, restez assuré que satan est assis tout près de vous.

III- *L'ennemi peut s'assembler avec les fils de Dieu.*

1- Pour tourmenter les saints :
- En les accusant devant le trône de Dieu.
- En déviant leurs pensées des choses célestes pour les distraire.
- En les incitant à critiquer.
- En les incitant à semer la division, la confusion.
- En les dévorant par l'orgueil.
- En refroidissant leur ardeur, leur amour, leur louange, leur prière et en général, en tuant leur zèle et leur joie.

2- Pour empêcher les inconvertis de prendre une décision :
- En déviant leur attention de la vérité qui sauve
- En soulevant le doute et en suggérant des idées sceptiques, des questions ténébreuses.
- En emportant la parole qui a été semée dans leur cœur pour qu'ils ne puissent être sauvés.

IV- *l'ennemi peut être reconnu quand il s'assemble avec les fils de Dieu.*

Satan montra ses pattes fourchues dans cette assemblée plus que jamais.
1- Il se révèle arrogant à l'égard son maître.
2- Il pointa du doigt l'un des plus justes serviteurs de Dieu que le Seigneur lui-même appelle « PARFAIT »
3- Il résolut de le tenter, de le torturer, de le conduire à se rebeller contre Dieu s'il le pouvait.

Attention : Le diable est ici en ce moment. Ne nous courbons pas devant ses suggestions.
-Crions au Seigneur immédiatement et confions-nous en celui qui peut nous préserver du malin même quand il est présent parmi nous.
-Plus le bien est présent dans un endroit, plus satan s'y oppose.

-Vous ne pouvez pas détruire le monde des guêpes sans vous attendre à être attaqués en retour.

-Dans une église qui sommeille, c'est le travail principal de l'adversaire de bercer les somnambules, de maintenir le silence complet, de faire fuir même un insecte qui pourrait se poser sur le visage du dormeur. La plus grande peur de satan c'est de voir l'église se réveiller de son sommeil.
Puisque satan viendra dans nos assemblées, il nous incombe de veiller :
    1- Que nul de nous ne l'amène dans notre assemblée.
    2- Que nul ne lui fasse place quand il entre dans notre congrégation.
    3- Que comme Abraham et les oiseaux sauvages nous le mettons en fuite.
    4- Que nous prions avec d'autant plus d'ardeur : « Seigneur, délivre-nous du mal. »

Même pour entrer dans des porcs, le diable a besoin de la permission de Dieu. Il ne peut rien essayer contre nous non plus sans la permission de Dieu.
Luther fut en grand danger d'être poignardé par un juif ; mais un ami lui envoya la photo de l'assassin. Ainsi, Luther put se protéger.
Plus nous connaissons satan et ses ruses, plus nous saurons nous garder.

Conclusion :
- Ananias et Sapphira périrent pour avoir donné accès au diable.
- Judas alla se pendre

Repentez-vous maintenant même après avoir fait de la place à satan dernièrement et prenez la décision de ne lui donner aucun accès dans votre vie.

ÉTUDE 32
COMMENT MANIFESTER DU SAINT-ESPRIT
1 Cor. 12 : 7

Intro : Tous les chrétiens sont appelés à manifester du Saint-Esprit. Ce n'est pas une pratique réservée à un groupe donné. La manifestation de l'Esprit n'est pas du tout ce que nous voyons dans quelques milieux religieux en Haïti. L'armée céleste, les robes blanches, le chef de l'armée et la crise de possession qui est passée dans le milieu haïtien pour la manifestation de l'Esprit : C'est au contraire de l'exercice physique. Quand nous exerçons nos dons spirituels, nous manifestons de l'Esprit.

I- La définition de la manifestation du Saint-Esprit

a) La manifestation du Saint-Esprit est l'acte par lequel le Saint-Esprit se révèle extraordinairement dans la vie du croyant en Jésus Christ qui s'exerce chaque jour dans :
- La prière à Dieu
- La parole de Dieu
- La louange à Dieu
- La pureté selon Dieu

b) L'Esprit se manifeste dans une vie de prière. **Actes 2 et 4** // Le jour de la Pentecôte.

c) L'Esprit se manifeste dans une vie dévotionnelle. **Ps 1er** // Parole de Dieu.

d) L'Esprit se manifeste dans une vie de louange. **Eph 5 : 16 – 19.**

II- La distribution de la manifestation du Saint-Esprit

a) À chacun de nous la manifestation de l'Esprit est donnée. Un chrétien qui ne manifeste pas du Saint-Esprit n'est pas un chrétien authentique.

b) Vous ne pouvez pas savoir ce qui vous manque quand vous ne manifestez pas du Saint-Esprit

c) Comme la pluie fait pousser les plantes de même l'Esprit nous donne des dons de l'Esprit, le fruit de l'Esprit et nous pousse a l'utiliser.

III- L'utilisation de la manifestation du Saint-Esprit

a) Pour l'utilité commune, le chrétien manifeste du Saint-Esprit en mettant ses dons au service du Seigneur
b) La manifestation de l'Esprit dans la vie du chrétien est pour le bien de l'Église. L'Église qui a en son sein des chrétiens qui manifestent du Saint-Esprit sera bénie.
c) S'il y a davantage de chrétiens qui manifestent du St Esprit l'église sera bénie.

IV- La décision de manifester du Saint-Esprit

a) Joseph manifesta du Saint-Esprit quand il refusa de coucher avec la femme de Potiphar. **Gen 39**
b) Daniel et ses amis manifestèrent du Saint-Esprit, en choisissant de mourir dans la volonté de Dieu plutôt que de vivre dans la désobéissance. **Dan 1 : 8**
c) Quand vous dites non au péché vous manifestez du Saint-Esprit.
d) Vous passerez toute votre vie chrétienne dans la disette et la sécheresse spirituelle si vous ne prenez pas une décision nette de manifester du Saint-Esprit chaque seconde de votre vie.

Questions :
Comment allez-vous passer cette semaine ?
Votre horaire est sans nul doute chargé (Travail, plaisir, activités de toutes sortes), vérifiez si vous avez déjà fait de la place pour Dieu. C'est une honte de vous appeler chrétiens et de mettre Dieu au dernier plan.

Conclusion : Vous savez maintenant comment manifester du Saint-Esprit. Il vous revient aujourd'hui de passer à l'action. Que Dieu nous aide tous à nous abreuver de son Esprit tandis qu'il est encore temps. Tenez compte de ce rappel :

I- Si quelqu'un n'a pas l'Esprit de Dieu, il ne lui appartient pas.
a) Décret divin (Romains 8 :9).

II- Tous ceux qui sont conduits par l'Esprit de Dieu sont fils de Dieu.
a) Direction divine (Galates 5 :16)

III- L'Esprit lui-même rend témoignage à notre Esprit que nous sommes enfants de Dieu.
a) Témoignage divin (Romains 8 :15-16)

IV- L'Esprit nous aide dans notre faiblesse, car nous ne savons pas ce qu'il convient demander dans nos prières.
   a) Force divine (Romains 8 :26-27)

ÉTUDE 33
LES GENS QUE DIEU N'UTILISE PAS
Matthieu 25

Intro : Nous sommes tous sauvés pour servir d'après ***Éphésiens 2 : 8, 9***. Le marteau n'est rien sans le charpentier, le niveau n'est rien sans le maçon. Nous ne sommes quelque chose que quand Dieu nous utilise pour nous bénir pour nous faire jouir d'une vie accomplie.

Quand Dieu nous utilise, nous séparons la mer, nous perçons un puits dans le désert, nous marchons dans le feu, nous calmons les lions, nous marchons sur la mer.

I- Dieu n'utilise pas les paresseux. (Matt 25 : 26)

Paresseux, définition : qui aime à éviter le travail.
a) Va vers la fourmi, paresseux. ***Prov 6 :6***
Prov 24 : 30 – 34, Le champ du paresseux.
Prov 6 : 9, Paresseux jusques à quand seras-tu couché ?
Prov 10 : 26, Tel est le paresseux pour celui qui l'envoie
Prov 12 : 27, Le paresseux ne rôtit pas son gibier.
Prov 26 : 14, Le paresseux se tourne sur son lit.
Prov 26 : 16, Le paresseux se croit plus sage que sept hommes.
1- Qu'attendez-vous pour inviter les gens à venir à l'Église avec toi.
2- Êtes-vous paresseux s'agissant de venir à l'Église, de vous engager dans le service du Seigneur.
3- Ceux-là qui restent chez eux au lieu de venir à l'Église le font parce qu'ils sont paresseux.

II- Dieu n'utilise pas les orgueilleux

Définition orgueilleux : qui a une opinion avantageuse de lui-même, de son importance. Sentiment légitime de sa valeur.
a) ***Prov 15 : 25***, L'Éternel renverse la maison des orgueilleux.
Prov 28 : 15, L'orgueilleux excite les querelles.

Jer 13 : 15, Ne soyez point orgueilleux, car l'Éternel parle.
Jacques 4 : 6, Dieu résiste aux orgueilleux, mais Il fait grâce aux humbles.
Ps 19 : 14, Préserve tes serviteurs des orgueilleux.

III- Dieu n'utilise pas les envieux

Définition envie : sentiment de frustration, d'irritation jalouse que suscite la possession par autrui d'un bien, d'un avantage dont on est soi-même dépourvu.
Marc 7 : 22, C'est du cœur que sort le regard envieux.
1 Cor 13 : 4, La charité n'est point envieuse.
Jacques 4 : 2, Vous êtes meurtriers et envieux.
Prov 14 : 30, L'envie est la carie des os.
Gal 5 : 21, Les œuvres de la chair sont l'envie.

- Envier la position des autres.
- Envier la connaissance des autres.
- Envier la richesse des autres.

IV- Dieu n'utilise pas les vicieux. (Job 11 : 11)

« *Il connaît les vicieux* »
Définition vice : disposition habituelle au mal, inconduite, débauche.
Esaie 5 : 18, Malheur à ceux qui tirent l'iniquité avec les cordes du vice.
   a) Jacob a dû abandonner ses vices avant que Dieu ne l'utilise.
   b) Ananias et Sapphira moururent dans leurs vices.

Conclusion : ***1 Cor 5 : 6, 7 et 8***, Ne savez-vous pas qu'un peu de levain fait lever toute la pâte. Faites disparaître le vieux levain…
La paresse, l'orgueil, l'envie, le vice, autant de levain qui peut gonfler notre âme. Dieu nous utilisera si et seulement si nous faisons disparaître le vieux levain. Si ça ne vous dit rien que Dieu ne vous utilise pas, examinez-vous vous-même pour voir si vous êtes dans la foi.

ÉTUDE 34
QUAND JÉSUS ENTRE DANS LE TEMPLE
Ou QUAND JÉSUS VA À L'ÉGLISE
Matt 21 : 12 – 17

Intro : C'est la dernière semaine du ministère terrestre de Christ avant sa mort. Il décida d'aller au Temple, si c'était aujourd'hui on dirait d'aller à l'Église.

Le cortège qui conduisit Jésus au Temple comprenait les disciples, la foule, des enfants, une ânesse et un ânon et Jésus Lui-même. Nous retrouvons dans ce cortège des gens qui étendirent leurs vêtements sur le chemin à l'arrivée de Jésus, et d'autres qui coupèrent des branches d'arbres et en jonchèrent la route.

Que font les gens en arrière et en avant avec Jésus au centre du cortège : Ils criaient Hosanna – Ils louaient le Fils de David – La ville de Jérusalem est émue. Ce n'est pas une grande parade en l'honneur du roi Hérode – non plus en l'honneur de Ponce Pilate ni de Caïphe. Ce n'est pas une parade pour les sacrificateurs et le Souverain Sacrificateur. Cette parade est organisée en l'honneur de Jésus ; le Fils de David, le prophète de Nazareth en Galilée.

La parade se serait bien passée si Jésus n'était pas rentré dans le Temple. Si Jésus était resté en dehors du Temple, tout le monde aurait été satisfait et content ; l'euphorie aurait duré.

Et c'est encore vrai aujourd'hui, on a peur d'inviter Jésus à entrer dans le Temple pour ne pas être troublé.

Toutefois, Jésus n'est pas intéressé par une grande parade, par des activités religieuses, par une foule hystérique et émue. Il est surtout intéressé par ce qui se passe au Temple, aujourd'hui l'Église. C'est l'Église qu'Il aime, son sang versé en est la preuve.

Quand Jésus entra dans le Temple, Il trouva 4 groupes qui ne faisaient rien de bien et qui souillaient l'espace sacré. 4 groupes de mercantiles qui étaient au Temple attiré par le commerce qui se faisait.

1- Il trouva des vendeurs *v. 12*
2- Il trouva des acheteurs *v. 12*
3- Il trouva des voleurs *v. 13*
4- Il trouva des spectateurs *v. 15*

Alors que ce qui l'intéressait le plus c'était de trouver des adorateurs – des vrais adorateurs. *Jn 4 : 24*

Et si Jésus venait à l'église ce matin que trouverait-il ?

N.B. Vous souhaiteriez être à l'église si le président du pays décidait de nous visiter ce soir. Eh bien ! Jésus est à l'Église aujourd'hui. *Matt 18 : 2* « *Car là où 2 ou 3 sont assemblés, en mon nom, Je suis au milieu d'eux.* »

Quand Jésus entre dans un Temple, Il veut voir au moins quatre choses.

I- Il veut voir sa Maison

a) La maison de Dieu c'est là où Il manifeste sa présence.

Gen 28 : 17, C'est ici la maison de Dieu dit Jacob après la vision de l'échelle.
Ps 84 : 5, Heureux ceux qui habitent ta maison.
1 Tim 3 : 15, La maison de Dieu est l'église du Dieu vivant, la colonne et l'appui de la vérité.
Ps 23, Et j'habiterai dans la maison de l'Éternel.
Ps 122, Je suis dans la joie quand on me dit allons à la maison de nom Dieu.
Questions : Aimez-vous sa maison ? Respectez-vous sa maison ? Apportez-vous quelque chose dans sa maison. ***Mal 3 :2***

II- Il veut voir la prière

a) C'était prophétisé en **Esaie 56 : 7** que la maison de Dieu sera appelée une maison de prière.
b) **Eph 6 : 18**, Faites ... toutes sortes de prières.

Quand Dieu voit la prière, Il est touché et veut nous bénir. **2 Chroniques 7 : 14**

c) Ninive fut épargnée à cause de la prière.

III- Il veut voir des besoins

a) **Phil 4 : 6**, Faites connaître vos besoins à Dieu.

« Approchons-nous donc avec assurance du tronc de la grâce afin d'obtenir miséricorde et de trouver grâce, pour être secourus dans nos besoins » **Heb 4 : 16**

« Et mon Dieu pourvoira à tous vos besoins, selon sa richesse avec sa gloire en Jésus Christ » **Phil 4 :19**

Dieu veut faire grâce, mais la grâce agit face à des besoins. Si vous avez des besoins, vous êtes candidats de la grâce de Dieu.

b) Besoins spirituels, matériels, corporels, besoins essentiels et existentiels.

IV- Il veut voir des louanges

a) **Ps 22 : 4**, Tu sièges au milieu des louanges d'Israël.
b) **Ps 96 : 4**, L'Éternel est très digne de louange.
c) **Ps 95 : 2**, Allons au-devant de Lui avec des louanges, faisons retentir des cantiques en son honneur.
d) **Ps 100 : 4**, Entrez dans ses portes avec des louanges, dans ses parvis avec des cantiques.
e) *« Par Lui, offrons sans cesse à Dieu un sacrifice de louange c'est-à-dire le fruit de lèvres qui confessent son nom. »* **Hébreux 13 : 15**

Conclusion : Si Jésus ne trouve pas ces quatre choses dans la Temple ou dans l'Église :
1- Il laissera le Temple
2- Il laissera la ville
3- Il ira à Béthanie.

Il y a une maison à Béthanie qui n'est pas aussi grandiose, aussi merveilleuse que le Temple ; cependant, dans cette maison il y a une famille, celle de Marie, de Marthe et de Lazare et cette famille peut offrir à Jésus ce qu'Il veut voir et qu'Il n'a pas trouvé dans le Temple :
1- Sa maison
2- Un lieu de prière
3- Un lieu de besoins
4- Un lieu de louanges.

ÉTUDE 35
LE SYNDROME DU VEAU D'OR
EXODE 32 : 1-6

Introduction :

Le syndrome du veau d'or c'est une maladie spirituelle que l'on peut reconnaître par les symptômes suivants :
- Une spiritualité de forme et rien dans le fond.
- Une spiritualité des lèvres et rien dans le cœur.
- Une apparence de piété sans aucune conviction.

I- L'ABSENCE DE MOISE

A) Moise est sur la montagne avec Dieu 40 jours pour recevoir la loi de Dieu.

Pour guider le peuple de Dieu, il faut passer du temps sur la montagne avec Dieu.

B) Le peuple ne pouvant pas supporter l'absence de Moise cédait au péché de l'idolâtrie au 39e jour.

L'absence d'un leader est un test sans pareil pour évaluer la conviction des membres d'un groupe.

II- L'IMPATIENCE DU PEUPLE

A) Le peuple avait hâte de se rendre dans la terre promise, il ne voulait pas attendre. Il voulait la promesse de Dieu sans la loi de Dieu.

Vous n'allez nulle part avec Dieu si vous vous éloignez de ses lois et si vous voulez seulement ses promesses.

B) Le peuple veut un leader qu'il peut diriger et un dieu qu'il peut fabriquer.

Aaron devint ce leader et le veau d'or, ce dieu. Cependant, un leader qui se laisse diriger n'est pas un leader et un dieu qui reçoit des ordres n'en est pas un.

Ils sont nombreux ceux-là qui au sein de l'Église veulent un pasteur obéissant à leurs caprices d'ériger un veau d'or qui puisse marcher devant eux.

    C) Si Aaron est tombé dans le piège de leaders impotents, tous les leaders risquent cette chute. Les serviteurs de Dieu ne sont pas épargnés de la chute.

    D) Le peuple donna tout leur or pour la fabrication de ce dieu en or. Ça nous rappelle combien il est plus facile à des gens d'investir dans un dieu fabriqué que dans un Dieu vivant. Même à l'Église d'aucuns résistent de donner la dîme et n'aperçoivent même pas quand la corbeille passe ; cependant, s'agissant de leurs dépenses personnelles, ils n'hésitent pas à faire de grands débours.

    E) Le peuple prépare un carnaval pour satisfaire leurs vices et il ose parler de fêtes en l'honneur de l'Éternel.

« C'est un gros péché que de s'occuper de ses propres affaires tout en prenant le nom de Dieu pour couverture. On ne se moque pas de Dieu... » **Gal 6 : 7**

    F) Le peuple se lève de très tôt dans la matinée pour inaugurer la statue du veau d'or et faire la prétendue fête en l'honneur de l'Éternel.

Combien de chrétiens sont à l'heure lorsqu'ils ont leurs affaires à régler et viennent à l'Église à n'importe quelle heure sans gêne et sans honte, sans embarras aucun.

    G) Le manger, le boire, la danse, la musique et l'orgie sexuelle : c'est ça la fête en l'honneur de l'Éternel : <u>Exhibition</u>.

L'Église n'est pas un lieu de divertissement, c'est un centre pour adorer Dieu et l'écouter nous parler. Ne venons pas à l'Église à cause de la musique, des danses, de la gymnastique de l'esprit. Ne venons pas à l'Église pour trouver un compagnon intime. Nous sommes ici pour rencontrer Dieu.

    a. Nous ne sommes pas une assemblée qui fait du carnaval chaque dimanche, nous ne donnons pas d'exhibition.

    b. Nous ne sommes pas une église qui aiguise vos émotions jusqu'à vous rendre hystérique.

III- LES CONSÉQUENCES DE LA DÉSOBÉISSANCE

A) Dieu sait tout et voit tout ; c'est lui qui dit à Moïse de descendre de la montagne pour aller constater le peuple qui s'est corrompu. **DIEU PUNIT LA RÉBELLION FLAGRANTE.**

Ayez toujours à l'esprit que c'est dans la présence de Dieu que nous commettons nos FAUTES, Lui qui sonde et connaît nos cœurs.

B) Le veau d'or c'est le symbole de notre indépendance de Dieu : <u>L'idolâtrie.</u>

Si nous avons quelque chose dans notre vie qui prend la place de Dieu au point que nous n'avons pas de temps pour Lui, etc. C'est le veau d'or qui s'est installé.

- Tout péché conscient et toléré dans votre vie est un veau d'or.
- Votre amant qui dort déjà dans votre sein et qui ne connaît pas le Seigneur est un veau d'or.
- Cet ami que vous avez dont les conseils vous entraînent chaque jour de plus en plus dans le mal est un veau d'or.

CONCLUSION

Le veau d'or c'est tout ce qui vous empêche de servir Dieu. Dieu ne saurait cohabiter avec le veau d'or, soit il le brise, soit il vous brise avec lui. Quand Moïse pénètre le camp, il invite le peuple à prendre une décision « À moi ceux qui sont pour l'Éternel ». Avant de leur ordonner de prendre cette décision, Moïse brisa le veau d'or, le réduisit en cendre après l'avoir passé au feu. Il prit la poudre d'or et la répandit dans le torrent et fit boire les enfants d'Israël.

Explication : Poudre d'or jetée dans l'eau est soluble et donne une couleur rougeâtre comme du sang. Moïse fit donc usage de ce symbolisme chimique pour sanctifier le peuple.

- C'était un breuvage de jugement pour les coupables. Tout le peuple a bu du torrent rougeâtre, mais le jugement tomba finalement sur les coupables. 3 000 périrent.
- La sainte cène (par exemple) peut devenir un breuvage de jugement.

« Celui qui mange et boit sans discerner le corps du Seigneur mange et boit un jugement contre lui-même… C'est pour cela qu'il y a parmi vous beaucoup d'infirmes et de malades et qu'un grand nombre sont morts. »

Si vous venez participer à la Sainte Cène après que vous vous êtes prosternés devant le veau d'or, vous allez boire votre jugement.

À cause de cette première rébellion du peuple, ils auront à errer 40 ans dans le désert de Sinaï et rateront en grand nombre la terre promise, les plus jeunes exceptés.

L'Éternel seul peut bénir, la plus grande perte que puisse essuyer quelqu'un, c'est la perte de la bénédiction de Dieu sur sa vie. (Demandez à Esaü et il vous le dira)

ÉTUDE 36
LE VEAU D'OR AUX PORTES DE L'ÉGLISE
Exode 32 : 1 – 10

Le récit d'Exode 32 qui parle de l'acte d'idolâtrie accompli par les israélites au pied du Sinaï est mentionné plusieurs fois dans les textes bibliques. (**Neh 9 : 18 ; Ps 106 : 19 ; Actes 7 : 39 – *Étienne***).
L'idole d'après ***v. 4, 24*** est en or massif et d'après ***v. 20*** d'une matière combustible, sans doute du bois. D'après ***v. 5*** elle représente Yahvé ou un dieu rival de Yahvé. ***V. 1 – 4, v. 26***

D'après ***v. 7*** c'est Yahvé qui aurait averti Moïse de ce qui se passait dans le camp ; or dans ***v. 16*** Moïse et Josué éprouvent une grande surprise de ce qu'ils voient et entendent une fois arrivés dans le camp. Dans ***v. 9*** Yahvé déclare qu'il va détruire le peuple, Moïse intercède et Yahvé retire sa menace. Il y avait une influence égyptienne, un emprunt fait au culte du taureau noir APIS adoré à MEMPHIS ou à celui du taureau blanc MNEVIS.

Il semblerait bien extraordinaire qu'à peine délivrés du joug égyptien, les israélites eussent eu l'idée de choisir la forme d'un des dieux de ce pays pour représenter le Dieu même qui les avait délivrés de ce joug-là. Chez les Phéniciens, le taureau était la représentation de Baal, et la vache celle d'Astarté.

Dans l'antique Orient, le bœuf ou plus exactement le taureau était considéré comme le symbole de la puissance, de la fécondité, de la vie.
En Égypte, le dieu Apis à Memphis, le dieu Râ à Heliopolis, le dieu Kim à Thèbes, le dieu Mentu à Hermonthis étaient représentés sous la forme d'un taureau.

<u>Le péché du veau d'or c'est quoi ? (3 péchés en un seul)</u>
        1) C'est offrir un culte à Dieu avec les formes du monde.

2) C'est attribuer à un autre la place et l'honneur qui reviennent à Dieu. ***V. 5 – 6***
3) C'est agir indépendamment de Dieu.

a- Aaron bâtit un autel
b- Une fête en l'honneur de l'Éternel est fixée. Il n'est pas dit Baal, mais l'Éternel.
c- Le peuple offrit des holocaustes et des sacrifices d'actions de grâces.
d- Ils mangèrent, se levèrent pour se divertir et ils chantèrent ***v. 18*** et dansèrent.

Quand il y a de l'idolâtrie dans l'adoration

Qu'est-ce que l'Église ? Ekklesia // Eklektoi (ceux-là qui laissent le monde pour appartenir à Dieu seul). Retenons ce qui suit :

I- L'Église a ses normes

Norme = règle, loi à laquelle on doit se conformer.
Rom 12 : 2, Ne vous conformez pas au siècle présent.

II- L'Église a ses formes

Forme = état sous lequel nous percevons une – figure extérieure – configuration des choses.

- Jésus Christ – L'agneau de Dieu ***Jn 1 : 29***
- St Esprit – Forme colombe ***Matt 3 : 13 – 18.***

- Vous êtes la lumière du monde.
- Vous êtes le sel de la terre.

L'Église est le contraire du monde ***2 Cor 6 : 14 – 17***. Quel rapport y a-t-il entre justice et iniquité, lumière et ténèbres, Christ et Belial, fidèle et infidèle ? Sortez du milieu d'eux, séparez-vous. Ne touchez pas.

1 Pierre 2 : 9, « *Vous au contraire, vous êtes une race élue, un sacerdoce royal, une nation sainte, un peuple acquis afin que vous annonciez les vertus de celui qui vous a appelés des ténèbres à son admirable lumière.*

v. 12, Ayez au milieu des païens une bonne conduite.

III- L'Église a ses dogmes (ses valeurs)

Dogme = principe établi ; enseignement reçu et servant de règle de croyance, de fondement à une doctrine. Dogme de la trinité, dogme philosophique, politique.
Dogme = L'ensemble des articles de la foi d'une religion.

Jude v. 3, Je me suis senti obligé de vous envoyer cette lettre pour vous exhorter à combattre pour la foi qui a été transmise une fois pour toutes.
1 Tim 3 : 15, Tu sauras comment il faut se conduire dans la maison de Dieu qui est l'Église du Dieu vivant, la colonne et l'appui de la vérité.
- Les dogmes de l'Église sont saints.

Matt 7 : 6, Ne donnez pas les choses saintes aux chiens, et ne jetez pas vos perles devant les pourceaux de peur qu'ils ne les foulent aux pieds ne se retournent et ne vous déchirent.

Il y a une façon de présenter l'évangile à l'homme animal, c'est ce que nous dit ce texte.

IV- L'Église a ses bornes

Borne = marque qui matérialise sur le terrain les limites d'une parcelle. Limites / frontières.
Actes 1 ; 8, Vous serez mes témoins.
Voici les bornes de l'Église :
1 Jn 2 : 15 – 17, N'aimez point le monde ni les choses qui sont dans le monde…
Rom 12 : 2, Ne vous conformez pas au siècle présent…
1 Cor 6 : 19, Na savez-vous pas que votre corps est le temple du Saint-Esprit qui est en vous, que vous avez reçu de Dieu et que vous ne vous appartenez point à vous-mêmes.
Jacques 4 : 4, Adultères que vous êtes ! Ne savez-vous pas que l'amour du monde est inimitié contre Dieu. Celui donc qui veut être ami de ce monde se rend ennemi de Dieu.
Eph 5 : 7 – 8, N'ayez donc aucune part avec eux. Autrefois, vous étiez ténèbres, et maintenant vous êtes lumière dans le Seigneur. Marchez comme des enfants de lumière.

2 Tim 2 : 19, Quiconque prononce le nom du Seigneur qu'il s'éloigne de l'iniquité.

Aspect pratique du message

Le veau d'or s'est installé dans votre viesi vous faites les choses suivantes.

    1- Vous vous habillez comme le monde.

    2- Vous parlez comme le monde.

    3- Vous fréquentez les boites de plaisir du monde.

    4- Vous jouez dans les jazz mondains.

    5- Vous participez à des concerts mondains.

    6- Vous fumez, vous vous enivrez, vous jouez au hasard.

    7- Vous êtes esclaves de la pornographie.

    8- Vous avez une concubine.

    9- Celle qui est dans ton lit n'est pas ta femme.

    10- Celui avec qui vous avez passé la nuit hier soir n'est pas votre mari.

    11- Vous adorez Dieu en portant des vêtements et des sous-vêtements pour provoquer sa bonté. (Magie)

Vous venez pratiquez vos petites recettes magiques et vous les mélangez avec la parole de Dieu. Veau d'or.

1 Cor 14 : 8, Et si la trompette rend un son confus, qui se préparera au combat ?

ÉTUDE 37
OÚ EST VOTRE SACRIFICE
Genèse 4 : 1 à 7 et Hébreux 11 : 4

Intro : L'une des vérités fondamentales de la Bible, c'est que pour s'approcher de Dieu, il faut apporter un sacrifice. Après le péché d'Adam et Eve, Dieu fit un sacrifice pour eux (***Genèse 3 : 21***) pour leur signifier que désormais s'ils veulent s'approcher de Lui, ils doivent apporter un sacrifice. Adam et Eve transmirent cet enseignement à leurs enfants ; voilà pourquoi dans ce passage, Abel s'approche de Dieu avec un des premiers-nés de son troupeau, mais Caïn comme par rébellion vint avec les fruits de la terre. Naturellement l'Éternel porta un regard favorable sur l'offrande de Caïn qui n'avait pas bien agi. C'est comme si Dieu lui disait : Oú est ton sacrifice Caïn ?

La première chose que fit Noé à sa sortie de l'arche fut d'offrir des sacrifices à l'Éternel (***Genèse 8 : 20***). Le livre Lévitique parle de différents sacrifices que Dieu exigeait des enfants d'Israël ; et pour nous approcher de Dieu, Jésus Christ est venu comme le sacrifice ultime (***Jean 3 : 16*** ; ***Jean 1 : 29***). Nous lisons à son sujet :
- Christ s'est livré comme un sacrifice de bonne odeur (***Eph 5 : 2***)
- Il a aboli le péché par son sacrifice (***Hébreux 9 : 26***)
- Il a offert un seul sacrifice pour les péchés et s'est assis pour toujours à la droite de Dieu (***Hébreux 10 : 12***)

C'est grâce au sacrifice de Christ que nous avons le salut. À vous qui êtes venus aujourd'hui vous approcher de Dieu, la même question demeure : OÙ SONT VOS SACRIFICES ?... Quand nous nous approchons du trône de la grâce, il nous faut apporter :

I- Le sacrifice d'un esprit brisé (Luc 18 : 9 - 14)

Psaumes 51 : 19 : *« Les sacrifices qui sont agréables à Dieu c'est un esprit brisé »*

a) Quand le publicain se rendit au temple pour prier, il put s'approcher de Dieu pour avoir apporté un esprit brisé. *« O Dieu, sois apaisé envers moi qui suis un pécheur »*
b) C'est le cri de l'âme qui admet sa culpabilité devant un Dieu saint et qui cherche le pardon de Dieu dans la confession et la repentance (**Psaumes 51**). L'esprit brisé est conscient de son péché, demande pardon à Dieu, et retourne dans sa maison justifié.

II- Le sacrifice d'Actions de grâces (Luc 17 : 11 - 19)

Psaumes 116 : 7 : *« Je t'offrirai un sacrifice d'actions de grâces. »* (**Psaumes 107 : 22**)

a) Jésus guérit dix lépreux, mais un seul revint sur ses pas glorifiant Dieu à haute voix. Il vint tout simplement dire MERCI, ce faisant, il obtint quelque chose d'une plus grande valeur : LE SALUT.
b) Celui qui s'approche de Dieu avec un sacrifice d'Actions de Grâces vient avec un cœur reconnaissant qui ne cesse de dire : MERCI SEIGNEUR (**Phil 4 : 6**)

III- Le sacrifice de votre corps

Romains 12 : 1 : *« …à offrir votre corps comme un sacrifice vivant, saint et agréable à Dieu… »*

a) Dieu a besoin d'être glorifié dans notre corps. **Phil 1 : 20**
b) Dieu veut que nous mettions notre corps à sa disposition, pour son service. **1 Cor 6 : 12 – 20**
c) Le corps est la partie matérielle de l'homme ; il n'a par lui-même aucune vie et n'est en lui-même qu'un cadavre, mais l'âme l'anime (**Jacques 2 : 26**). Ce corps résiste à l'Esprit (**Romains 7 : 24**) ; conditionné par la chute, il est devenu une occasion de péché (**Romains 6 : 12 ; 7 : 23**) toujours prêt à se déshonorer (**Rom 1 : 24**), enclin à l'impudicité (**1 Cor 6 : 13 - 18**). C'est pourquoi il faut savoir posséder son corps et le traiter durement (**1 Thess 4 : 4 ; 1 Cor 9 : 27**).

d) Dieu veut que l'Esprit, l'âme et le corps soient conservés irrépréhensibles jusqu'à l'avènement du Seigneur (**1 Thess 5 : 23**), C'est possible seulement quand nous lui offrons notre corps.

IV- Le sacrifice de louange

Hébreux 13 : 15 : *« Par Lui, offrons sans cesse à Dieu un sacrifice de louange, c'est-à-dire le fruit des lèvres qui confessent son nom. »*
Psaumes 95 : 2 : *« Allons au-devant de Lui avec des louanges »*
Psaumes 118 : 14 : *« L'Éternel est le sujet de nos louanges »*
Psaumes 100 : 4 : *« Entrez dans ses portes avec des louanges. »*
   a) Paul et Silas chantaient les louanges du Seigneur en prison (**Actes 16**).
   b) *« Que tout ce qui est vertueux et digne de louange soit l'objet de vos pensées. »* **Phil 4 :8**

Conclusion : Dieu ne veut pas seulement que nous lui apportions des sacrifices, Il veut que nous soyons nous-mêmes des sacrifices. Il a fait de nous un royaume et des sacrificateurs pour que nous nous offrons constamment en sacrifice (**1 Pierre 2 : 8 – 9 et Apo 1 : 5 - 6**). Déjà pour nous, Dieu a donné son propre Fils ; il nous revient maintenant de lui donner notre vie.

« REÇOIS MON SACRIFICE
IL EST SUR TON AUTEL.
ESPRIT, ESPRIT DESCENDS,
J'ATTENDS LE FEU DU CIEL. »

ÉTUDE 38
LA VALEUR DE LA BIBLE
Psaumes 1ᵉʳ et Ps 119 : 72

« Mieux vaut pour moi la loi de ta bouche que mille objets d'or et d'argent »
La Bible c'est la pensée de Dieu révélée à l'humanité, c'est un miroir qui montre à l'homme pécheur son état et la manière de s'embellir (pour Dieu). La beauté c'est ce qui caractérise Dieu, et la laideur, la saleté c'est ce qui caractérise le diable (cela peut être vu dans la vie pratique). Cependant les pécheurs (disciples du diable) n'apprécient pas un livre qui découvre leur saleté, leur laideur. Et ils ont cherché plusieurs fois à détruire ce livre, la Bible qui peut les sauver et les guider. Voltaire parlant contre la Bible dans une salle en France a dit ceci : *« 12 hommes ont fondé le Christianisme. Je montrerai comment un seul homme peut le détruire. »* Cependant la maison même où il parlait ainsi est maintenant une librairie de la Bible. Plusieurs auteurs ont parlé contre la Bible (Ingersoll). Ils sont morts, mais la Bible vit. Elle est la parole puissante et précieuse de Dieu à l'homme. Et par ordre de valeur (prix) et d'importance, notre texte nous dit qu'elle vaut mieux que l'argent.
La Bible vaut mieux que l'argent : Voyons pourquoi.

I- Parce qu'elle nous donne une meilleure nourriture.

a) L'argent ne peut pas acheter de la nourriture pour l'âme. Cependant, la Bible pourvoit de manière abondante au besoin de l'âme.
b) L'homme ne vivra pas seulement de pain.
Jésus Christ satisfait notre âme. Tous les produits que le monde continue à offrir prouvent que l'homme ne peut être satisfait ici-bas.

II- Parce qu'elle nous donne un meilleur vêtement.

a) L'argent peut acheter de beaux vêtements, mais pas de vêtement pour l'âme.
b) La robe de la justice.

III- Parce qu'elle nous donne de meilleurs amis.

a) Les amis que l'argent nous donne sont passagers. (Le fils prodigue est un exemple).
b) La Bible nous met en relation avec le plus noble et excellent ami qui soit. (Jésus Christ).

IV- Parce qu'elle nous donne une meilleure demeure

a) L'argent ne peut pas nous acheter la maison éternelle (celle qui n'est pas faite de mains d'hommes)
b) La Bible nous donne la clef qui ouvre la porte des cieux.

V- Parce qu'elle nous donne un meilleur transport (Luc 16)

a) Lazare fut transporté par les anges dans le sein d'Abraham
b) Le ciel est réservé à tous ceux qui connaissent le Seigneur (Jean 14 :1-6).

Conclusion : «*Mieux vaut pour moi la loi de ta bouche que mille objets d'or et d'argent*»

ÉTUDE 39
PROBLÈME DE CONVERSION
Matt 13 : 15

Intro : Il y a des gens qui refusent de se convertir d'après ***Jérémie 5 : 3***.
- La conversion est la carte d'entrée dans le royaume des cieux. ***Matt 18 : 3***.
- Jésus Christ est un rédempteur pour ceux qui se convertissent. ***Esaïe 59 : 20***

I- Pierre et les disciples avaient un problème de conversion

Luc 22 : 32 – 34, Quand tu seras converti, affermis tes frères.

II- Le message de l'évangile est un message de conversion

Actes 2 : 38 ; Actes 3 : 19, Repentez-vous et convertissez-vous.
Actes 26 : 20, J'ai prêché la conversion à Dieu.
- Les gens de Lydde se convertirent au Seigneur. ***Actes 9 : 35***
- Un grand nombre de personnes se convertit. ***Actes 11 : 21***

Note : La conversion aide le croyant à voir plus clair. ***2 Cor 3 : 6***. Lorsque les cœurs se convertissent au Seigneur le voile est déchiré.
- ***1 Thess 1 : 9***, On raconte comment vous vous êtes convertis à Dieu.

III- Le messager du Seigneur doit être converti

1 Tim 3 : 6, Qu'il ne soit pas un nouveau converti.

Conclusion : Le manque de conversion crée des occasions de chute. ***Matt 5 : 29 et Jean 2 : 10***
Jésus Christ était une occasion de chute pour ceux-là qui ne voulaient pas se convertir. ***Matt 13 : 57 ; Matt 11 : 6***
Il y a des gens qui préfèrent laisser une église qui prêche le changement = occasion de chute.

CONCLUSION : Avez- vous un problème de conversion ?

ÉTUDE 40
QUAND VOUS ÊTES DANS LE TROU

Intro : **Ps 103 : 4**, C'est lui qui délivre ta vie de la fosse.
Ps 40 : 3, Il m'a retiré de la fosse de destruction.
Lam 3 : 53, Ils ont voulu anéantir ma vie dans une fosse.

Seulement ceux-là qui ont fait l'expérience du trou sont à même de servir Dieu avec puissance et fidélité. C'est l'expérience par excellence qui nous fait connaître Dieu personnellement. On est jamais le même après qu'on a fait l'expérience du trou. C'est d'ailleurs dans le trou qu'on reconnaît la puissance de Dieu. Les épreuves, les persécutions, le chagrin, la solitude nous jettent dans le trou, le découragement de même.

I- Joseph dans le trou (Genèse 37 : 24)

a) Complot familial
Les querelles de famille sont des fois les plus difficiles à calmer.

II- Daniel dans le trou (Daniel 6)

a) Complot amical
Votre meilleur ami peut devenir pour vous un ennemi d'un jour à l'autre. Les amis de Daniel enviaient l'esprit supérieur qu'il avait sur lui leur jalousie enflammée les amena à comploter contre Daniel.

III- Jérémie dans le trou (Jérémie 38 : 1 à 13)

a) Débarrassons-nous du prédicateur qui ne prêche pas ce que nous voulons entendre.
b) Plusieurs de ceux qui veulent pratiquer le péché n'aiment pas les hommes de Dieu qui parlent pour Dieu.

IV- Lazare dans le trou (Jean 11 : 38 - 44)

a) La mort ne fait point acception de personne.

Conclusion : Un jour, même l'Église de Jésus Christ sortira du trou d'après *1 Cor 15 : 51 et 1 Thess 4 : 14 – 16*

À la mort on nous met dans un trou, mais au grand jour de la résurrection et de l'enlèvement nous en sortirons.

Dieu est capable de nous sortir du trou.

ÉTUDE 41
LA NÉCESSITÉ D'ÊTRE A L'HEURE
Hébreux 4 : 1 ; Matthieu 25 : 1 à 13

Intro : Dieu est toujours à l'heure – Christ est venu au temps marqué – Il est mort au temps marqué – Il est ressuscité au temps marqué (après 3 jours) – Il monta au ciel au temps marqué – Envoya l'Esprit au temps marqué et reviendra nous chercher au temps marqué.

Cette parabole de **Matt 25** concerne Israël et non l'Église dans son contexte biblique. Toutefois, nous pouvons en tirer une leçon pratique pour aider l'Église de Dieu à cultiver davantage la ponctualité dans les services dédiés à Dieu.

I- Pour être sauvé, il faut être à l'heure

a) Aujourd'hui tu seras avec moi dans le paradis. **Luc 23 : 43**
b) Le salut est entré dans cette maison aujourd'hui. **Luc 19 : 9**

2 Cor 6 : 2, Voici maintenant le temps favorable.
Jer 8 : 20, La moisson est passée, l'été est fini, vous n'êtes pas sauvés.
Heb.4 :1 qu'aucun de vous ne paraisse être venu trop tard

II- Pour servir, il faut être à l'heure (Actes 1 : 8 ; Actes 2)

a) Ils attendaient dans la chambre pour être à l'heure à la descente de l'Esprit qui allait leur donner la capacité de servir.
b) Abraham qui répondit au rendez-vous de Dieu **Gen 22** pour sacrifier son fils Isaac, était à l'heure.

III- Pour être béni il faut être à l'heure.

a) Thomas n'était pas à l'heure quand Jésus apparut pour la 1ère fois à ses disciples après sa résurrection. ***Jean 20 : 24 ; Ps 122***

N.B. La bénédiction de Dieu est géographique et chronologique. Dieu a un lieu et un temps bien précis pour vous bénir, Il le fera en son lieu et en son temps.

b) Pierre et Jean à l'heure de la prière. *Actes 3*

IV- Pour être enlevé, il faut être à l'heure (Rom 13 : 12)

a) Le jour de Christ approche c'est l'heure de vous réveiller du sommeil. Il vous faut préparer cette rencontre. *1 Cor 15 et 1 Thess 4 : 14 – 16.*

Conclusion : C'est l'heure d'être à l'heure (Rom. 13 :12)

ÉTUDE 42
L'ENGAGEMENT DE DONNER SES BIENS A L'ÉTERNEL
Proverbes 3 : 9

Intro : Bien = Ce que l'on possède en argent et en propriétés.
Les biens temporels se divisent en :

1- Biens corporels = Choses qui ont une existence matérielle comme les objets, les animaux, la terre.

2- Biens incorporels = Choses qui représentent une valeur pécuniaire comme le nom commercial, les droits de licence, la santé.

En économie, on définit le bien comme étant une chose pouvant faire l'objet d'un droit et représentant une valeur économique.

3- Biens spirituels sont :

(***1 Cor 9 : 11***, L'apôtre Paul a semé parmi les corinthiens des biens spirituels)

a) La vie éternelle, le Saint-Esprit, l'héritage céleste, la Bible, l'Église, les dons spirituels, les frères et sœurs en Christ.
La Bible nous exhorte en ***Proverbes 3 : 9*** d'honorer l'Éternel avec nos biens.

I- Comme la veuve de Sarepta (1 Rois 17 : 9)

a) Elle a tout donné au serviteur de Dieu sans tristesse ni regret.
b) Si Dieu voit que vous allez investir vos biens dans son travail, Il fera de vous un canal de bénédiction.

II- Comme la pauvre veuve (Marc 12 : 41 - 44)

a) Elle a donné peu, mais elle a aussi donné tout ce qu'elle avait.
b) Ceux qui ont peu ont aussi la responsabilité de donner selon leur prospérité.

III- Comme Marie de Béthanie (Jean 12 : 1 - 8)

   a) Elle a donné ce qui coûtait très cher au Seigneur.
   b) C'est important de donner le meilleur à Dieu.

IV- Comme le jeune garçon avec 5 pains et 2 poissons (Jean 6 : 1 - 15)

   a) C'était son lunch, mais il aimait le Seigneur plus que la nourriture.
   b) Par sa générosité, les autres ont bénéficié.

V- Comme les chrétiens Phillipiens (Phil 4 : 15 – 19)

   a) Ils ont pris à cœur de supporter financièrement le ministère de Paul.
   b) L'évangile est gratuit, mais l'évangélisation coûte cher.

VI- Comme les églises de la Macédoine (2 Cor 8 : 1 - 5)

   a) Les membres de ces églises se sont aussi donnés eux-mêmes. Ils ont donné tout leur avoir et tout leur être.

Gal 6 : 16, Qu'il fasse part de ses biens à celui qui l'enseigne.

Conclusion : À lire **2 Cor 9 : 7 et 8 ; Proverbes 3 : 9**

En envoyant Jésus Christ pour nous sauver Dieu a dépensé tout ce qu'Il avait. Jésus Christ est plus coûteux, plus cher que tout aux yeux de Dieu.

Il est plus coûteux que le soleil, la lune, les étoiles, les galaxies. Il est plus coûteux que la somme totale de toute la création de Dieu. Il est le Fils unique de Dieu. Et ce Dieu l'a donné en rançon pour nous.

Pourquoi alors hésiter à donner le peu que nous avons à un Dieu qui a tant fait pour nous ?

ÉTUDE 43
VIVRE DANS LA FAMINE
1 Rois 17 : 1 – 16

Fléau des plus redoutables qui consiste en la privation des denrées alimentaires : la famine est une disette absolue. Les famines peuvent prendre des proportions terribles. En 874, la France et l'Allemagne perdirent presque le 1/3 de leur population des suites d'une violente famine ; en 1601, plus de 120 000 personnes périrent dans la seule ville de Moscou.

La famine peut avoir des causes fort diverses. En Palestine, elle est le plus souvent l'effet de la sécheresse. Le manque de pluie au moment de la croissance peut être la cause de famine, la sécheresse, les invasions de parasites sont au nombre des maux qui occasionnent une famine.

En Haïti maintenant, la majorité des pères et mères de famille n'arrivent pas à subvenir au besoin de leurs enfants. Il est vrai que les haïtiens ont beaucoup d'enfants habituellement ; il est vrai aussi que nous avons 90% des gens qui ne travaillent pas, 90% de ce que nous consommons nous viennent de l'extérieur.

Nous sommes dans un pays de famine sur toutes les formes :
1- Famine dans le domaine de la consommation, des denrées alimentaires.
2- Famine dans le domaine de la santé, de l'éducation, de sécurité sociale, de l'emploi, de l'énergie électrique.
3- Famine dans le domaine de l'honnêteté, l'intégrité et la moralité.

I- Il faut être à l'écoute de Dieu (v. 2)

   a) « La parole de Dieu fut adressée à Elie » : chaque chrétien doit écouter Dieu pour ses propres difficultés (personnellement). Au milieu de la famine l'enfant de Dieu écoute en :
      1- Lisant la parole de Dieu // méditant

2- Venant fidèlement à l'Église de Dieu **Ps 73**
3- Priant

Comme Samuel, il faut toujours être à l'écoute de Dieu. C'est dans le Temple que Samuel entendit Dieu.

    b) Il y a quelque chose de plus grave (pour nous) que de ne pas trouver Dieu quand nous le cherchons ; c'est quand Lui (Dieu) ne nous trouve pas quand Il nous cherche.

    c) De nos jours la télévision, la radio, les amis, le plaisir peuvent nous empêcher d'être à l'écoute de Dieu.

Nous sommes tellement occupés que nous n'entendons plus quand Dieu parle. **Ps 46 : 10**

II- Il faut être sur la route de Dieu (v. 3)

(Il faut être obéissant)

    a) Pour se mettre sur la route de Dieu, il nous faut laisser notre propre route. « Pars d'ici » Nous ne pouvons être sur deux routes à la fois. Abraham est un exemple.

    b) Pour se mettre sur la route de Dieu il nous faut prendre la direction de Dieu. « Dirige moi » Vers l'orient // Attention Jonas.

    c) Sortez de la route seulement quand vous arrivez à l'Adresse de la Délivrance.

« Cache-toi près du torrent de Kerith »

III- Il faut n'avoir aucun doute sur Dieu (v. 7)

    a) Quand le torrent est à sec il faut nous attendre à une autre adresse de délivrance.

Elie était toujours à l'écoute de Dieu. **V. 8**
Elie prenait toujours la route de Dieu. **V. 9**, Sarepta / Sidon
Elie n'avait aucun doute sur Dieu. **V. 12**
La veuve disait qu'elle n'avait rien, mais Elie savait qu'il ne se trompait pas d'adresse.

Jacques 1 : 6 – 7 et 8 : « *Qu'elle la demande avec foi, sans douter ; car celui qui doute est semblable au flot de la mer, agité par le vent et poussé de côté et d'autre. Qu'un tel homme ne s'imagine pas qu'il recevra quelque chose du Seigneur : C'est un homme irrésolu, inconstant dans toutes ses voies.* »

Application pratique : Dans ces deux histoires, il y a : un commandement, une promesse, une obéissance, une provision.
1- Quand Dieu commande à ses enfants de faire quelque chose, Il promet aussi la grâce et fournit le moyen de le faire. Derrière chaque ordre de Dieu se cache son omnipotence. Chaque commandement de Dieu marche avec une promesse.
2- Dieu utilise des moyens inimaginables : des corbeaux et une veuve pour accomplir ses promesses. Les corbeaux étaient classés impurs d'après **Lev 11 : 15, 20**. Et en plus dans les temps anciens, être veuve était synonyme de pauvreté. La souveraineté de Dieu utilise les petits moyens pour accomplir ses promesses.
3- Le lieu de rendez-vous est le lieu de sa provision. En d'autres mots, vous devez être là où Dieu veut que vous soyez si vous voulez avoir vos besoins satisfaits.

Matt 6 : 33, Si je cherche premièrement le royaume de Dieu, je veux m'assurer que Dieu pourvoira à mes besoins.
Le lieu de rendez-vous de Dieu est l'adresse de sa provision. **Ps 133**
Êtes-vous là où Dieu vous veut ?
Alors vous pouvez vous accaparer de la Promesse qu'Il prendra soin de vous.
4- Dans les deux cas Elie ne mit aucun délai pour obéir à Dieu. **1 Rois 17 : 5, 10.**

Obéissance retardée = Désobéissance
Obéissance partielle = Désobéissance. **1 Samuel 15 : 22**
5- Avant Carmel vient Cherith. Il faut passer du temps à l'École de Dieu avant d'être utilisé par Lui.

Moise – 80 ans
Paul – 3 ans en Arabie, 10 ans à Tarse.
La discipline de la solitude nous apprend des choses que nous ne pouvons apprendre sur la scène publique.

Illustration 1 : : Crise financière au Séminaire de Théologie de Dallas.
Président de l'école : Lewis S Perry Chafer reçoit la visite de Dr Ironside qui pria ainsi pour l'école avec les membres officiels.

Dans **Ps 50 : 10**, « Seigneur vous possédez toutes les bêtes des montagnes par milliers. Vendez-en quelques-uns pour nous envoyer de l'argent. »
Vint alors le secrétaire au bureau qui annonça au Dr Chafer qu'il y avait quelqu'un qui voulait le voir.

Texas Rancher lui dit : «Je garde des troupeaux, mais je ne sais pas ce qui m'est arrivé, mais Dieu m'a dit de vendre quelques-uns de mes troupeaux pour vous donner l'argent. »

Et quand Dr Chafer compta l'argent, c'était juste la somme nécessaire pour alléger la crise.

Illustration 2 : L'homme qui devait aller en prison pour une petite dette. Soudain un oiseau chanteur entre dans sa maison. Il le mit en cage et l'oiseau lui chanta un ancien chant allemand : « N'aie pas peur quand les ténèbres règnent »
- Quelqu'un frappa soudain à la porte, mais ce n'était pas l'officier qui devait l'amener, mais la servante d'une dame riche qui vint lui demander s'il n'avait pas aperçu un oiseau.
- L'homme lui donna l'oiseau et reçu 5 minutes après une récompense de la dame riche qui le paya pour son aide.
- Quand l'officier frappa enfin l'homme lui paya la somme due.

ÉTUDE 44
LES PREMIÈRES CHOSES D'ABORD
Matt 6 :33

Intro : Il y a des choses qu'il faut toujours faire d'abord, qui ne peuvent être reléguées au second plan ; elles sont prioritaires et ne sauraient être ignorées. Ces choses auxquelles nous voulons faire référence sont la Bible ; nous vous proposons une liste de ce que la Bible nous enseigne à chercher d'abord.

I- La première chose à chercher
a) Le royaume de Dieu et sa justice. **Matt 6 : 33**

II- La première chose à prêcher (1 Cor 15 : 1 - 4)
a) L'évangile… Je vous ai enseigné avant tout.

III- La première chose à faire
a) Travailler avant de recueillir les fruits. **2 Tim 2 : 6**

IV- La première chose dans l'adoration
a) Va d'abord te réconcilier avec ton frère. **Matt 5 : 24**

V- La première chose dans la vie chrétienne
a) Nettoie premièrement l'intérieur. **Matt 23 : 26**

VI- La première chose dans la sainteté
a) Ote premièrement la poutre qui est dans ton œil. **Luc 6 : 42**

VII- La première chose à donner
a) Ils se sont donnés eux-mêmes. **2 Cor 8 : 5**

Conclusion : Le croyant en Jésus-Christ doit cultiver le sens de la priorité en faisant d'abord les choses importantes aux yeux de Dieu.

ÉTUDE 45
LE DIEU DES MALHEUREUX
Esaie 49 : 13 ; Matthieu 6 : 25 – 34

Intro : *Ps 9 : 13*, L'Éternel se souvient des malheureux.
Ps 9 : 19, Le malheureux n'est pas oublié à jamais.
Job 5 : 16, L'espérance soutient les malheureux.
La réalité est que nous avons de grands besoins matériels :
1 Tim 6 : 8, Si donc nous avons la nourriture et le vêtement, cela nous suffira.

Dieu sait que vous et moi avons des besoins. Il sait aussi que nous sommes des Haïtiens qui vivent dans un pays avec un taux de chômage de 90%. *2 Thess 3 :10* dit : « *Si quelqu'un ne veut pas travailler qu'il ne mange pas non plus* », Mais il n'y a pas de travail en Haïti. Nos jeunes ne peuvent pas se marier, ils ne peuvent pas aller à l'école, apprendre un métier, des fois, même manger à leur faim. Dieu sait-il que je suis malheureux ? Que faut-il faire ?

I- Les malheureux doivent crier à l'Éternel (Psaumes 34 : 7)

a) Faites connaître vos besoins à Dieu. Ce qui est plus misérable que tout autre chose c'est un malheureux qui ne cherche pas Dieu.

b) *Ps 50*, Invoque-moi au jour de la détresse, je te délivrerai et tu me glorifieras.

II- Les malheureux doivent s'abandonner à l'Éternel (Ps 10 : 14)

a) Le malheureux comme l'orphelin peuvent s'appuyer sur Dieu

b) « Abandonne ta vie, tes craintes et tes vœux. »
C'est ce que le malheureux doit faire.

III- Les malheureux doivent se réjouir en l'Éternel (Ps 34 : 3 ; Esaie 29 : 19)

a) ***Habacuc 3 : 17 - 19*** décrit la joie dans la pauvreté. Il faut apprendre à vivre avec la vie.
b) Paul témoigne d'avoir appris à être content dans la disette comme dans l'abondance. ***Phil 4***

IV- Les malheureux mangeront et se rassasieront (Psaumes 22 : 27)

a) Tous les malheureux doivent le croire. Pensée positive.
b) Quand Dieu vous donne à manger ne l'oubliez pas // son service, vos dîmes

Deut 6 : 12, Garde-toi d'oublier l'Éternel.
Ps 50 : 22, Prenez-y donc garde vous qui oubliez Dieu.
Ps 103 : 2, Mon âme… n'oublie aucun de ses bienfaits.

Conclusion : Plus malheureux que tous les malheureux sont ceux-là qui espèrent en Christ seulement dans cette vie. ***1 Corinthiens 15 : 19***.
Parfois Dieu nous maintient dans un état parce qu'il sait que c'est dans cet état seul que nous pourrons le servir. Ce peut être la maladie, la disette, etc.
Toutefois, ceux-là qui n'ont rien sur terre (de matériels) sont riches spirituellement en Christ. L'homme riche et Lazare en sont des exemples.
Il y a une pauvreté encore plus grande que la pauvreté terrestre, c'est la pauvreté éternelle : mourir sans Dieu.

ÉTUDE 46
LES CINQ MESSAGES DE L'ÉVANGILE
Rom 1 : 16 – 17

Intro : L'évangile offre des avantages, dont le plus grand est la vie éternelle. Tous les messages que nous prêchons viennent de l'évangile. Toutes les bénédictions dont nous jouissons viennent de l'évangile. Notre salut, notre consolation, notre joie, notre courage, notre espérance viennent de l'évangile. Autrefois nous étions ténèbres, mais maintenant nous sommes lumières à cause de l'évangile.

Voilà pourquoi l'apôtre Paul déclare ne pas avoir honte de l'évangile qui est la puissance de Dieu pour le salut du croyant. C'est une puissance explosive. Quelqu'un a témoigné en ces termes : « Quand j'ai accepté l'évangile, ma vie explosa » Le monde a encore besoin de l'évangile : la puissance atomique, la puissance nucléaire ne peut pas changer l'homme, seul l'évangile peut le faire. La puissance divine dépasse toutes autres puissances. Je voudrais partager avec vous cinq messages de l'évangile.

I- Message de repentance

a) Le Seigneur veut que tous arrivent à la repentance. ***2 Pierre 3 : 9***
Actes 20 : 21, La repentance envers Dieu et la foi en notre Seigneur Jésus Christ.
Actes 2 : 38, Repentez-vous que chacun de vous soit baptisé.
Actes 3 : 19, Repentez-vous et convertissez-vous.
Exemple : L'enfant prodigue.

II- Message de persévérance

a) ***Hebr 10 : 36***, Vous avez besoin de persévérance.
Hebr 12 : 1, Courons avec persévérance dans la carrière qui nous est ouverte.
Eph 6 : 18, Veillez à cela avec une entière persévérance.

b) L'eglise primitive, **Actes 2 : 42**, Ils persévéraient dans l'enseignement des apôtres.

N.B. Ils commencèrent à persévérer très vite après leur conversion.

c) ***Jacques 1 : 25***, Celui qui aura persévéré n'étant pas un auditeur oublieux.

III- Message de résistance

a) ***Josué 7 : 13***, Tu ne pourras résister à tes ennemis jusqu'à ce que tu aies ôté l'interdit du milieu de toi.

Eph 6 : 13, Prenez les armes de Dieu afin de pouvoir résister.

Hebr 12 : 4, Vous n'avez pas encore résisté jusqu'au sang en luttant contre le péché.

Jacques 4 : 7, Résistez au diable, il fuira loin de vous.

IV- Message d'espérance

a) ***Col 1 : 27***, Christ en vous l'espérance de la gloire.

1 Thess 4 : 13, Ne vous affligez pas comme ceux qui n'ont point d'espérance.

Tite 2 : 13, Vivre en attendant la bienheureuse espérance.

1 Jean 3 : 3, Quiconque a cette espérance en lui se purifie.

V- Message d'assurance
a) Assrance contre toute forme de condamnation, Rom. 8 :1
b) Assurance contre toute forme d'accusation, Rom 8 :33
c) Assurance contre toute forme de séparation, Rom 8 :37-39

Conclusion :
Connaissez-vous et pratiquez-vous les cinq (5) messages de l'Évangile ?

ÉTUDE 47
JÉSUS-CHRIST, L'AUTEUR DE NOTRE RÉCONCILIATION
2 Cor. 5:18-20 et Phil. 2:5-10

Jésus Christ est venu nous réconcilier avec le Père selon **2 Cor. 5:18-20 et Phil. 2:5-10**. Il est le Fils De Dieu qui est devenu Fils de l'homme pour que les fils des hommes puissent devenir Fils de Dieu. Nous avons suivi la vie de Jésus et appris ce qui suit sur sa personne :

1- SON DÉPLACEMENT DE LA GLOIRE (Phil 2 : 5-6)

a) Personne ne tolère le déplacement s'agissant de laisser leur lieu de gloire, de pouvoir et de confort. Cependant, Jésus s'est déplacé pour venir nous réconcilier avec Dieu. Des fois Dieu peut décider de vous DÉPLACER pour vous replacer, et quand cela arrive à nous ou à quelqu'un, Dieu peut bien être celui qui l'a permis.

b) Dieu a déplacé Abraham, Moise, Joseph, Daniel et tant d'autres comme Jean Baptiste qui a dit de Jésus : " Il faut qu'Il croisse et que je diminue." Même quand Dieu ne déplace pas quelqu'un directement et que des circonstances causent ce déplacement, Dieu peut bien le permettre pour une raison.

c) Il n'y a pas eu de révolte au ciel pour empêcher au Christ de se déplacer de la gloire pour venir nous sauver.
Un autre aspect de la personne de Christ c'est :

2-SON ABAISSEMENT DANS LA CRÈCHE (2:7)

a) Passer d'un niveau supérieur à un niveau inférieur, le Christ l'a expérimenté sur la terre en devenant semblable aux hommes. Pour nous comprendre, Dieu a revêtu notre humanité, mais sans péché.

b) Nous tolérons mal d'être abaissé quand quelqu'un nous humilie par ses paroles ; cependant le Fils de Dieu a été même traité de démon et de menteur.

C) Des fois, Dieu utilise des gens pour nous abaisser et nous humilier afin de nous aider à grandir et à être moins fragile. Celui qui n'a jamais fait l'expérience de l'abaissement a encore beaucoup à apprendre.

Nous pouvons suivre Jésus dans:

3-SON DÉPOUILLEMENT A LA CROIX (2:8)

La croix a été une mort honteuse réservée aux pires criminels. Jésus s'est laissé dépouiller en laissant derrière lui sa gloire et en prenant une forme de serviteur.

Soufflets, injures, flagellation, couronne d'épines, vinaigre, crachat ; le Christ a tout enduré sans se défendre ; sa défense aurait fait obstacle à notre réconciliation

Il faut noter finalement à propos de Jésus :

4- SON COURONNEMENT A LA RÉSURRECTION (2:9-11)

Dieu l'a souverainement élevé et lui a donné un nom qui est au-dessus de tout nom.

Ps. 24 : " ....Portes, élevez vos linteaux, que le Roi de Gloire fasse son entrée..."

Conclusion : C'est pour cette raison qu'il nous est dit : " AYEZ EN VOUS LES ***SENTIMENTS*** QUI ÉTAIENT EN JÉSUS CHRIST ", EN l'imitant dans SON DÉPLACEMENT, SON ABAISSEMENT ET SON DÉPOUILLEMENT, POUR RECEVOIR LE COURONNEMENT DE NOTRE SEVICE POUR DIEU.

ÉTUDE 48
RESTER AUX PIEDS DE JÉSUS

Intro : Cette génération est très occupée. On n'a pas le temps, ce qui est encore plus dangereux c'est que les enfants de Dieu sont tellement occupés qu'ils n'ont pas de temps pour Dieu. Imaginez ce qui peut arriver à un couple qui ne se parle presque pas, qui ne passe pas de temps ensemble ; il en résulte un foyer malade qui peut éventuellement mourir faute de communication.

De même, quand nous ne passons pas de temps avec Dieu nous payons les conséquences, éventuellement nous perdons notre communion avec Lui.
La valeur de Dieu dans notre vie dépend de la valeur du temps que nous choisissons de passer avec Lui.

I- Rester aux pieds de Jésus quand tout va bien (Luc 10 : 38 - 42)

    a) Quand tout va bien nous sommes distraits tel était le cas de Marthe.
       Quand Dieu vous envoie de la bénédiction, souvenez-vous bien de qui vous l'avez reçue.
       Exemple Des 10 lépreux, 9 ont pris la bénédiction et un seul est retourné aux pieds de Jésus.
    b) Marie laissa tomber ses distractions pour passer du temps avec Jésus.

N'oubliez pas l'Éternel quand ça va pour vous.

II- Rester aux pieds de Jésus quand tout va mal (Jean 11 : 32)

    a) Une fois encore Marie est aux pieds de Jésus, elle connaît le secret. Si vous restez aux pieds de Jésus quand tout va mal vous trouverez quelqu'un pour partager vos souffrances. ***Jn 11 : 35***
    b) La première chose à faire quand tout va mal c'est d'appeler Jésus pour se jeter à ses pieds.

La maladie, la mort, les mauvaises nouvelles, la persécution, l'angoisse, la solitude sont autant d'opportunités pour se jeter aux pieds de Jésus.

III- Rester aux pieds de Jésus quand Il a besoin de vous (Jean 12 : 2, 3)

Il y a des gens tellement occupés que même Dieu doit faire une réservation, doit prendre un rendez-vous pour les trouver.
- a) Marie en oignant Jésus avec ce parfum de grand prix prouve que Jésus comptait beaucoup pour elle.
- 1- Elle donna tout ce qu'elle avait.
- 2- Elle donna tout ce qu'elle était (en essuyant les pieds de Jésus avec ses cheveux)

Vous pouvez donner ce que vous avez sans donner ce que vous êtes. Mais si vous donnez ce que vous êtes, vous n'avez pas de problème à donner ce que vous avez.

Conclusion : De nos jours, vous trouverez des gens régulièrement au pied de leurs télévisions, des jeunes aux pieds de leurs appareils de radio écoutant des musiques mondaines, des commerçants aux pieds de leur commerce, d'autres sont régulièrement au pied de leurs amis, ils mangent ensemble et font même des échanges d'habits. Mais Jésus est laissé dans un coin comme un petit enfant qui pleure de devoir toujours rester à la maison parce que maman est toujours occupée.

ÉTUDE 49
FAUTE DE RACINES
Matt 13 : 1 – 6

Intro : La racine puise dans le sol l'aliment et l'eau nécessaires à la plante (***Job 14 : 8 ; 29 : 19 ; Esaïe 40 : 24***) C'est elle qui assure sa prospérité, d'où les comparaisons de ***Prov 12 : 3, 12***
« La racine des justes ne sera point ébranlée »
« La racine des justes donne du fruit »
Et de ***Rom 11 : 16***, « Si la racine est sainte, les branches le sont aussi »
Osée 9 : 16, Ephraim est frappé, sa racine est devenue sèche ; ils ne porteront plus de fruit.

Hébreux 12 : 15, Veillez à ce que nul ne se prive de la grâce de Dieu ; à ce qu'aucune racine d'amertume, poussant des rejetons, ne produisent du trouble et que plusieurs n'en soient infectés.
Toutes les plantes portent une ou plusieurs racines. L'homme est comme une plante et il a des racines, bonnes ou mauvaises.

De même que la racine puise dans le sol l'aliment et l'eau nécessaires à la plante et assure sa prospérité, de même le chrétien doit puiser en Christ tout ce dont il a besoin pour sa croissance spirituelle et pour ce faire il doit s'enraciner en Christ.
Col 2 : 6, 7, Ainsi donc, comme vous avez reçu le Seigneur Jésus Christ, marchez en Lui, étant enracinés et fondés en Lui et affermis par la foi (***Eph 3 : 17 - 21***)

I- Comment avoir des racines en Christ

    a) ***Jacques 1 : 21***, Recevez avec douceur la parole qui a été plantée en vous, et qui peut sauver vos âmes. C'est Dieu qui nous plante en Christ :

Matt 15 : 13, Toute plante que n'a pas plantée mon père sera déracinée.

b) **2 Cor 5 : 17**, Si vous êtes planté en Christ vous êtes une nouvelle créature « baptisée en Christ »

II- Il faut être arrosé en Christ

Onction par l'Esprit
    a) David, «Je suis arrosé avec une huile fraîche » **Ps 92 : 11**. Application : Arrosé par l'Esprit

Sanctification par la parole
    b) **Eph 5 : 26**, Afin de la sanctifier en la purifiant et en la lavant par l'eau de la Parole.

Purification par le sang
    c) **1 Jean 1 : 7**, « … Le sang de Jésus son Fils nous purifie de tout péché »

Résumé : **1 Jean 5 : 7, 8**, Car il y en a trois qui rendent témoignage : l'Esprit, l'eau et le sang et les trois sont d'accord.
Le chrétien en communion avec Dieu se lève chaque matin trempé de la rosée du ciel, et un fleuve d'eau vive coule de son sein. Il y a un renouvellement chaque matin. **Lam 3**
La rosée de l'Esprit est la force du chrétien.

III- Il faut être nourri en Christ

Matt 4, L'homme ne vit pas seulement de pain.
1 Tim 4 : 6, Tu seras nourri des paroles de la foi.
a) Dieu vous nourrit quand vous louez son nom. **Actes 16** : Paul et Silas.
b) Vous êtes nourris quand vous priez. **Phil 4 :6-8**
c) Vous êtes nourris quand vous lisez sa parole. **1 Pierre 2 : 2**, Désirez le lait spirituel et pur.
d) Vous êtes nourris quand vous restez à ses pieds pour passer du temps avec Lui à l'instar de Marie.

Conclusion : Les fruits que vous portez indiquent la condition de vos racines. Nous avons besoin des chrétiens qui s'enracinent en Christ. Pour se faire : ***Il faut être planté, arrosé et nourri en Christ***. Le résultat : comme les jeunes garçons juifs à Babylone, vous aurez meilleurs visages.

ÉTUDE 50
L'ESPRIT DE DIEU EN NOUS, NOTRE SYSTÈME DE DÉFENSE
Hebr 4 : 12 ; 1 Thess 5 : 23, 24

Intro : Le corps humain a un système de défense : le système immunitaire. C'est ce qui défend l'organisme des maladies et des microbes. Les globules blancs jouent le rôle de soldats, défendant votre corps contre ses ennemis. Le sida par exemple c'est la destruction du système immunitaire.

Dans le domaine spirituel notre système immunitaire c'est le Saint-Esprit de Dieu, sans l'Esprit de Dieu vous êtes à la merci du prince de la puissance de l'air, vous n'êtes pas protégés, et la mort spirituelle est votre lot.

Les hommes ont peur du sida et du coronavirus (covid-19), mais ils n'ont pas peur de l'enfer. Un pécheur perdu n'a pas de système de défense spirituelle, mais un pécheur sauvé en a.

I- Le salut de l'Esprit

a) La mort spirituelle doit être remplacée par la vie spirituelle. ***Rom 8 : 9, 16***
b) « Si quelqu'un ne naît d'eau et d'Esprit … » ***Jn 3 : 1 à 3***

L'Esprit de Dieu sauve notre esprit. Celui qui laisse le Saint-Esprit de Dieu habiter sa vie fait l'expérience de la régénération.

II- La sanctification de l'âme

a) ***Jacques 1 : 21***, La parole peut sauver vos âmes.
b) ***1 Pierre 1 : 15, 16***, Saint dans toute votre conduite.
c) ***Col 3***

L'Esprit de Dieu notre âme. C'est dans l'âme que se cachent les œuvres de la chair d'après ***Galates 5***.

Un chrétien charnel ne laisse pas l'Esprit habiter son âme.

III- Le service du corps

a) **Eph 2 : 8, 9 – 1 Cor 6 : 19, 20 – Rom 12 : 1, 2**

Un chrétien qui ne sert pas Dieu ne laisse pas l'Esprit de Dieu habiter son corps.

Conclusion : Nous venons à l'Église pour renforcer notre système de défense, c'est comme une vitamine spirituelle.

Comme le sang dans l'organisme, l'Esprit de Dieu passe dans notre esprit et nous sauve, passe dans notre âme et nous sanctifie, passe dans notre corps et nous prédispose à servir.

C'est ce que nous pouvons appeler la « ***circulation de l'Esprit*** ». Avez-vous le Saint-Esprit de Dieu ? Rom 8 :9

ÉTUDE 51
LES CHRÉTIENS QUI OUBLIENT
Jacques 1 : 22 – 25

Intro : Le plus grand malheur qui puisse arriver à une Église c'est d'avoir des chrétiens qui oublient.

I- N'oubliez pas les bienfaits de Dieu (Ps 103 : 2)

a) Les neufs lépreux. **Luc 18**
b) C'est un défaut d'oublier bien vite ce que Dieu a fait pour vous.

II- N'oubliez pas l'exhortation qui vous est adressée

Hébreux 12 : 5 - 7 ; 10 : 25

a) Dieu reprend Caïn au sujet de son offrande, mais ce dernier oublia volontairement l'exhortation ; en plus, il tua Abel.
b) Il y a toutes sortes d'exhortations dans la Bible.

III- N'oubliez pas la bienfaisance et la libéralité (Hebr 13 : 16)

a) Le jeune garçon et les 5 pains et 2 poissons.
b) La pauvre veuve et les deux pièces.
c) parabole du bon Samaritain

Avez-vous la réputation de bienfaiteur ?

IV- N'oubliez pas votre assemblée (Hébreux 10 : 25)

a) **Ps 122**, Je suis dans la joie quand on me dit « Allons à la maison de l'Éternel »
b) Le péché peut vous rendre amnésique. Vous oubliez de prier, d'aller à l'Eglise etc. de prendre Dieu au sérieux.

V- N'oubliez pas les messages

a) Auditeurs oublieux, nous en avons beaucoup dans les églises. Ils écoutent les messages pour oublier (Jacques 1 :22-25).

Conclusion : Vivez-vous dans l'oubli ? Prenez-y donc garde vous qui oubliez Dieu (Psaumes 50).

ÉTUDE 52
LA GESTION DES MAUVAISES NOUVELLES
Genèse 18 : 16 – 33 ; Rom 12 : 15

Intro : Il y a beaucoup (parmi ceux qui se disent chrétiens) à se réjouir sur le sort de leurs frères et sœurs. Ils sont heureux d'avoir quelque chose à partager, le plus souvent de mauvaises nouvelles. C'est une honte, mais dans l'église de Jésus Christ, un bon nombre de personnes se préoccupent des autres et s'oublient en même temps. À ce sujet Jésus souligna en ***Matthieu 7 : 1 à 5*** (A lire)

Rom 12 : 15, Les deux commandements de l'harmonie chrétienne :
- Se réjouir avec les autres
- Pleurer avec les autres

I- Quand de mauvaises choses arrivent aux autres il faut prier (Genèse 18 : 29 - 33)
Ex. Abraham et Lot
   a) Abraham pria pour Sodome à cause de Lot.
   b) Le rôle de l'Intercession dans la vie de prière. ***Jacques 5 : 16***
   c) L'Église pria pour Pierre quand il était en prison. ***Actes 12***

II- Quand de mauvaises choses arrivent aux autres il faut les aider (Genèse 14 : 13 à 16) Ex. Abraham et Lot
   a) Il faut les aider au prix de votre vie. Exemple d'Abraham // 318 serviteurs avec lui.
   b) Êtes-vous prêt à mourir pour aider les autres.

III- Quand de mauvaises choses arrivent aux autres, il ne faut pas les publier (Matt 1ᵉʳ). Ex Joseph et Marie
Psaumes 2 : 7, Je publierai le décret.
   a) Le chrétien doit publier la bonne nouvelle.
   b) Joseph fut sage en ce qui le concernait. Il ne publia rien sur Marie.

IV- Quand de mauvaises choses arrivent aux autres il faut prendre garde (1 Cor 10 : 32) Ex : Israël

a) Veiller et prier. **Matt 26 : 41**
b) Le reniement de Pierre.

Conclusion : Quand vous êtes deux ou trois, il faut vous réunir dans le nom de Jésus. Si vous vous réunissez pour médire de quelqu'un, courrez, fuyez avant que le diable ne s'empare de vous.

ÉTUDE 53
AVEZ-VOUS REÇU L'ONCTION DE DIEU ?
1 Samuel 16 : 1 – 13

v. 12 – 13, L'Éternel dit à Samuel : « Lève-toi, oins-le, car c'est lui ! Samuel prit la corne d'huile et l'oignit au milieu de ses frères. L'Esprit de l'Éternel saisit David à partir de ce jour et dans la suite.
1 Jean 2 : 20, Pour vous, vous avez reçu l'onction de la part de celui qui est Saint, et vous avez tous de la connaissance.

v. 27, Pour vous, l'onction que vous avez reçue de Lui demeure en vous, et vous n'avez pas besoin qu'on vous ENSEIGNE, mais comme son onction vous enseigne toutes choses, ... demeurez en Lui selon les enseignements qu'elle vous a donnés.

Le rite de l'onction remonte à la plus haute antiquité et a été d'un usage courant chez les Hébreux même avant la législation mosaïque. L'huile était un symbole de force (***Ps 89 : 21*** ; ***92 : 11***) de joie (***Ps 45 : 8***) d'abondance et de richesse (***Ps 23 : 5***)

Les personnages et les objets oints devenaient sacrés du moment qu'ils étaient oints ; par exemple, l'onction des boucliers avant le combat (***2 Sam 1 : 21*** ; ***Esaïe 21 : 5***) est censée leur conférer plus d'efficacité contre les coups.

Jacob oint la pierre où demeure la divinité (***Gen 28 : 18*** ; ***35 : 14***) ; Moise en fait autant pour tous les objets devant servir au culte (***Ex 30 : 26 - 29***). Ils ont aussi les hommes préposés à la célébration du culte, car pour toucher les choses saintes il faut être saint (***Ex 28 : 41*** ; ***29 : 7*** ; ***30 : 30*** ; ***40 : 12 - 15***)

Peu à peu cependant cette notion de l'onction spiritualise, l'onction devient l'acte par lequel Jéhovah communique son esprit et par conséquent une puissance et une autorité surnaturelles (***1 Sam 10 : 1 - 6*** ;

16 : 13 ; **Es 61 : 1**). Élisée est oint par Elie, le roi aussi sera oint, car il est placé à la tête du peuple par une sorte de délégation de Jéhovah (**1 Sam 10 :1** ; **1 Rois 19 :15**). On trouve une fois l'expression « fils de l'huile » pour designer des oints de l'Éternel (**Zach 4 : 14**).

Le mot oint en hébreux : Messie ; en grec : Christ.

Roi et envoyé spécial de Dieu, il était naturel que le Christ fut considéré comme ayant reçu une onction spirituelle unique et comme étant l'oint par excellence, le Messie.

Dans un sens figuré, le N.T. emploie parfois le mot onction pour designer l'onction du Saint-Esprit dans le chrétien. **1 Jean 2 : 20 – 27**
2 Cor 1 : 21, Celui qui nous a oints c'est Dieu.

I- Il y a une onction spéciale quand nous demeurons ensemble dans un service d'adoration
Psaumes 133

    a) Là où il y a de l'onction, l'Éternel envoie la bénédiction et la vie.

    b) Quand vous venez à l'Église si vous êtes en communion avec vos frères et sœurs et avec le Seigneur, préparez-vous à recevoir la provision de son onction :

1- qui lavera votre âme.
2- Adoucira vos plaies.

II- Il y a une onction spéciale sur ceux-là qui mènent une vie de prière et de dévotion.

Actes 4 : 31, « Quand ils eurent prié le lieu où ils étaient assemblés trembla et ils furent tous remplis de Saint-Esprit et ils annonçaient la parole d Dieu avec assurance. »

    a) La prière c'est la pratique de la présence de Dieu et celui qui s'y soumet est constamment saisi par Dieu.

    b) C'est l'onction de la prière qui arrose notre vie autrement elle est sèche.

Par une vie de dévotion, on entend avoir constamment l'Éternel sous ses yeux. **Ps 16 : 8**

Ps 119 : 11*,* Je serre ta parole dans mon cœur afin de ne pas pécher contre toi.
Ps 119 : 105*,* Ta parole est une lampe à mes pieds.
Psaumes 1er*.*

<u>III- La vie sous l'onction de Dieu</u>

    a) Joseph, une vie d'onction.
Gen 40 : 38*,* Pharaon dit à ses serviteurs : « Trouverons-nous un homme comme celui-ci, ayant en lui l'Esprit de Dieu »
    b) David, la victoire sous l'onction. ***1 Sam 17***
    c) Daniel, l'homme à l'esprit supérieur. ***Daniel 6 :3***
    d) Pierre, déclaration sous l'onction. ***Matt 16 : 17***
Il faut être sous l'onction pour connaître certaines choses.

<u>IV- L'Église sous l'onction de Dieu</u>
Actes 1 :8 ; Actes 2 : 1 – 4

    a) Une Église sans onction est une église sans puissance et vice versa.
    b) Il faut de l'onction pour accomplir le travail de Dieu.
    c) L'église sous onction arrache de l'enfer beaucoup d'âmes. ***Actes 2 : 41***
    d) ***Actes 2 : 42 – 47*** donne une description de l'Église sous l'onction de Dieu.

Conclusion : Une grande majorité de chrétiens ne marchent pas sous l'onction de Dieu. Une grande majorité d'Églises ont perdu l'onction ; avec des yeux spirituels, on peut voir écrire sur les linteaux de leurs portes d'entrée ICHABOD : Point de Gloire ; Point d'Onction.

Que Dieu nous aide à faire revenir sa gloire dans son Temple que nous représentons.

Ne courez pas le risque de perdre l'onction de Dieu.
Ezéchiel 10 : 3, 4, 18 ; 11 : 23.

ÉTUDE 54
LE PÈRE NOËL (Qui est-il ?)
Jacques 1 : 17

Intro : Emma Nous El = Emmanuel

L'idée du Père Noël est la version païenne de ce que Dieu ressemble. En anglais on traduit Père Noël par SANTA CLAUS. Le nom tire son origine d'un Saint Catholique, l'Évêque de Myra, appelé Saint Nicolas. Saint Nicolas fut le plus et l'un des plus gentils évêques de l'histoire de l'Église Catholique romaine. Pendant le Moyen-Âge il devint graduellement le Saint patron des élèves. Les élèves dans les pays de l'Europe célèbrent sa fête le 6 décembre en votant un jeune évêque. Vêtu de robes magnificentes, le jeune garçon évêque conduisit une parade qui longea les coins des rues pour entrer des fois jusque dans l'Église.

Et l'idée de Père Noël est passée dans la tradition de Noël comme à celui que l'on demande ce dont a besoin et qui donne de bonnes choses à ceux qui les lui demandent.

Cependant en lisant la Bible, il n'y a que Dieu qui ressemble à ce portrait du personnage qui donne tout ce dont on a besoin.
Le vrai Père Noël c'est le Père de Emmanuel (Jésus-Christ)

I- *C'est Dieu qui nous a donné Jésus*

a) ***Esaie 9 : 5***, Un enfant nous est né, un Fils nous est donné.
Jean 3 : 16, Dieu a donné son Fils unique.
Actes 4 : 12, IL n'y a aucun autre nom qui ait été donné parmi les hommes.
Matt 1 : 21, Tu Lui donneras le nom de Jésus.
Jn 17 : 6, 7, 9, 11, 12, 24, Le Père nous donne à Jésus. ***Jn 6 : 37***

II- *C'est Jésus qui a donné sa vie* (Né pour mourir)

a) ***Jn 5 : 21***, Comme le Père donne la vie ainsi le Fils donne la vie.

- ***Jn 10 : 11, 15***, Le bon berger donne sa vie pour ses brebis.

Jn 5 : 11, Dieu nous a donné la vie éternelle.

Gal 1 : 4, Jésus s'est donné Lui-même.

La crèche, la croix et la couronne

III- C'est le Père qui nous donne toutes choses avec Jésus.

a) ***Rom 8 : 32***, Lui qui n'a point épargné son propre Fils, mais qui l'a libéré pour nous tous, comment ne nous donnera-t-il pas aussi toutes choses avec Lui.

Ps 37 : 4, Fais de l'Éternel tes délices, et Il te donnera ce que ton cœur désire.

Matt 6 : 4, Ton Père qui voit dans le secret te le rendra.

Tout don parfait vient du Père des Lumières.

Conclusion : Dieu le Père veut vous combler de toutes ses bénédictions, c'est Lui le Père Noël pas seulement en décembre, mais pendant toute l'année.

Parlez de ce Jésus que Dieu nous a donné et de ce qu'Il représente pour vous.

ÉTUDE 55
LES OBSTACLES AUX MIRACLES
Marc 6 : 5

Intro : Dieu éprouve un grand plaisir quand Il a l'occasion de faire des miracles. Il a miraculeusement créé l'univers et il le soutient miraculeusement par la force de sa puissance.

Quand Dieu choisit son serviteur, il fait pour lui des miracles et le soutient miraculeusement pendant toute sa vie. Vivre par la foi c'est aussi vivre des miracles.

Jésus a dit en *Jn 14 : 12*, Celui qui croit en moi fera aussi les œuvres que je fais, et il en fera de plus grandes, parce que je m'en vais au Père.
Dieu accompagne de miracles : Abraham, Moise, Elie, Élisée, Daniel, les 3 jeunes hébreux. Jésus fit beaucoup de miracles.

Quand vous venez à l'Église, venez chercher votre miracle.
3 choses peuvent empêcher à Dieu de faire des miracles pour nous.

I- Jésus ne fait pas de miracles là où l'on méprise son nom

a) Jésus prit son temps pour leur enseigner, mais ces gens n'étaient pas venus pour être délivrés, ils voulaient satisfaire leur curiosité, ils étaient plutôt étonnés.
Beaucoup de gens viennent à l'Église pour être étonnés et non pour changer.
b) N'est-ce pas le charpentier, le Fils de Marie.
Pour eux Jésus Christ ne peut être Dieu, puisqu'il est du quartier.
c) Jésus était pour eux une occasion de chute.
Leçon apprise : Pécher c'est mépriser le nom de Jésus.
Mépriser l'Église c'est mépriser Jésus, c'est son Église.

II- Jésus ne fait pas de miracles là où il n'y a pas de prière.

a) Si vous lisez la parole de Dieu vous verrez que la plupart des miracles étaient faits par le Seigneur sur demande.
b) La prière devient ainsi une <u>demande de faire des miracles.</u>

III- Jésus ne fait pas de miracles là où il n'y a pas de foi.

a) Il ne put faire là aucun miracle.
b) Dans sa miséricorde, malgré la situation, Il imposa les mains à quelques malades et les guérit.
c) Jésus s'étonnait de leur incrédulité.

Conclusion : Dieu veut faire pour nous des miracles ; c'est ce qu'Il sait faire. Voulons-nous bien renverser les obstacles ?

ÉTUDE 56
LE PROBLÈME DES LANGUES
Jacques 3

Intro : **Ps 50 : 19**, Ta langue est un tissu de tromperie.
Ps 57 : 5, Leur langue est un glaive tranchant.
Ps 120 : 2, Délivre-moi de la langue trompeuse.
Prov 10 : 31, La langue perverse sera retranchée.
Prov 18 : 21, La mort et la vie sont au pouvoir de la langue.
Prov 6 : 17, L'Éternel hait la langue menteuse.
Prov 21 : 23, Qui veille sur sa langue préserve son âme.
Ps 5 : 10, Ils ont sous la langue des paroles flatteuses.
Jacques 1 : 26, Tenir sa langue en bride.

I- La langue de Mme Potiphar (Genèse 39)

a) Une langue menteuse

II- La langue de Guehazi (2 Rois 5 : 20 - 27)

a) Une langue vicieuse

III- La langue de Judas (Matt 26 : 14 - 16)

a) Une langue trompeuse

Conclusion : Résultats:
1- Joseph devint 1er Ministre et Mme Potiphar était un instrument dans ce qui lui arriva.
2- Guehazi fut frappé de lèpre.
3- Judas se pendit

Veillons donc sur nos langues pour ne pas subir les mêmes conséquences.

ÉTUDE 57
DÉLIVRANCE À LONGUE DISTANCE
Jn 4 : 43 – 50

Intro : Jésus Christ tout au long de son ministère terrestre savait toucher les gens pour les délivrer, les guérir et les réconforter. Et les gens savaient aussi le toucher.

Par exemple :

Matt 8 : 15, Jésus toucha la belle-mère de Pierre et la fièvre la quitta.
Matt 9 : 29, Jésus toucha les yeux des aveugles et ils recouvrèrent la vue.
Matt 10 : 13, On amena à Jésus de petits enfants afin qu'Il les touchât.
Luc 6 : 19, La foule chercha à le toucher.
Luc 7 : 14, Jésus s'approcha et toucha le cercueil.
Marc 3 : 10, Ils se jetèrent sur lui pour le toucher.

Tout cela pour vous montrer l'importance d'être touché par Jésus ou de le toucher.

Vous vous dites sûrement que vous aurez aimé expérimenter Jésus physiquement dans son toucher ; mais puis-je vous rappeler aussi que Jésus savait délivrer les gens à distance.

I- La guérison du Fils de l'officier (Jean 4 : 43 à 50)

1- Lieu / Galilée. Client // un officier du roi (Hérode Antipas) qui avait un fils malade / fièvre. Il vient de Capernaüm.

2- Jésus guérit sur demande son enfant (à distance), à l'heure fixée (7e heure)

3- Il est à noter que cet homme crut en la parole de Jésus à savoir « Va, ton fils vit ».

II- La guérison du serviteur d'un centenier (Matt 8 : 5 à 13)

1- Lieu / Capernaüm
2- Client / un centenier (chef de 100 soldats) romain qui vint auprès de Jésus pour son serviteur malade souffrant de paralysie.

3- Il exige une guérison à distance, se sentant indigne d'une visite du Seigneur. Il demande seulement au Seigneur de dire pour lui un mot.
4- Jésus Lui-même s'étonna de la foi de cet homme qu'Il ne trouva pas en Israël.

III- La guérison de la fille de la femme cananéenne (Marc 7 : 24 à 30)

1- Lieu / Tyr et Sidon
2- Client / Une femme grecque syro-phénicienne d'origine. Elle vint intercéder auprès de Jésus pour sa fille qui est possédée d'un démon.
3- Elle plaça sa foi en Jésus et arrivée à la maison, elle trouva l'enfant couchée sur le lit, le démon étant sorti.

Conclusion :

Le Dieu transcendant et immanent, le Dieu infini n'est nullement défini par l'espace, le temps et la matière. Il reste et demeure omnipotent, omniscient et omniprésent et peut intervenir encore aujourd'hui même à distance. Faisons-lui confiance.

ÉTUDE 58
QUEL EST VOTRE PRIX ?
1 Rois 21

Intro :

Supposons qu'on vous offre aujourd'hui même l'opportunité de gagner $ 10 millions U.S. Vous vous faites déjà une idée de ce que vous pourrez réaliser avec ces $ 10 millions de dollars, mais pas si vite, attendez qu'on vous lise les conditions pour avoir cet argent.

- Donnez vos enfants en cadeau à un étranger.
- Devenez une prostituée pour une semaine.
- Servez de compagne à un homosexuel seulement pour trois jours.
- Abandonnez complètement votre Église.
- Abandonnez votre famille.
- Tuez un étranger.
- Laissez votre femme ou votre mari.

Une enquête révèle que pour $ 10 millions de dollars U.S. :

25% d'Américains sont prêts à abandonner leur famille.

25% d'Américains abandonneront l'Église.

25% d'Américains n'ont aucun problème à se prostituer pendant une semaine.

16% seront prêts à laisser leur conjoint.

3% seront prêts à donner leurs enfants en adoption pour cette somme.

Maintenant la question s'adresse à vous. Que feriez-vous ?

Dans l'histoire qui nous concerne Naboth refuse de vendre son héritage au Roi Achab, il préfère mourir plutôt que d'accepter cette offre.

- Empressons-nous de vous dire que la valeur d'une personne n'est pas égale à l'épaisseur de sa bourse. D'aucuns pensent que si :

Vous avez beaucoup = Vous êtes grand,

Vous possédez peu = Vous êtes petit

Vous n'avez rien = Vous êtes nul.

C'est nourri de cette philosophie que plus d'un se vend aujourd'hui à <u>un prix donné</u> pour posséder ou pour se faire un nom.

Quel est votre prix ?

Tout ce qui vous coûte votre être, votre foi, votre famille, votre église, vos frères et sœurs en Christ, votre vie de prière, votre moment de méditation, votre lecture de la parole de Dieu, votre pureté de vie, votre attachement à Dieu.

Tout ce qui vous coûte votre héritage chrétien, votre conviction chrétienne, vos principes chrétiens, votre respect pour Dieu, votre engagement dans l'évangile.

Tout cela est un prix trop cher à payer.

Chaque mois nous comptons plusieurs abandons dans notre assemblée ; des gens qui se sont laissé acheter et reacheter.
- Voilà cette jeune fille qui s'est laissé acheter par un mondain pour de l'amour « pèpè ».
- Cette dame s'est laissé acheter par son commerce et son travail elle ne vient plus à l'Église.
- Cette jeune fille s'est laissé acheter par ses études et son savoir, elle n'a pas de temps pour venir écouter des messages plats.
- Cet homme s'est laissé acheter par ses affaires, il bâtit une plus grande maison. Il élargit son entreprise ; son stock de marchandises s'agrandit, Dieu l'a trop béni, il dit même que c'est sa faute.
- Ce jeune homme s'est laissé acheter par un visa américain. Il a abandonné l'évangile dès son arrivée aux U.S.A.
- Voilà une adolescente de 17 ans qui se laissa acheter par sa parure.
- Le sport, la radio, la télévision, les amis, les influences mondaines.
- Vous vous êtes laissé acheter par votre occupation professionnelle.
- Cet homme vient juste de se laisser acheter par une commère qui lui prodigue plus de caresses que sa femme.

Ainsi, quand les gens disparaissent pour de bon ou pour quelques jours de cette assemblée, je n'ai qu'une seule conclusion. Ils ont sûrement été vendus ou ils se sont vendus.

I- Le prix a été trop élevé pour David

a) Après cette nuit avec Bathshéba.
b) Sa vie, sa famille et son royaume subirent les conséquences

II- Le prix a été trop élevé pour Jonas

a) Après sa décision d'aller loin de Dieu
b) Il paya le prix de son voyage vers Tarsis dans le ventre d'un poisson

III- Le prix a été trop élevé pour Judas

a) Il a trahi son maitre avec 30 pièces d'argent
b) Il trahit le sang innocent par un baiser

IV- Le prix a été trop élevé pour l'enfant prodigue

a) Il souffrit l'humiliation
b) Il souffrit la misère, la soif et la faim

Conclusion : Quel est donc votre prix ? Avez-vous déjà pesé les conséquences de votre action?

ÉTUDE 59
À OUBLIER ET A NE PAS OUBLIER
Deutéronome 6 :12

Intro : La mémoire est l'une des facultés les plus indispensables à l'être humain, mais elle peut être avantageuse et très désavantageuse dans bien des domaines. Parfois elle nous rappelle ce que nous voulons oublier et cache ce que nous voulons nous rappeler. La Bible nous exhorte à ne pas oublier certaines choses et à oublier d'autres choses. L'effort de se rappeler certaines choses peut entraîner des hallucinations, des cauchemars et désordres mentaux. Les maladies psychosomatiques sont causées par une mauvaise gestion de la mémoire. La Bible nous exhorte à gérer notre mémoire en oubliant ce qu'il faut oublier et en nous rappelant ce qu'il faut nous rappeler. La Bible nous propose deux choses à ne pas oublier et deux autres à oublier.

I- Il ne faut pas oublier l'Éternel

    a) ***Deut 6 : 12***, Garde-toi d'oublier l'Éternel.
Ps 50 : 22, Prenez-y donc garde vous qui oubliez Dieu.
Ps 103 : 2, Mon âme bénit l'Éternel et n'oublie aucun de ses bienfaits.
    b) Les différentes activités de la vie peuvent nous porter à oublier.
    c) Pour ne pas oublier Dieu il faut l'avoir constamment sous ses yeux. ***Ps 16***
    d) Daniel et ses compagnons n'ont pas oublié l'Éternel. ***Dan 1 : 8***

II- Il ne faut pas oublier la parole de l'Éternel

    a) ***Ps 119 : 16***, Je n'oublie point ta parole.
v. 61, Ta loi
v. 83, Tes statuts
v. 93, Tes ordonnances
Jacques 1 : 25, Celui qui n'est pas un auditeur oublieux.

b) Joseph s'est souvenu de Dieu devant les propositions de la femme de Potiphar. ***Genèse 39***

III- Dieu peut nous aider à oublier toutes nos peines (déception, échec, mort)

a) ***Gen 41 : 51***, Dieu m'a fait oublier toutes mes peines.
b) Joseph a été maltraité par ses frères et accusé pour être jeté en prison par Potiphar et sa femme. Dieu est capable de nous faire oublier les torts que les autres nous ont faits.

IV- Il faut oublier ce qui est en arrière.

a) ***Phil 3 :14***, … Oubliant ce qui est en arrière.
b) Les conflits, les rancunes, les inimitiés, etc., les échecs.

Dieu oublie nos péchés d'après ***Michée 7 : 18***, nous devons aussi chercher à oublier les péchés des autres.
N.B. Maris et femmes c'est le moment de vous arrêter de réveiller ce qui s'est passé de mauvais entre vous lorsque vous avez des arguments.

Conclusion : Toutes les décisions de pécher passent par la mémoire. Une mémoire soignée par la parole de Dieu, par la prière et une programmation pure est mieux équipée pour oublier ce qu'il faut oublier et se rappeler de ce qui est nécessaire. Que Dieu fasse un travail important en nous. Amen !!!

Un pasteur méthodiste à Hartford, Connecticut perdit son fils sous les balles assassines d'un meurtrier. Ce dernier fut jeté en prison et accepta Jésus Christ comme son sauveur tandis qu'il faisait son temps là.

Le pasteur méthodiste pardonna Michael pour son crime à cause du pardon qu'il a reçu de Jésus. Il pardonna le criminel à un point tel que quand ce dernier fut relâché de la prison et voulut se marier c'est le pasteur même qui performa la cérémonie nuptiale.

Quand nous ne prions pas nous oublions l'Éternel.
Quand nous ne lisons pas sa parole nous l'oublions.
Quand nous négligeons de lui obéir nous l'oublions.

« Prenez-y donc garde vous qui oubliez Dieu » (Psaumes 50 :22).

ÉTUDE 60
LA SIGNIFICATION DE LA CROIX DANS LE MONDE MODERNE

La croix sera-t-elle bientôt démodée ?

Intro : Les dernières paroles d'un moment sont très importantes.
Chaque année on célèbre la croix de Christ dans nos églises évangéliques. On pense à sa mort rédemptrice et c'est une bonne tradition d'ailleurs.
C'est possible toutefois d'obéir à la tradition, de la commercialiser sans pour autant pénétrer la réalité de la personne qui est morte sur la croix : Jésus Christ.

Ce monde de missiles, d'avion supersonique, de navettes spatiales, d'énergie nucléaire, de bombe atomique. Ce monde de puissance, de connaissance, d'intellectuels et de philosophes. Ce monde de moderniste, d'humaniste et de libéral dit et enseigne aux autres que la croix est démodée. La célébration de la croix cependant n'est pas un événement culturel comme ils le pensent. La croix c'est la réponse de Dieu au besoin de l'homme.

La croix est l'expression du jugement de Dieu sur le péché.
Jn 19 : 17, Jésus portant se croix arriva au lieu appelé G…
1 Cor 1 : 17, Que la croix de Christ ne soit pas rendue vaine.
1 Cor 1 : 18, La prédication de la croix est une folie pour ceux qui périssent.
Gal 5 : 11, Le scandale de la croix.
Gal 6 : 12 – 14, … Me glorifia d'autre chose que de la croix.
Phil 2 : 8, Obéissant jusqu'à la mort de la croix.
Col 2 : 14, Il a détruit l'acte en le clouant sur la croix.
Hebr 12 : 2, En vue de la joie, il a souffert la croix.
Phil 3 : 18, Ennemis de la croix plusieurs marchent.

I- La croix c'est l'instrument de la réconciliation (Eph 2 : 16)

1- « Père pardonne-leur, car ils ne savent pas ce qu'ils font » *Luc 23 : 24*.

Christ prononça ces mots dans un monde où régnaient la haine, la violence, le meurtre et la brutalité. Quand Jésus était méprisé, Il ne méprisa personne en retour.

2- Aujourd'hui tu seras avec moi dans le paradis. **Luc 23 : 43. 2 Cor 5 : 17 – 20**, Le message de la réconciliation.

Pour autant que nous sachions l'unique chose que cet homme entendit de Jésus fut cette prière : « Père pardonne-leur… » Il reçut le pardon de Dieu et cela conduisit le voleur à se repentir. Aujourd'hui lui dit Jésus : « Tu seras avec moi dans le paradis »

3- Femme, voici ton fils !… Voici ta mère. *Jn 19 : 26*

Sur la croix au moment où Jésus était en proie à la plus grande souffrance, Il s'occupait des besoins des autres. Voilà ce qu'est Dieu.

II- La croix c'est l'instrument de la paix (Col 1 : 20)
« Il a fait la paix par le sang de sa croix »

1- Mon Dieu, mon Dieu, pourquoi m'as-tu abandonné ? **Matt 27 : 46**

Cause : Notre paix. Il a été abandonné pour que nous ne soyons jamais abandonnés.

2- J'ai soif. *Jn 19 :28*

Cause : Pour notre paix. Il a eu soif pour que nous n'ayons jamais soif.

III- La croix c'est l'instrument de la délivrance.

1- Tout est accompli. *Jn 19 : 30*

C'est un cri de victoire.

2- Père, je remets mon âme entre tes mains. *Luc 23 : 46*

C'est le cri d'un travail achevé.

Conclusion : *Matt 16 : 24*, Se charger de sa croix, c'est :
- Vivre la réconciliation

- Vivre la paix
- Vivre la délivrance.

Actes 2 : 23, 26 ; 4 : 10, Se charger de sa croix.
1 Cor 1 : 23, Nous prêchons Christ crucifié.
Gal 2 : 20, J'ai été crucifié avec…
Gal 5 : 24, Ceux qui sont à Christ ont crucifié la chair.
Gal 6 : 14, Le monde est crucifié pour moi.

ÉTUDE 61
POURQUOI NOUS CROYONS QUE JÉSUS EST RESSUSCITÉ D'ENTRE LES MORTS

Si Jésus n'est pas ressuscité d'entre les morts, la foi chrétienne n'est alors qu'une idée insensée. Toutefois, si la résurrection du Christ a effectivement eu lieu, elle confirme alors sa vie, son message et son œuvre expiatoire. C'est la base de notre espérance d'une vie là-bas.. Voici quelques-unes des raisons qui font que nous en sommes si certains :

1- Jésus a prédit sa résurrection. (***Marc 9 : 9 – 10*** ; ***Jn 2 : 18 - 22***).

2- L'Ancien Testament l'a prophétisée (***Ps 16 : 10 ; comparez à Actes 2 : 25 – 31, 13 : 33 - 37***).

3- Le tombeau était vide. Si ceux qui s'opposaient à Jésus Christ avaient voulu réduire les disciples au silence, ils n'auraient eu qu'à montrer son corps, mais ils ne le pouvaient pas. (***Jn 20 : 3 - 9***).

4- Beaucoup de personnes ont vu Jésus Christ ressuscité, ils ont regardé son visage, l'ont touché, l'ont entendu et l'ont vu manger (***Matt 28 : 16 – 20 ; Luc 24 : 13 – 39 ; Jn 20 : 11 – 29 ; Jn 21 : 1 – 9 ; Actes 1 : 6 – 11 ; 1 Cor 15 : 3 - 8***)

5- La vie des disciples a été radicalement modifiée. Bien qu'ils aient fui et même renié Jésus au moment de son arrestation, ils n'ont par la suite craint personne dans leur proclamation de la résurrection de Christ (***Matt 26 : 56, 69 - 75***).

6- La résurrection était le message central de l'Église primitive. L'Église s'est développé avec la conviction inébranlable que Christ était ressuscité et qu'il était le chef de l'Église (***Actes 4 : 33 ; 5 : 30 – 32 ; Rom 5 : 24***).

7- Des hommes et des femmes témoignent aujourd'hui que la puissance du Christ ressuscité a transformé leur vie. Nous savons que Jésus est vivant, non seulement à cause des preuves historiques et bibliques, mais aussi parce qu'il a miraculeusement touché notre vie.

Conclusion :

Christ est vivant, et l'évidence en est écrasante. Notre foi en lui n'est pas vaine.

ÉTUDE 62
LA PUISSANCE DE LA RESURRECTION
Phil 3 : 10

Intro : La résurrection de Jésus-Christ est un fait historique ; ce n'est pas trop nécessaire de convaincre l'humanité à ce sujet. Ce qu'il convient toutefois de faire, c'est de s'accaparer la puissance de la résurrection. C'est assez d'avoir des informations sur Dieu, l'essentiel est de le connaître, de marcher dans sa puissance.

I- La puissance de la résurrection sauve le pécheur.

a) **Rom 10 : 9 – 10, 1 Cor 15**, L'évangile est basé complètement sur la résurrection de Jésus-Christ sans quoi elle est vaine.
b) **Eph 2 : 6**, Dieu nous a ressuscités ensemble avec Christ.
c) **Rom 4 : 25**, Christ est ressuscité pour notre justification.

Et si l'Esprit de celui qui a ressuscité Jésus d'entre les morts habite en nous, celui qui a ressuscité Christ d'entre les morts rendra aussi la vie à vos corps mortels par son esprit qui habite en vous.

II- La puissance de la résurrection rend la vie à nos corps mortels (Romains 8 : 11)

a) Nous marchons chaque jour avec une semence de mort en nous qui grandit dans le jardin de notre corps. L'heure de la moisson c'est la mort. La puissance de la résurrection rend la vie à nos corps mortels sur toutes les formes.
b) Si vous n'avez pas une vie chaleureuse pour Dieu, comme l'Église de Sardes (qui passait pour être vivante quoiqu'elle fût morte) vous avez besoin de la puissance de la résurrection.

Pour prier, lire sa Bible, persévérer fidèlement à l'Église, s'activer sans relâche au travail du Seigneur, vous avez beso9in de la puissance de la résurrection.

c) La puissance de la résurrection peut nous aider à combattre les désirs charnels. **Rom 7 : 24**

« Qui me délivrera de ce corps de mort... Grâces soient rendues à Dieu »

III- *La puissance de la résurrection nous donne un amour naturel pour Dieu et les autres.*

a) ***Colossiens 3 : 1 – 3*** et ***Jn 21 : 15 – 19***. Une affection pour les choses d'en haut.
b) Pierre et la puissance de la résurrection, son message le jour de la Pentecôte.

IV- *La puissance de la résurrection c'est l'expérience de tous ceux qui ne vivent que pour Christ.*

a) ***Gal 2 : 20*** ; ***Phil 3***. Paul a tout regardé comme de la boue afin de gagner Christ.
b) Un grain de maïs donne des épis. Celui qui sacrifie sa vie pour le Christ récolte la puissance de la résurrection.

Conclusion : C'est une ironie quand on y pense, de voir quelqu'un investir sa vie dans un monde qui passe. Cette vie doit être un point qui mène dans la vie éternelle. On doit marcher dans la puissance de la résurrection.

Heureux celui qui donne ce qu'il ne peut garder dans ce monde pour obtenir ce qui demeure dans l'autre. Avez-vous un titre, des richesses dans l'autre monde ? Êtes-vous sauvé ?

ÉTUDE 63
LES AVANTAGES DE LA VIE CHRÉTIENNE
Psaumes 91

Intro :

Soulignons ensemble les avantages de la vie chrétienne au Psaume 91.

I- La présence de Dieu (Ps 91 : 1)

a) La communion nous attend dans la présence de Dieu. Ses enfants entretiennent une relation familiale avec Lui ; ils se sentent à l'aise et en sécurité en sa présence.
b) Les enfants de Dieu doivent s'habituer avec la présence de Dieu qui est avec nous chaque jour, chaque heure et chaque moment. (**Hebr 13 : 5**).

II- La puissance de Dieu (Ps 91 : 2 - 4)

a) Dieu est omnipotent ; par sa grande puissance Il créa les cieux et la terre.
b) Dieu est abondamment capable de pourvoir à nos besoins. Il peut changer les circonstances et les gens qui nous entourent ; Il peut nous garder en sécurité (**2 Tim 1 : 12**)

III- La providence de Dieu (Ps 91 : 5 - 8)

a) Providence signifie : « ACTION DE POURVOIR ». C'est Dieu qui par son amour intervient pour diriger les événements et guider ses enfants.
b) Dieu fournit à ses enfants un moyen de sortir des épreuves et de la tentation. Il intervient miraculeusement quand il choisit de le faire. (**Hebr 13 : 8**)

IV- La protection de Dieu (PS 91 : 10 – 11 ; 9 - 13)

a) La distance n'est pas un problème pour Dieu.
b) En réponse à nos prières, Dieu étend sa main pour protéger nos familles, nos bien-aimés, nos missionnaires et nos amis (***Hebr 13 : 6***)

V- La promesse de Dieu (PS 91 : 15 ; 14 - 16)

a) Les promesses de Dieu sont grandes et multiples ; elles se réalisent toujours parce que Dieu tient ses promesses et Il n'échoue jamais.
b) Nous pouvons réclamer les promesses de Dieu dans la mesure où nous portons tout notre amour sur Lui.

Conclusion :
Tous les avantages de la vie chrétienne devraient motiver le croyant à rester constamment attaché au Seigneur.

ÉTUDE 64
LES CARACTÉRISTIQUES DU DIRIGEANT D'UN PAYS
Deut 17 : 14 – 20

Intro : Dieu est concerné par ce qui se passe chez les nations : **Ps 46 : 11**, Il domine sur les nations, Il domine sur la terre.

Ps 33 : 12, Heureuse la nation dont l'Éternel est le Dieu ! Heureux le peuple qu'Il choisit pour son héritage.

Ps 33 : 10, L'Éternel renverse les desseins des nations, Il anéantit les projets des peuples.

Ps 32 : 8, Lève-toi, Ô Dieu, juge la terre ! Car toutes les nations t'appartiennent.

Ps 113 : 4, L'Éternel est élevé au-dessus de toutes les nations, Sa gloire est au-dessus des cieux.

1- Le Roi doit être choisi par l'Éternel. ***V. 15.***
2- Le Roi doit être un frère et non un étranger. ***V. 15***
3- Le Roi ne doit pas employer des moyens illicites pour s'enrichir. ***V. 16***
4- Le Roi ne doit pas réduire son peuple en esclavage. ***V. 16***
5- Le Roi doit être un homme de haute moralité. ***V. 17*** « Pas un grand nombre de femmes »
6- Le Roi doit être un homme honnête. « Qu'il ne fasse pas de grand amas d'argent et d'or »
7- Le Roi doit être un homme de Bible. ***V. 18***
8- Le Roi doit craindre l'Éternel et mettre sa parole en pratique.
9- Le Roi ne doit pas s'élever au-dessus de ses frères.
10- Le Roi ne doit pas se détourner des commandements de Dieu.

Conclusion :

Un pays paiera les conséquences pour tout dirigeant qu'il choisit en dehors du modèle de la Bible.

ÉTUDE 65
LA FORCE OU LA FOI
1 Samuel chapitre 17

Chacun de nous a un choix à faire face aux situations et aux obstacles qui se dressent chaque jour devant nous.

Quand nous sommes en difficulté, nous pouvons répondre par deux façons : par la FORCE ou par la FOI. Soit vous vivez par la force ou vous vivez par la foi.

Dans **1 Samuel 17**, nous avons le récit de David qui se tient devant Goliath, le ***v. 45*** résume bien le combat. David dit à Goliath : Tu marches devant moi avec la lance, l'épée et le javelot = La FORCE, mais moi je marche contre toi au nom de l'Éternel des armées = La FOI.

En d'autres termes, David dit à Goliath : « Tu marches contre moi avec la Force, moi je marche contre toi avec la Foi ».

Goliath représente nos problèmes, nos difficultés, nos tourments, nos ennuis ; la question est la suivante : Allons-nous combattre Goliath par la Force ou par la Foi ?

Cela va sans dire que la voie du monde c'est la voie de la Force. Dans les affaires, à la maison (au foyer) ou dans les conflits personnels, le monde utilise la force. Le monde veut toujours démontrer qu'il est fort.
La voie de Dieu c'est la voie de la Foi : Faire confiance à Dieu.
Zach 4 : 6, C'est la parole que l'Éternel adresse à Zorobabel : « Ce n'est ni par la puissance ni par la force, mais c'est par mon Esprit, dit l'Éternel des Armées »

<u>I- La vie de la foi honore Dieu</u>

    a)   La vie de la force honore les hommes.

Le combat entre David et Goliath se présentait au départ comme une question de force. Les Philistins eux-mêmes ont écrit les règles du combat : Si vous gagnez nous serons vos esclaves et inversement.

    b) Message : Ne laissez pas le monde vous dicter les règles du jeu. Le chrétien doit vivre par la foi dans un monde de force. Les chrétiens ne peuvent pas, ne doivent pas utiliser les TACTIQUES du monde.

Nous ne pouvons pas avoir les mêmes armes que l'ennemi.

II- La vie de la foi est rarement trouvée

    a) On a cherché dans tout Israël un homme pour se mesurer avec Goliath pendant des jours, on n'a trouvé personne.
    b) La foi se fait rare spécialement en temps d'apostasie

III- La vie de la foi protège

a) La protection est au centre de la volonté de Dieu. **Psaumes 34 : 1 – 7**
Savez-vous que même si vous mesurez plus de 9 pieds et que vous avez les meilleures armes, comme Goliath, sans Dieu vous n'êtes pas du tout protégé ?

Si Dieu vous appelle à le suivre dans des endroits les plus primitifs, au milieu de gens cruels, si c'est là le centre de la volonté de Dieu pour votre vie, vous êtes plus en sécurité que si vous étiez assis à l'ombre d'un cocotier au bord de la plage.
- La vie de la foi nous protège.
- La vie de la force nous met en danger.

Si nous vivons par la force, Dieu s'assurera de notre échec.
Quand nous vivons par la foi l'Ange de l'Éternel campe autour de nous.
Ps 34 : 8

IV- La victoire de la vie de la foi est éternelle

Ce n'est pas devant Goliath qu'on prend la décision de vivre par la foi. David, à un moment précis de sa vie, a pris la décision de vivre par la foi en Dieu. Il a commencé avec les lions avant de se trouver face à Goliath.

Ce qui est important, c'est qu'en toutes choses Dieu soit glorifié. Seule la vie de la foi glorifie Dieu. La vie de la force glorifie l'homme et Dieu ne partage jamais sa Gloire.

Conclusion :
Chacun de nous a un choix à faire face aux situations et aux obstacles qui se dressent chaque jour devant nous.
Quand nous sommes en difficulté, nous pouvons répondre par deux façons : par la FORCE ou par la FOI.

ÉTUDE 66
LA PUISSANCE D'UN SEUL
Deut 32 : 30 – 31 ; Josué 23 : 9 – 10

Intro : Dieu n'est pas intéressé par la foule, c'est l'individu qui l'intéresse. Moise composa un cantique avant sa mort sous l'ordre de Dieu, pour que les enfants d'Israël se souviennent de ce que Dieu peut réaliser avec un seul d'entre eux qui se soumet à Lui et qui obéit au Rocher des Siècles.
- Un seul peut poursuivre mille et deux, dix mille.

Nous avons tendance à penser que si une foule s'accorde pour demander à Dieu quelque chose, c'est alors que Dieu entendra. Nous pensons des fois que la délivrance vient de la force de foule. Mais la Bible ne l'enseigne pas ainsi. Selon les Écritures Saintes, dès que Dieu est à vos côtés, vous êtes une foule. Vous êtes puissants, vous pouvez tout faire.

Un seul enfant de Dieu suffit pour accomplir une mission divine. Un seul enfant de Dieu suffit pour résoudre un grand problème.

Chaque enfant de Dieu est un « SUPERMAN » pour sa localité. Il est super parce que Dieu est à ses côtés.

Notons dans la Bible que Dieu ne cherche pas une foule, mais un homme.
Ezéchiel 22 : 29 – 30
« Le peuple du pays se livre à la violence, commet des rapines, opprime le malheureux et l'indigent, foule l'étranger contre toute justice.
Je cherche parmi eux un homme qui élève un mur, qui se tienne à la brèche devant moi en faveur du pays, afin que je ne le détruise pas ; mais je n'en trouve point »
Dieu Lui-même déclare qu'un seul de ses enfants suffit pour réaliser une mission.

1- Un seul Noé dans sa génération. ***Hebr 11***
2- Un seul Moise devant Pharaon. ***Exode 12 - 14***
3- Un seul Samson devant les Philistins.

4- Un seul Gédéon devant les Madianites.
5- Un seul David devant Goliath.
6- Un seul Daniel devant Nebucadnetsar.
7- Un seul Elie devant Achab et les prophètes de Baal.
8- Un seul Pierre pour amener les juifs à la connaissance de Christ.
9- Un seul Paul pour amener les païens à la connaissance de Christ.
10- Un seul Jean pour nous donner l'Apocalypse.
11- Un seul Jésus pour nous sauver.

Conclusion :

Un seul enfant de Dieu suffit pour accomplir une mission divine. Un seul enfant de Dieu suffit pour résoudre un grand problème.

Chaque enfant de Dieu est un « SUPERMAN » pour sa localité. Il est super parce que Dieu est à ses côtés.

ÉTUDE 67
CHAQUE CHRÉTIEN, UN BÂTISSEUR D'AUTEL
Genèse 12 : 7 à Genèse 13 : 4

Abraham, l'homme qui devint l'ami de Dieu aussi bien que le Père des fidèles, fut un bâtisseur d'autel. Quand Dieu apparaissait à Abraham et lui accordait des bénédictions ou lui faisait une promesse ou lui demandait de faire quelque chose, Abraham répondait à ces manifestations divines en lui bâtissant un autel. La Bible ne nous fournit pas beaucoup de choses sur les détails concernant la construction de ces autels, ce n'est pas là ce qui est important. Toutefois ces autels symbolisent une grande vérité et nous instruisent sur nos propres besoins de bâtir des autels. Abraham bâtissait des autels quand il adorait et quand il se déplaçait d'un lieu à un autre. Nous avons aujourd'hui encore un grand besoin de chrétiens qui soient des bâtisseurs d'autels.

I- La signification de l'autel

Pour les chrétiens, un autel peut être un lieu, une attitude ou un moment que nous consacrons pour diriger nos pensées et nos émotions vers Dieu (*Jn 4 : 24*). Dieu est esprit.

Nous ne sommes pas obligés d'être dans un endroit spécifique pour bâtir un autel parce que Dieu est esprit et n'est pas limité à un seul lieu ; Il peut être adoré n'importe où, n'importe quand.

II- Le besoin de l'autel

Nous avons besoin de bâtir des autels pour jouir du grand privilège de la prière. Ce faisant, nous trouverons que ces autels deviennent des lieux et des opportunités pour offrir à Dieu les louanges de nos cœurs et de nos lèvres. Abraham devint le Père de la Foi et l'Ami de Dieu parce qu'il était un bâtisseur d'autels. Il fut fortifié dans la foi et fut rendu capable d'avoir confiance en Dieu quand les autres avaient de la peine à y croire. Il avait une grande force spirituelle en réponse à son adoration de Dieu.

III- La négligence de bâtir des autels

La peur contrôle la citadelle de l'âme quand nous négligeons d'adorer. Abraham descendit en Égypte. Il ne bâtit aucun autel durant son séjour en Égypte (**Gen 12 : 10 - 20**). L'on peut comprendre pourquoi la peur le conduisit à mentir. De retour d'Égypte, Abraham alla à l'autel **Gen 13 : 4, 18**. Quand la peur tient captifs le cœur et les émotions, c'est une preuve que la foi est absente ou s'est fanée. La foi doit grandir et peut grandir et se développer dans un environnement d'adoration.

Adorer, ce n'est pas venir à l'Église pour écouter un message. Adorer, c'est la réponse de l'âme humaine face à la manifestation de Dieu.
Jésus a donné une parabole « L'homme doit toujours prier et ne point se relâcher » **Luc 18 : 1**

La vitalité spirituelle, la foi en Dieu, la joie du Seigneur est maintenue quand nous adorons dans le contexte de l'autel.

IV- Les modèles de bâtisseurs d'autels

1- Noé bâtit un autel à l'Éternel après le déluge. **Gen 9 : 20**

2- Abraham bâtit un autel à l'Éternel. **Gen 12 : 7**

3- Jacob bâtit un autel à l'Éternel quand Dieu lui apparut en songe. **Gen 28 : 16 - 22**

4- David bâtit un autel à l'Éternel. **2 Samuel 24 : 25**

5- Job bâtit un autel à l'Éternel pour sa famille. **Job 1 : 5**

    a) L'Église locale est un autel ordonné par Dieu comme un lieu d'adoration. **Ps 133**

b) La Bible c'est un autel ; Dieu nous rencontre dans les pages de sa Parole pour satisfaire nos besoins les plus profonds, comme Il l'a fait pour Abraham.

Conclusion : Chaque maison doit avoir un autel pour la méditation de la Parole, la prière et les louanges à Dieu.

ÉTUDE 68
VIVRE DANS L'ABONDANCE AU MILIEU DE LA DISETTE
1 Rois 17 : 1 à 16

Intro : La disette est arrivée en Israël parce qu'Achab était un méchant roi qui conduisit tout Israël dans l'idolâtrie sous l'influence de sa femme païenne Jézabel. Dieu punit le peuple en envoyant 3 ans de sécheresse et de famine.

Ce récit ressemble tellement à ce que nous traversons en Haïti. Nos malheurs arrivent toujours quand nous irritons Dieu par notre idolâtrie. Haïti est un pays où Baal est honoré, une nation qui n'honore pas Dieu sera toujours malheureuse. L'enfant de Dieu peut malgré tout vivre dans l'abondance au milieu de la disette. Voici les étapes à suivre :

I- Restez à l'écoute de Dieu (v. 2)

Rester à l'écoute de Dieu = Obéir à ce que Dieu dit
   a) Pars d'ici, dirige-toi, cache-toi.
   b) Torrent de Kerith.
   c) Menu : Pain – viande – eau.
   d) Serveur : corbeaux.

Notez bien : J'ai ordonné aux corbeaux de te nourrir là. (***v. 4***)
Il suffit que Dieu donne des ordres à ton sujet ce matin pour que tout rentre dans l'ordre.

   e) Au milieu même de la disette, quand Dieu ordonne, Son enfant peut vivre dans l'abondance.
   f) Il faut rester à l'écoute de Dieu même quand le torrent est à sec.

Quand Dieu ferme une porte, Il s'apprête à ouvrir une autre.

II- Suivez la route de Dieu.

a) ***v. 8, 9***, Va à Sarepta et demeure là.

b) J'y ai ordonné à une femme veuve de te nourrir.

Comment comprendre que Dieu ordonne à une veuve qui n'a rien de s'occuper d'Elie.

Réponse : Même quand nous n'avons rien, si Dieu dit que nous sommes riches, nous le sommes.

c) Veillez à ne pas rater la bénédiction de Dieu à cause de notre mesquinerie.

d) Même dans la disette, il faut penser à Dieu et à son serviteur d'abord.

Dieu ferme la porte de Sarepta avec la mort et la résurrection du fils de la veuve par Elie.

III- Rejetez le doute sur Dieu

a) L'expérience du Mont Carmel

1 Rois 18 : 21, Jusques à quand clocherez-vous des deux côtés ?

b) L'expérience de la caverne

N.B. Quand nous commençons à douter de Dieu, nous sommes déjà dans la caverne en train de dire à Dieu: « Prends mon âme » ***1 Rois 19 : 4***

Même dans le doute Dieu nous donnera toujours à manger. Il prendra soin de nous.

1 Rois 19 : 15, L'Éternel dit à Elie, reprends ton chemin.

La mission d'Elie n'était pas terminé : Kerith – Sarepta – Carmel – Horeb – Damas.

Conclusion :

Notez bien :

1) Près du torrent / Dieu envoya les corbeaux (Menu : pain, viande, eau fraîche)
2) À Sarepta / Maison privée ; repas sur table (farine - huile)
3) À Horeb / Ange ; gâteau ; cruche d'eau.

Important : Quand la situation s'aggrave même au milieu de la disette, l'enfant de Dieu reçoit les meilleurs services du ciel.

ÉTUDE 69
LE DÉCOURAGEMENT
1 Rois 19

Je voudrais m'adresser à tous ceux qui sont découragés en me servant de l'histoire du prophète Elie. Il a connu le découragement.
La Bible dit qu'il était un homme de la même nature que nous. Apprenons de son expérience comment vaincre le découragement.

I- S'attendre au découragement

a) Tous les grands serviteurs de Dieu ont eu leur part de découragement : Abraham, Joseph, David, Jérémie, Elie, l'apôtre Paul.
b) Jésus Christ Lui-même a connu le découragement avant et sur la croix.

Le seul endroit de la terre où le découragement n'y est pas c'est au cimetière. Les morts n'ont pas le temps d'être découragés.

II- Reconnaître le découragement

a) Cela peut venir après de grandes fatigues physiques et mentales, après de grands exploits. Ex : Elie après Mont Carmel et des marches.
b) Cela peut venir à la suite de mauvaises nouvelles. *V. 3*. Ex : Elie apprit que Jézabel veut le tuer.

Les mauvaises nouvelles dans le pays peuvent contribuer au découragement.

c) Cela peut vous faire perdre le goût de vivre. Ex : Elie demanda la mort. *V. 4*
d) Cela peut vous faire penser que vous êtes le seul dans cet état. Ex : Elie se plaignit 2 fois aux versets *18 : 22* et *19 : 10* qu'il était seul.
e) Cela peut venir et s'empirer quand vous n'avez pas d'amis de confiance.

Ex : ***v 4*** Elie prit la route du désert au lieu de se trouver un ami pour l'encourager.
v 9 Elie prit la route de la caverne.

Le désert et la caverne, voilà les deux meilleurs amis du prophète Elie.
Les grands serviteurs de Dieu sont souvent des hommes / femmes solitaires. En vertu du fait qu'on les apprécie pour leur force et non pour leur faiblesse ; ils n'ont personne à qui confier leurs faiblesses par peur des critiques. Ils deviennent des serviteurs solitaires qui prennent la route du désert et de la caverne en temps de difficultés.

III- Vaincre le découragement

    a)   Couchez-vous ***v. 4, 5***, Sommeil.
    b)   Mangez ***v. 6***, nourriture.
    c)   Levez-vous ***v. 7***, action.
    d)   Reprenez la route ***v. 8***

Cependant sans une rencontre personnelle avec Dieu qui seul peut vous fortifier, votre découragement ne sera pas vaincu. Il faut prendre la route de la montagne, il y a quelque chose dans la voix de Dieu. Le meilleur remède au découragement c'est la voix de Dieu.
Arrivé à la montagne d'Horeb, Dieu parla à Elie.
    a)   Pas dans le vent
    b)   Pas dans le tremblement de terre
    c)   Pas dans le feu
    d)   Dans un murmure doux et léger

Esaie 40 : 28, « Ne le sais-tu pas : Ne l'as-tu pas appris ? C'est le Dieu d'éternité qui a créé les extrémités de la terre ; Il ne se fatigue point, Il ne se lasse point ; on ne peut sonder son intelligence.
V. 29, Il donne de la force à celui qui est fatigué, et Il augmente la vigueur de celui qui tombe en défaillance.
V. 30, Les adolescents se fatiguent et se lassent, les jeunes hommes chancellent.
V. 31, Mais ceux qui se confient en l'Éternel renouvellent leur force.

Ils prennent leur vol comme les aigles.
Ils courent et ne se lassent pas.
Ils marchent et ne se fatiguent point. »

Esaie 41 : 10, « Ne crains rien, car je suis avec toi, ne promène pas des regards inquiets, car je suis ton Dieu, je te fortifie, je viens à ton secours, je te soutiens de ma droite triomphante.
V. 13, Car je suis l'Éternel ton Dieu qui fortifie ta droite, qui te dis : Ne crains rien, je viens à ton secours »

Le découragement d'Elie n'avait aucun fondement.
1) L'Éternel avait besoin de lui, son travail n'était pas encore terminé (oindre Hazael = Syrie ; Jéhu = Israël ; Élisée = à sa place).

2) Elie n'était pas seul, il y avait encore sept mille hommes qui n'ont point fléchi les genoux devant Baal. ***19 : 18***.

3) Achab et Jézabel qui faisaient peur à Elie devaient mourir et laisser le prophète exercer son ministère.

4) Elie devait monter au ciel dans un char de feu pour ne pas connaître la mort. ***2 Rois 2 : 11***

Conclusion : Ne restez pas découragés, Dieu a votre destin en main.
- Ne perdez pas courage vous êtes plus que vainqueurs.
- Ne soyez pas triste, personne ne peut faire obstacle au plan de Dieu pour vous.
- Ne restez pas dans le désert de la solitude, dans la caverne du désespoir, Dieu n'a pas encore fini avec vous.
- Ne soyez pas effrayés par les Achab et les Jézabel de votre vie ; ils vous laisseront tranquille.
- Ne pensez pas à la mort, le char de feu est déjà en route pour vous donner une promotion céleste.
- Vous êtes le champion de Dieu, la victoire est assurée grâce à Jésus Christ.

Dieu n'a pas encore mis fin à ton état de service!

ÉTUDE 70
DIEU EST LA SOLUTION
Matthieu 11:1-6

Toute solution passe par Dieu . Il est la solution . La solution est dans le nom même de Dieu , en sa personne . Dieu n'a pas la solution , puisqu'il ne l'a reçu de personne . Il est la solution . La solution caractérise Dieu . La solution vient d'en haut !

Dans ce passage, Jean Baptiste qui avait la mission grandiose d'annoncer l'arrivée du Christ se retrouve en prison. D'après le récit de Luc, Jean Baptiste était fils de Zacharie et d'Elizabeth, tous deux de la race sacerdotale ; sa mère était la cousine de la vierge –Marie. Sa naissance fut prédite à son père, dans une vision, par l'ange Gabriel et saluée par un cantique de louanges dans lequel Zacharie prophétise la vocation de son enfant comme précurseur du Seigneur. Et il le fut. Toutes les classes sociales sont représentées dans l'auditoire qui se presse aux environs du Jourdain, pour observer Jean Baptiste. Peut- être pousses par une émotion sincère, des pharisiens et des saducéens se joignent à la foule des péagers et des soldats, de tous les pèlerins venus des champs et des villes pour écouter le message de Jean Baptiste qui exigeait une repentance immédiate. Mais la carrière publique de Jean, qui se voyait comme le prédicateur de la repentance, et le précurseur du Messie, fut interrompue par Hérode Antipas. Celui-ci craignant de voir l'immense mouvement religieux suscité par le prophète du désert dégénérer en mouvement politique , blessé aussi par la critique , publique ou privée , infligée à sa conduite adultère , fit arrêter Jean ; et , c'est à partir de sa cellule que Jean envoya un message à Jésus : *« Es-tu celui qui doit venir , ou devons-nous en attendre un autre ? »*

Notre Seigneur Jésus fit une réponse à Jean Baptiste qui sombra dans un découragement profond, une confusion complète et une déception surprenante. Jésus envoya dire par ses messagers à Jean Baptiste : « les aveugles voient, les boiteux marchent, les lépreux sont purifiés, les sourds entendent, les morts ressuscitent, et la bonne nouvelle est annoncée aux pauvres. » En d'autres termes Jésus répondit à Jean Baptiste. « Je suis la solution aux problèmes de ce monde, je suis Celui qui devait venir ; il n'y en a point d'autre. »

Jésus envoya dire à Jean Baptiste : « Tout ce dont le monde a besoin est en moi, tout ce dont le monde a besoin passe par moi, et tout ce dont le monde a besoin c'est moi. »

Mes chers amis, il est encourageant de savoir que, quel que soit le problème, Dieu est la solution. Quelles que soient les difficultés, Dieu est la solution.

C'est Dieu qui a le mot de la Solution

C'est Dieu qui choisit le moment de la solution

C'est Dieu qui opère le mouvement vers la solution

Laissez-moi souligner pour vous quatre solutions de Dieu à quatre problèmes majeurs auxquels vous et moi pouvons faire face, surtout en ces temps-ci.

I- DIEU EST LA SOLUTION À NOS PROBLÈMES EXISTENTIELS

Quand nous commençons par questionner le but de notre existence sur cette terre , quand à force de ne pas comprendre les voies de Dieu la confusion nous fait perdre la foi , quand la souffrance et les épreuves de toutes sortes parviennent à nous affaiblir physiquement , moralement et spirituellement , quand notre âme est abattue au-dedans de nous et que nous cessons d'espérer en Dieu , pour une raison ou pour une autre , nous courrons le risque de *faire UNE CRISE EXISTENTIELLE* . Ne soyez pas découragés si vous avez fait des crises existentielles après le séisme du 12 janvier 2010 en Haïti. Nous qui devrions encourager les autres nous étions emportés par le découragement ; nous qui devrions fortifier les autres, nous étions affaiblis par le doute et la confusion. Il peut arriver à un serviteur de Dieu de faire une crise existentielle.

---Le prophète Jérémie a eu une telle crise : « ma force est perdue, je n'ai plus d'espérance en l'Eternel. » Lamentations. 3 :18

---Le juste Job a eu une telle crise quand, ne pouvant plus tenir, il ouvrit la bouche et maudit le jour de sa naissance. Il prit la parole et dit : « Périsse le jour où je suis né, et la nuit qui dit : un enfant mal est conçu ! ce jour ! qu'il se change en ténèbres. Que Dieu n'en ait point souci dans le ciel, et que la lumière ne rayonne plus sur lui ! »Job 3 :1-4 . Et au fort de sa crise Job ajouta : « Que me sert-il, que me revient-il de ne pas pécher ? » Job 35 :3

__Le prophète Elie fit une telle crise et demanda la mort en disant : « C'est assez ! Maintenant, Éternel, prends mon âme, car je ne suis pas meilleur que mes pères. » 1 Rois 19 :4

---Asaph au psaume 73 a eu une telle crise : « Toutefois, mon pied allait fléchir, mes pas étaient sur le point de glisser (v 2) …c'est donc en vain que j'ai purifie mon cœur , et que j'ai lavé mes mains dans l'innocence ; (v 13) ……la difficulté fut grande à mes yeux , jusqu'à ce que j'aie pénétré dans les sanctuaires de Dieu … » (v,16,17)

Dans le passage qui est devant nous , nous sommes surpris de voir Jean Baptiste au milieu de sa crise , douter de l'identité de la personne même de Jésus : « Es-tu celui qui doit venir .. ? »

Quand nous faisons une crise existentielle, il faut nous exposer à la parole de Dieu et pénétrer dans Son sanctuaire pour trouver la solution. JÉRÉMIE, JOB, ÉLIE, ASAPH, et JEAN BAPTISTE qui est devant nous furent guéris de leur crise à l'écoute de la parole de Dieu qui révéla le plan de Dieu , et en se présentant dans le sanctuaire de Dieu pour être fortifiés par la présence de Dieu qui restaure l'âme . Jésus envoya sa parole à Jean Baptiste pour le calmer et le guérir. Psaumes 107 :20 « Il envoya sa parole et les guérit. » Pour nous aider à faire face aux problèmes existentiels, Dieu met à notre disposition Sa Parole et sa Présence. Sa Parole pour nous enseigner et Sa présence pour nous fortifier. C'est ce que David avait compris quand, au Psaume 23, en se référant à l'Éternel son berger, il déclare : « Il restaure mon âme. »

Pour aider Jean Baptiste dans sa crise, JÉSUS lui envoya une parole : « Allez rapporter à Jean ce que vous entendez et ce que vous voyez …. » Matt. 11 :4

Ensuite, ce passage nous enseigne une autre chose sur Dieu.

II- DIEU EST LA SOLUTION À NOS PROBLÈMES MATÉRIELS

La réponse de Jésus Christ à Jean Baptiste révèle que Dieu est la solution à nos problèmes matériels : « les aveugles voient, les boiteux marchent, les lépreux sont purifiés, les sourds entendent, les morts ressuscitent… » Notre Dieu est un Dieu qui se soucie de nous et qui prend soin de nous. Il se montre concerné par nos problèmes matériels et corporels.

David a témoigné ainsi : « J'ai été jeune, j'ai vieilli ; et je n'ai point vu le juste abandonné ni sa postérité mendiant son pain. » Psaumes 37 :25

Joseph a eu deux enfants auxquels il donna des noms pour lui rappeler toujours que toute la solution vient de Dieu. Il appela son premier fils MANASSE, car dit-il Dieu m'a fait oublier toutes mes peines….et il donna au second le nom d'EPHRAIM, car dit-il : « Dieu m'a rendu fécond dans le pays de mon affliction. » Genèse 41 :51-52 . Nous apprenons par ce témoignage deux faits importants : c'est Dieu qui nous guérit de nos peines, et c'est Dieu qui nous rend prospère. Avec Dieu, le pays qui nous a affligés peut devenir le pays de notre prospérité. Le lieu de notre tristesse peut devenir le lieu de notre allégresse, le lieu de nos pleurs peut devenir le lieu de notre bonheur. Dieu peut faire pousser un jardin dans un lieu aride et fait sortir de l'eau dans le rocher du désert.

Psaumes 107 :35 : « Dieu change le désert en étang et la terre aride en sources d'eau. »

Les fils de Koré ont chanté allégrement que Dieu est la solution à nos problèmes matériels et à tout autre problème au Psaume 87 :7 : « Et ceux qui chantent et ceux qui dansent s'écrient : toutes mes sources sont en toi ».

L'Apôtre Paul ajoute en Philippiens 4 :19 : « Et mon Dieu pourvoira à tous vos besoins selon sa richesse, avec gloire, en Jésus Christ. »

Soulignons une autre vérité qui est supportée par le passage qui est devant nous.

III- DIEU EST LA SOLUTION A NOS PROBLÈMES ESSENTIELS

La dernière chose que Jésus envoya dire à Jean Baptiste mit l'accent sur l'essentiel : « ….la bonne nouvelle est annoncée aux pauvres. L'essentiel veut dire le nécessaire, l'indispensable. La Bonne nouvelle, l'évangile, le salut en Jésus-Christ, la vie éternelle c'est la seule chose essentielle, c'est la seule chose nécessaire. Jésus a déclaré à Marthe qui voulait éloigner Marie de sa présence : *« Marthe, Marthe, tu t'inquiètes et tu t'agites pour beaucoup de choses. Une seule chose est nécessaire. Marie a choisi la bonne part, qui ne lui sera point ôtée. » Luc 10 :41-42*

L'apôtre Paul déclara aux chrétiens de Corinthe : « Car je n'ai eu la pensée de savoir parmi vous autre chose que Jésus Christ et Jésus-Christ crucifié. » 1 Cor.2 :2 L'Essentiel c'est Jésus !

Aux Chrétiens de Philippes Paul écrivit : « Mais ces choses qui étaient pour moi des gains, je les ai regardées comme une perte, à cause de Christ. Et même, je regarde toutes choses comme une perte, à cause de l'excellence de la connaissance de Jésus Christ mon Seigneur, pour lequel j'ai renoncé à tout ; je les regarde comme de la boue, afin de gagner Christ. » Phil.3 :7-8 L'essentiel c'est Jésus Christ.

Nous sommes ici pour nous préparer à la proclamation de la bonne nouvelle ; nous sommes ici pour apprendre à donner correctement une solution au problème de ce monde qui est le péché, et la solution essentielle au problème essentiel de ce monde **_c'est JÉSUS_**

L'Apôtre Paul dit à Timothée : **« PRÊCHE LA PAROLE … »**. Puisque Dieu est la solution à nos problèmes essentiels, la Bonne nouvelle de l'évangile de Jésus-Christ, c'est le seul message essentiel.

-----Le Pays a besoin de l'Essentiel

----- Le Peuple a besoin de l'Essentiel

----- Le Pouvoir a besoin de l'Essentiel

-----Le Pécheur a besoin de l'Essentiel

Après la guerre de Sécession, 2070 soldats britanniques et américains trouvèrent inutilement la mort. L'armistice avait été signé, les hostilités avaient officiellement cessé, mais en raison de la lenteur des communications à l'époque, ces soldats qui ignoraient la bonne nouvelle, continuèrent à se livrer bataille et y trouvèrent la mort. Combien il est urgent d'annoncer la bonne nouvelle du salut en Jésus Christ. Beaucoup meurent parce qu'ils n'ont pas encore entendu le message de la Grâce de Dieu.

Soulignons également ce dernier aspect du passage.

IV- DIEU EST LA SOLUTION À NOS PROBLÈMES SPIRITUELS

Matt 11 :6 : «Heureux celui pour qui je ne serai pas une occasion de chute. »

La chute est un problème spirituel. Même Jean Baptiste en courrait le risque. Jésus-Christ fit cette déclaration dans le contexte de son discours sur Jean Baptiste.

Faire une chute, c'est se détacher de son support. Chuter, c'est tomber.

« Ainsi donc, que celui qui croit être debout prenne garde de tomber ! » 1 Cor. 10 : 12

Jésus déclare en Luc 9 :62 « Quiconque met la main à la charrue , et regarde en arrière n'est pas propre au royaume de Dieu » .

Matt. 5 :29 : « Si ton œil droit est pour toi une occasion de chute, arrache-le et jette-le loin de toi… »

« Si ta main droite est pour toi une occasion de chute, coupe-la et jette-la loin de toi .. » v30

Dieu est la solution à ce grave problème spirituel, il est capable de nous préserver de toute chute selon Jude v 24 et de nous faire paraître devant sa gloire, irréprochables et dans l'allégresse. Si Jean Baptiste, ce grand homme de Dieu courait le risque de faire une chute, il est important que nous soyons vigilants, nous humiliant sous la puissante main de Dieu pour qu'il nous en préserve.

CONCLUSION :

Jésus qui a donné la solution aux problèmes de Jean Baptiste est aussi la solution à tous nos problèmes , qu'ils soient existentiels , matériels , essentiels et spirituels .

Un missionnaire en service en Afghanistan raconte l'expérience qui fut la sienne au cours d'un vol domestique. Il avait pris place à bord d'un DC3. Confortablement installé dans son fauteuil, il observait les hôtesses de l'air qui s'affairaient aux derniers préparatifs. L'un des responsables de la cabine réalisa que l'avion prenait du retard. Finalement, il ferma la porte. À l'extérieur, il pleuvait à torrents. Par la fenêtre de l'avion qui était encore sur la piste, le missionnaire aperçut un homme qui courait vers l'avion, s'abritant sous son manteau de pluie. Le retardataire frappa énergiquement à la porte de l'avion demandant l'entrée. Mais une des hôtesses lui fit signe qu'il était trop tard. Néanmoins, l'homme insistait et continuait à frapper et ses coups redoublaient contre la porte de l'avion. Au bout d'un moment, on finit par lui ouvrir. Lui tendant la main, on le hissa à l'intérieur. C'est alors qu'on le reconnut, à sa grande stupéfaction et celle des passagers, l'homme qu'on avait laissé à terre était le pilote de l'avion.

On ne peut aller nulle part sans Jésus, on ne peut réussir sans Dieu. Il est la solution. Nous devons croire que Dieu est la solution et proclamer qu'Il est la solution.

On raconte l'histoire d'un prédicateur qui assura le pastorat d'une petite assemblée dans une zone rurale. Régulièrement chaque dimanche matin, après le service, il déposa un œuf dans une grosse boite sous le toit de sa maison pour chacun de ses messages qu'il trouva inefficace. Après une année, il décida d'aller compter les œufs qui étaient dans sa boite et y trouva à sa grande surprise seulement trois œufs. Comme il commença par se féliciter d'avoir seulement prêché trois mauvais messages représentés par les trois œufs dans sa boite, sa femme vint à rentrer dans la salle où il était et lui dit ; « Chéri, pour les œufs qui manquent j'en ai vendu pour mille dollars ». Vous comprenez !

Le serviteur de Dieu qui ouvre sa bouche est efficace aux yeux de Dieu si et seulement s'il fait connaitre la solution de Dieu aux problèmes de ce monde ; autrement , s'il veut être honnête avec lui-même il peut déposer un œuf dans sa boite comme pour signifier que tout message qui ne présente pas Dieu comme la solution à tous nos problèmes est nul et inefficace .

Les derniers jours de JEAN BAPTISTE sur cette terre nous enseignent ce qui suit : que nos problèmes soient existentiels, matériels, essentiels ou spirituels, Dieu est la solution. AMEN !

ÉTUDE 71
LES RAISONS DE NOTRE JOIE
Habacuc 3

Habacuc parait avoir prophétisé dans les derniers temps du royaume de Juda. La situation morale et religieuse du pays, telle qu'elle ressort du livre, parait être celle qui est décrite en *Jérémie 19 : 4 et 25.*
D'après **Hab. 1 : 6** et **3 : 16**, l'invasion des Chaldéens est proche. (605 – 597 av. J.C.)
La première partie du livre chapitre 1 et 2 se présente ce qui semblerait être un dialogue très émouvant entre Dieu et le prophète on y distingue cinq sections :

a) **1 : 1 – 4**, Le prophète constate le règne de l'injustice et de la violence, et il se demande si l'Éternel pourra tolérer plus longtemps cette situation.

b) **1 : 5 – 14**, L'Éternel répond qu'Il va susciter les Chaldéens pour châtier les iniquités de Juda.

c) **1 : 12 – 17**, Le prophète s'incline devant la volonté de Celui dont les yeux sont trop purs pour voir le mal. Mais l'Éternel n'aura-t-Il pas pitié ? Se servira-t-Il sans mesure du bras du méchant ? N'aura-t-Il pas égard au reste fidèle que la catastrophe attendue va plonger dans la souffrance en même temps que les impies.

d) **2 : 1 – 4**, Le prophète se tient en sentinelle pour voir comment va se réaliser cette intervention dont l'Éternel lui a dit : « Si elle tarde, attends-la… » Le mal va recevoir son salaire ; l'orgueilleux sera châtié, mais « Le juste vivra par la foi »

Traduction plus conforme au texte hébreu: Le juste vivra par sa fidélité. La fidélité est l'aspect pratique de la foi.

e) **2 : 5 – 20**, L'oppresseur est décrit comme le conquérant avide, comme le chef cruel se réjouissant du mal fait à autrui et comme idolâtre ; mais il sera lui-même châtié. Car l'Éternel règne et Il est dans son saint Temple.

Habacuc comprend bien ce qui attend son pays ; tout va disparaître. **Hab. 3 : 16 – 17**

Mais le prophète veut garder la joie pour cinq raisons :

    1- Il a l'Éternel

a) Celui qui sera toujours avec lui.

    2- Il a le salut

a) Il connaît l'adresse de la délivrance et du secours.

    3- Il a le Seigneur

a) Celui qui domine sur tout et constate tout.

    4- Il a la force

a) Il tiendra ferme.

    5- Il peut marcher

a) (Comme des cerfs) avec les pieds des cerfs.

Même sur les hautes montagnes

À cause de tout cela le prophète se réjouit.

Conclusion :

Répétez : Même quand tout disparaît

    1- J'ai encore l'Éternel.

    2- J'ai encore le salut.

    3- J'ai encore le Seigneur.

    4- J'ai encore la force.

    5- Je peux encore marcher.

Béni soit l'Éternel !

ÉTUDE 72
L'OFFRANDE A DIEU
Genèse 4

Toute la Bible peut se résumer en un seul mot : « offrande ». Dieu nous a offert son Fils pour porter nos péchés. **Hebr 9 : 28**

« Christ s'est livré comme une offrande » **Eph 5 : 2**

Ce mot offrande est inscrit dans toute la Bible de la Genèse à l'Apocalypse. Mais Dieu est un Dieu qui s'offre. Après le péché de nos premiers parents Adam et Eve, Dieu offrit pour eux un sacrifice et les revêtit de la peau des bêtes. Il y a tout un livre de l'A. T. qui couvre un seul sujet : Comment présenter les offrandes à Dieu : Lévitique.

Les offrandes du livre de Lévitique préfiguraient le Christ dont Jean Baptiste a présenté ainsi : Voici l'Agneau qui ôte les péchés du monde. **Jn 1 : 29**

- La Bible, c'est Dieu qui nous offre sa Parole.
- La croix, c'est Dieu qui nous offre son Fils. **Jn 3 : 16**
- La grâce, c'est Dieu qui nous offre son pardon. **Eph 2 : 8, 9**
- Le salut, c'est Dieu qui nous offre la vie. **Rom 6 : 23**
- Le ciel, c'est Dieu qui nous offre une demeure. **Jn 14 : 1 – 3**

Notre Dieu est connu comme un Dieu qui offre et qui s'offre.

« Vous tous qui avez soif, venez aux eaux même celui qui n'a pas d'argent ! Venez acheter et mangez. Venez acheter du vin et du lait, sans rien payer » **Esaïe 55 : 11**

Le don gratuit de Dieu c'est la vie éternelle : c'est un Dieu qui offre et qui s'offre gratuitement.

Mais notre Dieu est aussi connu comme un Dieu qui réclame notre offrande. Il y a au moins 4 points à souligner dans cette histoire.

I- Les acteurs de l'offrande

a) Abel, homme spirituel.
b) Caïn, homme religieux.

II- Les éléments de l'offrande

a) Abel présente un agneau / Il savait que tout est sanctifié par le sang.
b) Caïn présente les fruits de la terre / Il savait que le sol était maudit.

III- L'analyse de l'offrande

a) Abel fut approuvé.
b) Caïn fut rejeté.

IV- Le résultat de l'offrande

a) Abel, justifié.
b) Caïn, irrité (contre Dieu et Abel)
c) Abel ne rejeta pas l'offrande de Caïn, c'est Dieu qui l'a fait. Caïn était irrité contre Dieu d'abord.
d) À partir de cette histoire, la Bible parle de la foi d'Abel **Hebr 11 : 4** et de la voie de Caïn **Jude : 11**

Caïn représente l'homme religieux non régénéré qui veut croire en Dieu selon sa propre conception et qui rejette la rédemption par le sang.

Dieu ne veut pas que nous lui donnions une offrande ; Il veut que nous soyons une offrande.

Caïn savait très bien le genre d'offrande qui plaisait à Dieu ; Dieu Lui-même lui fit signe de ce qu'Il approuvait. Mais Caïn voulait offrir ce qui plaisait à Caïn.

Pourquoi Dieu rejette-t-il l'offrande de Caïn ?

Notez avec moi dans le passage, il est dit :
- Abel et son offrande
- Caïn et son offrande

Pourquoi Abel fut-il approuvé et justifié ?

Réponse : Abel et son offrande furent présentés à Dieu.

Dans le cas de Caïn, Dieu peut compter sur l'offrande de Caïn, mais Il n'aura pas la personne de Caïn. C'est ça la voie de Caïn. Si bien vrai que quand Dieu lui dit comment faire, il n'y prêta point attention.

Que veut dire tout cela pour nous aujourd'hui ?

Aujourd'hui, dans cette dispensation de grâce, Dieu n'a pas changé, Il est encore le même, Il attend notre offrande.

Notre offrande témoigne beaucoup du niveau de notre spiritualité.

« Là où est ton trésor, dit Jésus, là aussi sera ton cœur » Matthieu 6 :21.

ÉTUDE 73
DEMANDER DE GRANDES CHOSES A DIEU
Éphésiens 3 : 20 - 21

Intro : L'Éternel notre Dieu est connu comme un Dieu qui fait de grandes choses.
Ps 126 : 3, L'Éternel a fait pour nous de grandes choses.
« Si vous aviez de la foi comme un grain de sénevé, vous diriez à cette montagne : Transporte-toi d'ici là, et elle se transporterait ; rien ne vous serait impossible » **Matt 17 : 20**

I- La demande de Moise. Genèse 33 : 18

    a) Fais-moi voir ta gloire.

II- La demande de Josué

    a) Soleil, arrête-toi sur Gabaon. ***Josué 10 : 12 – 14***

III- La demande d'Elie. Jacques 5 : 17, 18

    a) La pluie

IV- La demande de Pierre

    a) Ordonne que j'aille vers toi sur les eaux. **Matt 14 : 28**

V- La demande du brigand

« Souviens-toi de moi, quand Tu viendras dans ton règne. **Luc 23 : 43**

Conclusion : **Jean 16 : 24** : *« Jusqu'à présent, vous n'avez rien demandé en mon nom, demandez et vous recevrez afin que votre joie soit parfaite »*
Si vous estimez que vous avez une grande chose à demander à l'Éternel, nous allons prier Dieu ensemble, venez vous mettre à l'autel.

ÉTUDE 74
LA DÉMONSTRATION SPIRITUELLE
1 Cor 2 : 4 ; Hebr 11 : 1

Intro : N'avez-vous jamais été dans une situation où vous avez exigé une démonstration ? Quand vous achetez des matériels électroniques ou mécaniques, vous exigez une démonstration. Quand vous engagez quelqu'un à travailler pour vous, vous exigez une démonstration, vous cherchez à connaître sa justification et son expérience.

Que dites-vous de la plaque d'immatriculation avec la mention « démonstration » portée par certaines voitures ? Notre Dieu est un Dieu de démonstration. Le **Ps. 19** souligne : « Les cieux racontent la gloire de Dieu et l'étendue manifeste l'œuvre de ses mains. »

Rom 1 :20 « Les perfections invisibles de Dieu, sa puissance éternelle et sa divinité se voient… »

Dans 1 Cor. 2 :4 , Paul expliqua que « sa prédication reposa sur une démonstration d'Esprit et de puissance ». Et Hébreux 11 explique que « la foi est une démonstration des choses qu'on ne voit pas ». La démonstration spirituelle est d'origine divine. Soulignons ensemble quelques exemples de démonstration divine dans la Bible.

I- Moise et sa démonstration. Exode 4 : 1 - 9

    a) La révélation du grand « Je Suis ».
Quand Pharaon ne reçoit pas les paroles de Moise, il sera obligé de reconnaître la démonstration de la puissance divine qui se trouve en Moise.
    b) Dieu donna à Moise une démonstration qu'Il sera avec lui.
    c) Moise donna à Pharaon une démonstration que Dieu était avec lui.

II- David et sa démonstration. 1 Samuel 17 : 34 – 37 ; 45 – 47

a) David fit taire Goliath par sa démonstration au nom de l'Éternel. Ce que toute une armée n'a pas pu faire, un seul serviteur de Dieu l'a fait.
b) Tout le peuple suivit David à cause de la démonstration de Dieu dans ses actes.

III- Pierre et sa démonstration. Actes 3 : 1 – 8 ; 9 : 32 – 35

a) La guérison du paralytique ouvrit une autre porte pour un autre message de Pierre. La démonstration de la puissance divine est pour sa gloire.
b) La guérison d'Enée, un autre paralytique, amena plusieurs à la conversion.

IV- Paul et sa démonstration. Actes 13 : 1 – 12 ; Actes 14 : 1 – 3

a) La puissance divine frappa d'aveuglement le magicien Elymas

c) Cette démonstration divine amena un pécheur à la repentance

Conclusion :
Nous avons grand besoin d'une démonstration divine pour appuyer le message de l'Évangile. La Bible nous dit : « Ce n'est ni par la puissance, ni par la force, mais par l'Esprit du Seigneur » (Zacharie 4 :6).

ÉTUDE 75
LA PEUR DU DANGER
Matt 14 : 22 - 32

Intro : Dieu nous a créés avec des instincts de conservation et de préservation. Voilà pourquoi nous n'aimons pas être en danger.

Nous sommes en danger quand notre corps ou Esprit est menacé. La peur est une alarme qui nous annonce le danger. Ex : Pouvoir détecter la chaleur et le froid nous aide à ne pas nous exposer au danger.

Cela est aussi vrai pour le sexe. Quand vous excitez vos désirs sexuels et que vous n'avez pas personne pour combler ces désirs suivant les prescriptions de Dieu, vous vous mettez en danger :

Maladies causées par l'immoralité sexuelle.

Danger : violations des lois naturelles et surnaturelles.

I- Jésus prie pour nous avant même le danger. V. 22, 23

a) La Bible nous invite à prier les uns pour les autres, mais que c'est encourageant de savoir que Jésus prie pour nous.

En **Jean 17**, nous voyons Jésus prier pour ses disciples.

« C'est pour eux que je prie. Je ne prie pas pour le monde, mais pour ceux que tu m'as donnés parce qu'ils sont à moi. » **V. 9**

V. 15, « Je ne prie pas de les ôter du monde, mais de les préserver du mal »

Un jour, Jésus Christ pria spécialement pour Pierre en ces termes **Luc 22 : 31 – 32**

« Le Seigneur dit : Simon, Simon, satan vous a réclamé, pour vous cibler comme le froment, mais j'ai prié pour toi afin que ta foi ne défaille point »

II- Jésus vient vers nous au milieu du danger. V. 24, 25

a) Au milieu même de la mer, tandis que le vent était contraire et la barque des disciples battue par les flots, Jésus alla vers eux marchant sur la mer. Nous assistons ici à un miracle : Seul Dieu peut marcher sur la mer.

b) Quand Shadrac, Meschac et Abed Nego furent jetés dans la fournaise ardente par Nebucadnetsar, Jésus vint les rencontrer au milieu du feu. La Bible enseigne qu'au milieu du danger nous avons la garantie que Dieu est avec nous.

III- Jésus nous rassure dans le danger. V. 26, 27

a) Quand notre peur augmente, Dieu est plus près de nous que nous le pensions.
- Voilà que Jésus est en route pour les aider et ils le prennent pour un fantôme.

b) Mais quand Jésus nous parle, nous sommes rassurés. Voilà pourquoi nous avons un grand besoin d'être nourri de la parole de Dieu. Quand nous sommes troublés, quand nous avons des soucis, quand nous avons peur, La parole vivante et efficace de Dieu peut nous rassurer.
1- Rassurez-vous. (ordre)
2- C'est moi. (Dieu est dans la zone)
3- N'ayez pas peur (ordre)

Cet ordre est valable encore aujourd'hui. ***Jean 14 : 1, 2***

IV- Jésus nous invite à ne pas nous laisser troubler par le danger. V. 29, 30

a) Il invita Pierre (sur sa demande) à marcher sur les eaux avec Lui et nous connaissons le reste de l'histoire.
b) Il nous faut la compagnie de Dieu pour marcher sur les eaux.

Nous marchons actuellement sur les eaux dans notre société.

V- Jésus nous garde dans le danger. V. 31

a) Quand Jésus nous guide, Il nous garde (Psaumes 23)

b) Quand Jésus nous envoie, il nous accompagne

Conclusion :

Chant : « Dans le danger toujours il me garde.
　　　　　Dans mes soucis à lui je regarde. »

ÉTUDE 76
LE BESOIN D'UN BERGER
Ps 23

Intro : Si nous avons l'Éternel pour berger, nous ne pouvons rien manquer :

I- Sa paix dans les pâturages de notre vie (V. 2)

a) Verts pâturages, eaux paisibles : symbole de paix et de tranquillité, de la parole de Dieu et du Saint-Esprit : ***Jn 14 : 27 ; Esaie 26 : 3***

II- Son plan pour les sentiers de notre vie (V. 3)

a) Le berger veut aussi diriger notre vie pour nous conduire dans la droiture même dans nos plus petites décisions. ***Prov 3 : 5 – 6***

III- Sa présence dans les vallées de la vie (V. 4)

a) Vallée : symbole de souffrances et d'épreuves.

IV- Sa provision sur la table de notre vie (V. 5)

a) Quand nous sommes dans la vallée loin des verts pâturages et des eaux paisibles, Dieu peut nous dresser une table et pourvoir à notre besoin.

Dieu dit toujours à ses enfants :La table est servie

b) Il connaît nos besoins. Quand nous lui donnons la 1ère place, il pourvoit à notre besoin et nous protège. Il guérit nos blessures et nous donne l'abondance qui fait déborder notre coupe.

V- Ses promesses pour la journée de la vie (V. 6)

a) Bonheur
b) Grâce

Conclusion : Le Seigneur est-il notre berger personnel :

L'Éternel – Jéhovah qui existe de par lui-même, seul Roi Éternel, Immortel, Invisible.

Est mon berger – Il l'est en ce moment même.

Les brebis ne voient pas bien de loin. Ils ont besoin d'un berger pour les conduire.

ÉTUDE 78
LA PROMESSE DE LA PERSÉCUTION
Matt 5 : 1 – 13 ; 2 Tim 3 : 12 ; Ps 119 : 86

Intro : La persécution est un obstacle causé à quelqu'un dans le dessein d'arrêter sa marche, de lui rendre la vie difficile. La Bible parle beaucoup de la persécution.
2 Tim 3 : 12, Tous ceux-là qui veulent vivre pieusement en Jésus Christ seront persécutés.
Matt 5 : 10, Heureux ceux qui sont persécutés pour la justice, car le royaume des cieux est à eux.
Jésus dit en ***Jean 15 : 20***, S'ils m'ont persécuté ils vous persécuteront aussi.
Avant sa conversion, Paul persécutait beaucoup l'Église jusqu'au jour où sur la route de Damas la voix de Jésus résonna à ses oreilles.
« Saul, pourquoi me persécutes-tu ? Je suis Jésus que tu persécutes »
Actes 9 : 4
Paul a témoigné lui-même avoir beaucoup persécuté les chrétiens à mort.
Actes 22 : 4 ; 1 Cor 15 : 9 ; Gal 1 : 13 ; Phil 3 : 6
Dans le sens biblique du vocable persécution : La première église connut une grande persécution. ***Actes 8 : 1*** et ***Actes 11 : 19***
Les causes de nos persécutions peuvent être visibles ou invisibles.
- Le diable peut susciter des gens pour nous persécuter, il peut même se servir de nos proches.
- N'oubliez jamais que la Bible dit que le diable rentra en Judas.
- Pierre dit à Ananias et Saphira dans ***Actes 5 : 3***, « Pourquoi satan a-t-il rempli ton cœur ? »

Les Psaumes parlent fréquemment de persécutions : celles des justes par les méchants (***31 : 16 ; 57 : 4 ; 119 : 157***).
Lisez ***Hébreux 11 : 32 – 40***, vous verrez que le peuple de Dieu a toujours été persécuté.
Jésus Christ Lui-même fut l'objet de complots persécuteurs qui aboutirent à la croix.

- Tout de suite après sa mort ses disciples firent face à l'opposition des sadducéens (***Actes 4 : 1 – 6 ; 5 : 17***).
- Une véritable persécution a lieu après le meurtre d'Étienne (***Actes 8 : 1***), Saul s'y associe (***22 : 4, 26***) elle ne contribue pas peu à la diffusion de l'évangile à travers la Samarie et jusqu'en Syrie (***Actes 8 : 4 ; 11 : 19***). Jacques est mis à mort par Hérode, mais Pierre incarcéré est miraculeusement délivré (***Actes 12***).

Au cours de ces premières missions (***Actes 13 - 18***) Paul se heurte sans cesse à l'opposition des Juifs. L'Empire romain fut le foyer de la persécution contre les chrétiens. L'Apocalypse est riche en allusions à la terrible condition des disciples du Christ au temps de Néron, Dioclétien, etc.

- À cause d'une déclaration de Pierre empêchant Jésus d'aller à la croix, Jésus lui dit : ***Matt 16 : 23***

« Arrière de moi satan tu m'es en scandale »
- Le diable c'est notre premier adversaire, regardez comment il a persécuté Job.
- Quand Saul persécutait David, c'était visible.
- Quand Joseph fut vendu par ses frères, c'était visible.
- Quand Hérode fit décapiter Jacques et mettre Pierre en prison.
- Quand Étienne fut lapidé, c'était visible

Que faire quand vous êtes persécuté ?
Rom 8 : 35, *« La persécution ne peut pas nous séparer de l'amour de Christ. »*

1- Priez. ***Matt 5 : 44***

« Priez pour ceux qui vous maltraitent et qui vous persécutent. »

2- Bénissez. ***Rom 12 : 14***

« Bénissez ceux qui vous persécutent. »

3- Fuyez. ***Matt 10 : 23***

« Quand on vous persécutera dans une ville fuyez dans une autre. »

4- Supportez. ***1 Cor 4 : 12***

« Nous nous fatiguons à travailler de nos propres mains ; injuriés, nous bénissons ; persécutés, nous supportons. »

Conclusion : Lisez ***2 Cor 12 : 10***.
C'est pourquoi je me plais dans les faiblesses dans les outrages, dans les calamités, dans les persécutions, dans les détresses pour Christ ; car quand je suis faible, c'est alors que je suis fort.

ÉTUDE 79
LA DOCTRINE DE LA RECONNAISSANCE
Luc 17 : 11 - 19

Intro : Il n'y a pas que la doctrine du salut et du Saint-Esprit dans la Bible… Il y a aussi la doctrine de la reconnaissance.

Donnez à Dieu le crédit pour ce qu'Il a fait dans votre vie et témoignez par des gestes votre gratitude à son endroit.

Phil 4 : 6, Prière + supplication + actions de grâces

Hebr. – Sacrifice d'actions de grâces.

2 Cor 2 : 14, Grâces soient rendues à Dieu, qui nous fait toujours triompher en Christ.

1 Cor 1 : 4, Je rends à mon Dieu de continuelles actions de grâces à votre sujet pour la grâce de Dieu qui vous a été accordée en Jésus Christ.

Phil 1 : 3, Je rends grâce à mon Dieu de tout le souvenir que je garde de vous.

Col 1 : 3, Nous rendons grâce à Dieu, le Père de notre Seigneur Jésus Christ.

Col 1 : 12, Rendez grâces au Père qui vous a rendus coupables d'avoir part à l'héritage des saints dans la lumière, qui nous a délivrés de la puissance des ténèbres et nous a transportés dans le royaume du fils de son amour.

1 Thess 1 : 2, Nous rendons continuellement grâces à Dieu pour vous tous, faisant mention de vous dans nos prières. (cf. *1 Thess 3 : 13*)

Philémon 1 : 4, Je rends continuellement grâces à mon Dieu, faisant mention de toi dans mes prières.

1 Tim 1 : 3, Je rends grâces à Dieu que mes ancêtres ont servi et que je sers avec une conscience pure.

2 Thess 1 : 3, Nous devons à votre sujet frères, rendre continuellement grâces à Dieu comme cela est juste, parce que votre foi fait de grands progrès.

Lévitique 3 : 1, Lorsque quelqu'un offrira à l'Éternel un sacrifice d'Actions de grâces… il l'offrira sans défaut devant l'Éternel.

Lévitique 23 : 10, Quand vous serez entrés dans le pays que je vous donne, et que vous y ferez la moisson vous apporterez au sacrificateur une gerbe, prémices de votre moisson.

I- Un groupe souffrant

Leur problème : La lèpre.
Leur zèle : vinrent à sa rencontre.
Leur humilité : se tenant à distance.
Leur prière : Ils élevèrent la voix.
Leur foi : Jésus, maître.

II- Un seigneur compatissant

- Il les vit – Il aurait pu les ignorer.
- Il leur parla – Il n'était pas obligé de leur adresser la parole.
- Allez voir un sacrificateur

Promesse de guérison – certificat de santé.

- Ils furent guéris en route – Promesse tenue.

III- Un étranger reconnaissant.

La reconnaissance s'accompagne de :
1- Zèle : revint sur ses pas.
2- Louange publique : Glorifiant Dieu à haute voix
3- Humilité publique : Tomba sur sa face

L'objet de notre reconnaissance – Jésus.

4- Témoignage public: Rendit grâces

C'était un samaritain : L'étranger comprend mieux ce que Dieu a fait pour lui que les gens de la maison.

IV- Un bénéfice satisfaisant

a) Où sont les 9 autres ?

Chant : Compte les bienfaits de Dieu…

Parce qu'un seul des 10 est revenu pour donner gloire à Dieu, il a reçu le Salut de l'âme : « Lève-toi va ta foi t'a sauvé »

Conclusion : Toutes les bénédictions matérielles que Dieu a déversées sur nous n'ont pour but que de nous diriger vers Dieu Lui-même. Les bénédictions matérielles ont pour but de nous rapprocher de Dieu, si elles vous éloignent de Lui, il les reprendra.

ÉTUDE 80
LA REPENTANCE ET LA CONVERSION
Lecture : Luc 15 :11-32
Versets à mémoriser 1 Thessaloniciens 1 :9

La conversion indique un revirement soit au sein d'une collectivité soit chez un individu ; c'est se retourner, revenir sur ses pas, rentrer en soi-même. C'est ce qu'indiquent les deux mots dans la Bible, le mot hébreux : **CHOUB** et le mot grec : **EPISTREPHE**.

La conversion fait que l'on se dirige de nouveau vers le point d'où l'on s'éloignait. Les prophètes emploient le mot **CHOUB** pour désigner l'acte de revenir à Jéhovah auquel le peuple a été infidèle. (Deutéronome 30 :10 ; Essaie 55 :7)

À propos du reniement de Pierre, Jésus dit à ce disciple, en employant le verbe grec **EPISTREPHEIN**, « Quand tu seras converti (c'est-à-dire, quand tu rentreras en toi-même et inébranlable dans mon service) affermis tes frères. Les larmes de Pierre nous apprennent que le portique de la conversion, c'est la repentance (Matt. 26 :75).

Dans la parabole de l'enfant prodigue, Jésus emploie une figure qui typifie la conversion

I – L'HISTOIRE DE L'ENFANT PRODIGUE, v 11-14
Cet enfant avait tout, mais il voulait être indépendant, prendre ses propres décisions et agir comme bon lui semblait. Ayant obtenu sa part d'héritage, il se leva et partit loin de la présence de son père et le résultat fut certain : égarement, déchéance, souffrance.

II-LA REPENTANCE DE L'ENFANT PRODIGUE
v15-18
Un jour, une décision intérieure jaillit en son cœur : « Je me lèverai, et j'irai vers mon père. » La repentance c'est la porte d'entrée de la conversion ; le mot (METANOIA) veut dire un changement de pensée,

de mentalité. Si la repentance est fausse, la conversion le sera aussi. La repentance est la douleur qu'on éprouve pour ses péchés ; un sentiment de tristesse est à l'origine de la repentance et des fruits qui en résultent.

III-LA CONVERSION DE L'ENFANT PRODIQUE, v20-32

L'enfant prodigue passa à l'action, bien vite après y avoir pensé « il se leva et alla vers son père. » v.18. Et nous apprenons par ses actes ce que la vraie conversion implique :

a) la tristesse d'avoir désobéi à Dieu , ps 51 :1-5 ; *b)* la confession du péché , ps 51 :3-6 ; *c)* la haine et l'abandon du péché , prov. 8 :13 ; *d)* le retour à Dieu , Actes 26 :30

CONCLUSION : Se convertir, ce n'est pas simplement échanger un système religieux contre un autre, passer du culte de Baal au culte de Jéhovah, ou du Catholicisme au Protestantisme , ou du rationalisme à l'orthodoxie . Aujourd'hui comme aux jours où prêchait le Christ, la conversion demeure la grande actualité, la grande difficulté, la seule solution au problème humain. Est-il possible qu'il y ait dans les murs de nos églises locales beaucoup de membres, mais peu de convertis ?

ÉTUDE 81
UN EXEMPLE DE CONVERSION
Lecture : Genèse 32 :24-32
Verset à mémoriser : Genèse 32 :28

La première partie de la vie de Jacob se passe au foyer de son père Isaac et de sa mère Rebecca. Les deux frères jumeaux, Esaü et Jacob sont rivaux dès la naissance ; et dans leur rivalité se reflète à l'avance la tension qui existera en permanence entre Israël et son frère Esaü.
Le nom de JACOB veut dire trompeur. Sa vie est faite de tromperie, de mensonge et de vol.

I- LA FUITE DE JACOB
Bien qu'il soit le dernier-né, il est devenu le plus puissant (Gen.25 :23). Et deux raisons sont indiquées : d'une part Jacob a acheté à son frère, son droit d'ainesse contre un plat de lentille (Genèse 25 :29-34) ; d'autre part, Jacob aidée de sa mère, a trouvé moyen de violer la confiance paternelle et de se faire bénir à la place de l'ainé. (Genèse 27 :1-40). L'achat et la tromperie, c'est la toile de fond de la vie de Jacob. Pour toutes ces raisons, il quitte la demeure de ses parents pour le pays d'origine de sa mère.

II- LA RENCONTRE DE JACOB AVEC DIEU
Chemin faisant, pendant qu'il fuyait son frère, Jacob eut une vision où Dieu lui renouvelle les promesses accordées auparavant à la foi d'Abraham (Genèse 28 :13-22). Jacob préféra faire un marché avec Dieu au lieu de comprendre que Dieu voulait le changer. Il dit :
« Si l'Éternel me protège, me nourrit, me ramène chez mon père, l'Éternel sera mon Dieu, et je lui donnerai la dime de ce qu'IL me donnera. »

III- LA CONVERSION DE JACOB
Après plusieurs années chez son oncle Laban, Dieu bénit Jacob qui reste toujours un trompeur et qui décide de retourner chez lui, vers la terre de

Canaan ; mais, la peur de son frère Esaü le ronge. Cependant, ce frère dont il redouta le courroux se réconcilia avec lui. (Genèse 33).

C'est avant même de rencontrer son frère que Jacob eut un songe dans lequel il se mesura avec un personnage qui n'est pas nommé, mais dans lequel il faut voir la divinité ou un de ses messagers . C'est dans ce songe que la conversion de Jacob arriva

1- Dieu lutte avec lui
2- Jacob résiste de toutes ses forces
3- Dieu le frappe à la hanche
4- Jacob promet de laisser partir Dieu si Dieu le bénit
5- Dieu change son nom en Israël
6- Jacob veut connaître le nom de Dieu

CONCLUSION : Avant sa conversion Jacob voulait avoir les choses de Dieu , par achat ou par tromperie ; mais , après sa conversion , Jacob veut connaître Dieu personnellement.

ÉTUDE 82
UN MODÈLE DE CONVERSION
Luc 19 :1-10
Verset à mémoriser : Luc 19 :8

Le nom ZACHÉE est la forme grecque de l'hébreu ZACCAI, mot qui signifie PUR . Cependant le personnage qui porte ce nom dans le vivant épisode de Luc 19 vivait la signification inverse de son nom .

I- LA PERSONNE DE ZACHÉE

Il avait une grande fortune, et toutes les stations douanières de la ville de Jéricho , fort lucrative pour l'importance commerciale et la richesse de ce marché de la frontière, dépendaient de Zachée, chef des publicains . Dans l'antiquité latine , on désignait sous le nom de PUBLICAIN les principaux représentants de grandes compagnies fermières auxquelles la République romaine confiait le soin de percevoir les impôts indirects tels que droits de douane , droits sur les ports , d'octroi , de péage .Les publicains étaient des juifs qui se mettaient au service de Rome pour percevoir les taxes et impôts dans l'exercice de leurs fonctions en Palestine .Ils étaient en scandale à leurs concitoyens dont le patriotisme ne pouvait pas tolérer la domination romaine . Les publicains comme Zachée étaient surtout haïs et méprisés, à cause des fraudes et malversations dont ils se rendaient coupables .

II- LA RENCONTRE DE ZACHÉE AVEC JÉSUS

Sur les mobiles qui le poussaient à voir Jésus, au point de monter sur un sycomore pour parer à l'inconvénient de sa petite taille dans la foule, on ne peut émettre que des suppositions : curiosité sans doute, peut-être déjà un travail intérieur en rapport avec la renommée de Jésus. Cependant, c'est le Seigneur qui prend l'initiative de leur rencontre, indifférent aux préjugés populaires, en l'interpellant pour s'inviter chez lui .

III- LA CONVERSION DE ZACHÉE

Jésus se rendit à la maison de Zachée qui fit une déclaration solennelle. « Voici Seigneur … » v.8 marque bien une résolution prise sur place, à ce moment, pour réparer ses torts passés. Il ressort de la confession de sa conscience réveillée qu'il ne s'était pas fait scrupule d'extorquer aux contribuables beaucoup plus que les taxes normales.

Pour donner preuve de sa conversion, résultat de sa rencontre avec le Seigneur, Zachée décide de donner la moitié de ses biens , de ses revenus , de son capital aux pauvres , et pour les torts involontaires réguliers , il promet des restitutions régulières . À la suite de sa conversion au Seigneur, Zachée donne subitement aux pauvres la moitié de sa fortune , et l'autre moitié lui permet de faire des restitutions .

CONCLUSION : Jésus fit une déclaration solennelle à la suite des actes de conversion de Zachée : « le salut est entré aujourd'hui dans cette maison ….. » v.9 *La conversion est donc le produit , le résultat , les fruits d'une vraie rencontre avec le Seigneur . En suivant la déclaration de Jésus, c'est la conversion qui détermine, si oui ou non on est sauvé ; c'est par la conversion que Dieu nous donne le statut de FILS d'ABRAHAM OU FILS DU DIEU D'ABRAHAM .Par la conversion Zachée a commencé à vivre la signification de son nom . Le Publicain est maintenant PUR.*

ÉTUDE 83
LA CONVERSION A DIEU
Lecture : Actes 26 :19-20 et 1 Thess 1 :6-10
2 Cor. 5 :17

Le caractère libre et personnel de la conversion est confirmé par tout l'ensemble des passages où le Nouveau Testament nous présente cet acte comme inséparable de ces deux éléments : la repentance et la foi (Actes 3 :19 ; Actes 26 :20 ; Actes 11 :21 ; Actes 20 :21)

« Le commencement de notre conversion à Dieu, dit Calvin, est quand nous avons haine et horreur du péché, quand non seulement nous avons crainte d'être punis, mais haïssons le mal, d'autant que nous entendons qu'il déplait à Dieu. »

Les Chrétiens de Thessalonique avaient fait l'expérience d'une vraie conversion ; de leur expérience, nous pouvons tirer un exemple pratique de tout ce qu'implique une vraie conversion.

I – ABANDONNER LE MONDE

La part du chrétien est de se convertir, la conversion est un acte personnel et volontaire (Actes 9 :35 ; 11 :21 ; 14 :15 ; 2 Corinthiens 3 :16). Le converti renonce au monde et se jette librement dans les bras de son Sauveur, en s'en remettant pour la transformation de sa vie à l'Action souveraine de l'Esprit. Celui « qui vous a appelés est saint, c'est lui qui le fera . »

1 Thess 5 :24 . La conversion commence avec le croyant en Jésus Christ par un acte d'abandon au Seigneur ; Dieu se charge dans la suite d'achever notre conversion ou notre sanctification par son Saint-Esprit. (Lisez 1 Jean 2 :15-17 et 1 Cor. 6 :14-18)

II- SERVIR DIEU

La conversion fait obligation au croyant de servir un seul maitre. Nul ne peut servir deux maitres à la fois (Matt. 6 :24) Le converti est remis sous la maitrise de Dieu au moment de sa conversion. Il doit accepter Jésus Christ non seulement comme son Sauveur, mais aussi comme son Seigneur (Romains 10 :9-10)

III-ATTENDRE JÉSUS

En raison de sa conversion, le regard du croyant est fixé constamment sur Jésus, comme l'indique le passage. Le psaume 123 et l'Épitre aux Hébreux chapitre 12 :1 et 2 parlent de ce regard.

C'est par la conversion au Seigneur que le pécheur échappe à la colère à venir ; cette conversion est accompagnée d'une profonde tristesse du péché et se traduit par une volte-face du pécheur se tournant vers Dieu et, par Christ, vers la justice et la sainteté.

CONCLUSION : Colossiens 3 :1-3 est une autre version de l'attente du croyant converti qui ne cherche que les choses d'en haut , qui ne s'attache qu'aux choses d'en haut , et qui a hâte de se voir un jour dans la gloire en compagnie de son maitre. De tels convertis font la fierté de Dieu comme c'était le cas à l'Église de Thessalonique.

ÉTUDE 84
BESOIN DE PERSÉVÉRANCE
Hébreux 10 : 36

Intro : Dans ***Romains 15 : 5*** Dieu est appelé le DIEU DE LA PERSÉVÉRANCE. Ce n'est pas Dieu qui en a besoin, c'est plutôt vous et moi. C'est le plus grand besoin du chrétien actuel. Il y a trop de gens qui mettent la main à la charrue et qui regardent en arrière ; trop de chrétiens qui commencent un travail sans le finir. Les bancs vides des différents services de l'Église font sentir qu'il y a un besoin de persévérance chez plusieurs fidèles. Tout le monde veut être béni, mais personne ne veut persévérer dans cette direction. Nous avons besoin de persévérance dans plusieurs domaines.

I- Persévérance dans l'Évangile.
« *L'Évangile dans lequel vous avez persévéré* » ***1 Cor. 15 : 1***
a) Demeurer dans l'Évangile sans aucune honte. ***Rom. 1 : 16.***
b) Persévérer dans l'Évangile = faites-vous des racines.
c) Remarquez bien que persévérer dans la traduction anglaise a le sens de « *l'Évangile dans lequel vous êtes debout* » (Wherein you stand).

II- Persévérance dans la Saine Doctrine.
Actes 2 : 42 ; Jacques 1 : 25
a) Il y a la doctrine des hommes (***Col. 2 : 22***), la doctrine des démons (***1 Tim. 4 : 1***), la doctrine de Balaam (***Apo. 2 : 14, 15***) et divers d'autres (***Hébreux 13 : 9***).
b) Il faut rester dans la Saine doctrine. ***Tite 2 : 1 ; Tite 1 : 9.***
c) Il faut éviter les autres doctrines : ***2 Jean 9 : 10 ; 1 Tim. 1 : 3***

III- Persévérance dans la prière.
Rom. 12 : 12 ; Col. 4 : 12 ; Eph. 6 : 18
a) Celui-là qui a vraiment besoin de quelque chose des mains de Dieu doit PASSER LE TEST DE LA Persévérance.

b) En persévérant dans la prière, vous dites à Dieu que vous avez vraiment besoin de lui. **Luc 18 : 1-8**

IV- Persévérance dans la course chrétienne
Hebr. 12 : 1-2 (Ayant les regards sur Jésus)

a) La course est une discipline qui implique le corps tout entier, on ne peut pas s'y donner à moitié.

b) Le découragement, la fatigue, l'abandon peuvent être le partage de tous. Seul le but visé donne la force de continuer : Jésus.

V- Persévérance dans l'amour fraternel.
Hébreux 13 : 1

a) L'amour fraternel : la communion fraternelle.

b) Confessez donc vos péchés les uns aux autres et priez les uns pour les autres. ***Jacques 5 : 16.***

Eph. 4 : 32, Soyez bons les uns envers les autres …

Hebr. 6 : 10, Faites du bien envers les frères

Conclusion : Avez-vous ces 5 types de persévérance ? C'est le moment d'y penser.

ÉTUDE 85
DÉFINITION D'UN FIDÈLE
Lecture : Mathieu. 25:24-30

Intro : Le mot fidèle définit tout membre ou croyant qui a mis sa foi dans une doctrine ou une personne religieuse. Il y a les fidèles de Mahomet : les musulmans ; les fidèles de Joseph Smith: Les mormons; les fidèles de Buddha : Les Bouddhistes; les fidèles de Ellen White et William Miller: Les Adventistes. Le monde fourmille de fidèles qui ont adopté une foi religieuse: Les Taoïstes, Les Shintoïstes; les Confucianistes, etc.

Mais, dans le cas de la foi chrétienne, les fidèles mettent leur foi dans une doctrine: la doctrine christique telle qu'elle se trouve dans la Bible, La Parole de Dieu; et dans une personne, la Personne de Jésus Christ Lui-même. Jésus Christ n'est pas une figure religieuse comme les autres ci-dessus mentionnées, Jésus Christ est Dieu. Jésus Christ n'est pas un Fondateur de religion; ***Il est le Chemin qui mène au ciel et à la vie éternelle.***

Le salut ne se trouve pas dans l'adoption d'une religion, mais plutôt dans la personne du Seigneur et Sauveur Jésus Christ. En venant à Christ on n'accepte pas une religion, mais sa personne. « *Or, la vie éternelle, c'est qu'ils te connaissent, Toi, le seul vrai Dieu, et celui que tu as envoyé Jésus-Christ.* » ***Jn 17:3*** L'expérience du salut est le premier pas du fidèle chrétien; mais quelles sont les marques d'un vrai fidèle. ***Quelle est la définition biblique d'un fidèle ?***

I- Un fidèle est celui qui remplit ses engagements.

a) L'engagement de la conversion. ***Actes 2:38; I Thess. 1:9 ; 2 Cor. 5 : 17.***

b) L'engagement du Baptême. ***Matt. 28:16-20; Marc 16:15-16; Actes 2:41; 1 Pierre 3:21.***

c) L'engagement de La Sainte cène. ***1 Cor. 11:23-29***

d) L'engagement de la Sainteté. *1 Pierre 1:15-16; 2 Cor. 6:14-17, 2 Tim. 2:19-21.*

II- Un fidèle est celui qui est constant dans son attachement pour quelqu'un ou quelque chose.

a) Il est attaché au Seigneur. *Col. 3:1-4*

b) Il est attaché à la Bible. *Josué 1:8; Psaumes 1er*

c) Il est attaché à ses frères et sœurs en Christ. *Ps. 133*

d) Il est attaché à son église locale. *Actes 2:42, 44, 46 ; Hebr 10 : 25.*

III- Un fidèle est celui qui n'a de relations qu'avec une seule personne : Jésus-Christ.

a) Il n'aime pas le monde. *1 Jean 2:15-17*

b) Il ne passe pas pour adultère. *Jacques 4:4*

c) Il est en communion avec Christ. *I Jean 1:7*

d) Il renonce à tout pour gagner Christ. *Phil. 3:8*

IV- Un fidèle est celui qui respecte la vérité de la Parole de Dieu.

a) Si Le Seigneur le dit il le fait. *Luc 5:5*

b) S'il doit être discipliné, il l'accepte. *Matt. 18:15-17; Heb.12:1-12.*

c) S'il doit mourir pour la vérité, il mourra. (Étienne) *Actes 7.*

d) S'il est menacé de ne pas parler de Jésus il parle. *Actes 5:29*

e) Quand la Parole est proclamée, il se tait et ne répond que Amen. *Néhémie 8:5,6; Hab. 2:20.*

Conclusion : Un fidèle, par son nom même est ferme dans sa foi; il est rattaché à la foi, du grec PISTOS et PISTIS, du latin FIDELIS et FIDES. La raison d'être du fidèle consiste à garder la foi donnée à une personne ou à une cause. Dieu veut et réclame la fidélité de ses enfants envers Lui, ce qui est la manifestation de leur foi en lui, par leur conduite loyale en toutes circonstances. ***Josué 24:14 ; 1 Samuel 12:24; Gal 5:22***, même dans les moindres choses (***Luc 16:10)***

Luc 19:17. Non seulement leur fidélité à Dieu implique la fidélité à leur devoir (***Nombres 12:7, Actes 16:15, 1 Cor. 4:2, Eph 6:21 , Col. 4:9, Tite 2:10***, etc.) et la résistance, même sous peine de mort à la tentation de le renier (***Dan. 6:4, Apoc 2:10***), mais une telle fidélité représente leur piété elle-même, si bien que les Psaumes les appellent souvent HASIDIM : LES FIDÈLES, OU PIEUX (***Ps. 31:24, Ps. 37:28***, etc.) et que ce titre est traduit en passant de la synagogue juive à l'église primitive, dont les membres sont : les fidèles (***I Cor. 7:12, 11:9 , I Tim. 4:10, 6:2)*** ; il ne doit comporter ,d'ailleurs, ni orgueil ni mérite, car cette fidélité n'est rendue possible que par le Seigneur *(**I Cor. 4:17, 7:25)*** , qui lui-même fidèle à Dieu (***Hebr 3:2***) est le Témoin fidèle et vrai (***Apoc 3:14***). Les FIDÈLES sont donc LES CROYANTS : de Dieu et de Jésus Christ. Tous les peuples qui n'ont pas la foi au Dieu de la Bible portent l'épithète d'infidèles. Ils sont des incrédules, des "apistoi". Ils résistent à la foi. (***Mc 9:19, Jn 20:27, 1 Cor. 14:22***)

ÉTUDE 86
L'INSTITUTION DE L'ÉGLISE
1 Tim 3 : 14 – 16

Intro : L'Église décrit l'assemblée des saints (***1 Cor 14 : 33***) que Dieu a appelée à se retirer du monde, mais qui n'en a pas moins une mission à remplir dans l'histoire concrète. C'est l'assemblée idéale dans laquelle Dieu ou le Christ agissent par les dons de la grâce. Il n'y a qu'une Église (***Matt 16 : 18***). Si néanmoins le terme est appliqué à quelques communautés locales (***1 Cor 1 : 2 ; 1 Thess 1 : 1 ; Romains 16 : 1***) ou s'il est parlé d'églises au pluriel (***1 Thess 2 : 14 ; Rom 16 : 4 ; 1 Cor 17 : 17, 11 : 16, 16 : 19 ; 2 Cor 8 : 18***), il s'agit d'églises concrètes en tant qu'elles sont diverses expressions tangibles du peuple de Dieu. Il importe de souligner ce qui suit concernant l'institution de l'Église.

I- L'Église a un directeur (Matt 16 : 18 - 20)

a) Christ est à la tête de l'église (***Col 1 : 18 ; Eph 5 : 22 - 32***).
b) Il faut distinguer L'ÉGLISE VISIBLE MILITANTE et L'ÉGLISE INVISIBLE TRIOMPHANTE.
c) Christ est à la fois la fondation et le bâtisseur de son église.
d) La construction de l'église prendra fin au retour de Christ.

II- L'Église a une direction (Eph 4 : 11 – 13 ; 1 Tim 3)

a) Les apôtres et les prophètes occupaient une place importante dans la direction de l'église à sa fondation. ***Eph 2 : 20.***
b) Aujourd'hui, le travail de l'église est sous la direction des ÉVANGÉLISTES, des PASTEURS et des DOCTEURS.
c) Tous ceux qui servent l'Église de tout cœur sont des diacres même s'ils n'ont pas été ordonnés comme tels. **Actes 6** nous en parle précisément. Le diaconat, comme le pastorat, est une position honorable qui doit être occupée par une personne RESPECTABLE ET RESPECTÉE. Un chrétien charnel, orgueilleux et matérialiste

ne devrait pas occuper une telle place ; ni un nouveau converti. ***Voir 1 Tim 3.***

III- *L'Église a un dessein (Matt 28 : 18 – 20 ; Actes 1 : 8)*

a) L'Église a été instituée pour un but bien déterminé : LE BUT DE L'ÉGLISE N'EST PAS DE FAIRE UNE FOULE (faire du monde), MAIS PLUTÔT DE FAIRE DES DISCIPLES.
b) Un disciple est un élève, du latin, DISCIPULUS. Un élève a un maître. LE DISCIPLE DE CHRIST EST UN ÉLÈVE DE CHRIST.
c) Le dessein de l'Église est de :
   1- Déclarer la parole (par la prédication et l'évangélisation).
   2- Démontrer la parole (en vivant la parole devant tout le monde).
   3- Défendre la parole (être prêt à donner la raison de votre foi)

IV- *L'Église a une discipline (Matt 18 : 15 – 20 ; 1 Cor 11 : 27 – 32 ; Hebr 12 : 5 - 11)*

b) La constitution de l'église, c'est la Bible. La Direction de l'église veille sur l'exécution de la loi de Dieu ; la discipline de l'église vise à transformer le croyant en disciple. Un élève qui étudie quand il veut, qui va en classe quand ça lui plait et qui se comporte comme il veut doit être discipliné s'il doit devenir quelqu'un dans la vie. LA VIE CHRÉTIENNE EST UNE DISCIPLINE, LES INDISCIPLINES NE PEUVENT PAS VIVRE CETTE VIE ; L'ÉGLISE EST UNE INSTITUTION DISCIPLINAIRE QUI AIDE EN CE SENS.

V- *L'Église a une destinée (Jn 14 : 1 – 6 ; 1 Thess 4 : 14 – 16 ; 1 Cor 15 : 51 - 52)*

a) L'église comme institution achèvera sa course à son enlèvement.

b) L'Église est destinée à régner avec Christ et à vivre avec lui éternellement au ciel.[1] LA PLUS GRANDE DESTINEE QUI SOIT C'EST D'ÊTRE AVEC CHRIST. *Phil 1 : 22 – 23*.

Conclusion : C'est le Christ qui occupe la place primordiale dans l'Église. Il n'est pas seulement celui dont on a vu la résurrection, mais une puissance toujours présente, vivante, agissante. Là où est le KYRIOS, là où règne son Esprit, là est l'Église avec toutes ses promesses. Il en est le chef (*Col 1 : 18, 2 : 19*). Il en est le fondement (*1 Cor 3 : 11*). Toute communauté à laquelle le Christ inspire sa vie devient une Église de Dieu. Chaque communauté est en quelque sorte une bouture gonflée de la sève même qui pénètre l'Église dans sa totalité.

---

[1] Le MILLENIUM aura lieu sur la terre Apo.5:9-10; 20:4.

ÉTUDE 87
LES ENGAGEMENTS SACRÉS
PROVERBE 20 :35

L'engagement c'est l'action de mettre en gage, c'est une promesse, une obligation de servir, de faire quelque chose que l'on contracte et on produit à cet effet un acte qui en fait foi.

L'engagé est un enrôlé qui prend ouvertement parti pour une cause en se mettant au service de celle-ci.

En s'engageant, on se met, on se donne en gage, en garantie entre les mains d'un créancier.

Prov 20 : 25, C'est un piège pour l'homme que de prendre à la légère un engagement sacré.

Les engagements sacrés sont ceux qu'on prend avec Dieu.

I- L'engagement sacré du salut

1- Le salut est un engagement sacré qui implique le Dieu Sauveur et l'homme pécheur. ***Esaie 1 : 18 ; Luc 19 : 10 ; Jn 1 : 12 ; Rom 10 : 9, 10 ; Actes 4 : 12 ; Esaie 45 : 22***

2- Tous ceux-là qui veulent être sauvés doivent prendre cet engagement, car il n'y a pas d'autre. ***Jn 14 : 6 ; Eph 2 : 8, 9 ; Rom 6 : 23 ; Rom 3 : 23***

3- En dehors de cet engagement, personne ne peut échapper par une autre voie. ***Hébreux 2 : 3 ; 1 Tim 2 : 5***

4- On entre dans l'engagement sacré du salut par la nouvelle naissance. ***Jn 1 : 12 ; Jn 3 : 1 – 3 ; 2 Cor 5 : 17***

Si vous n'avez pas encore pris le seul engagement qui peut nous sauver c'est maintenant ou jamais. ***2 Cor 6 : 1, 2***

II- L'engagement sacré du baptême

1- En s'engageant dans le baptême, celui-là qui est déjà sauvé témoigne publiquement en se faisant immerger dans l'eau, qu'il est mort et qu'il veut vivre désormais pour Christ dans la nouvelle vie.

En se faisant baptiser, on s'identifie publiquement à Christ et à sa cause. C'est un engagement qu'on doit prendre avec une bonne conscience envers Dieu. (*1 Pierre 3 : 21*)

- On se fait baptiser non pour être sauvé, mais parce qu'on est déjà sauvé.
- On se fait baptiser non pour être lavé du péché, mais parce qu'on est déjà lavé du péché.
- On se fait baptiser non pour se repentir, mais parce qu'on s'est déjà repenti.

2- Jésus Christ ordonne le baptême à ceux qui sont sauvés. **Matt 28 : 19, 20**

Paul s'est fait baptiser après sa conversion. Lydie, le geôlier, l'Eunuque éthiopien, etc. Tous se firent baptiser.

III- L'engagement sacré du service

1- Le but du salut est le service sacré. Nous sommes sauvés pour servir. **Eph 2 : 10**
   a) Les chrétiens à Thessalonique ont compris le but. **1 Thess 1 :9**
   b) Josué l'a aussi compris. **Josué 24 :15**

2- Votre commerce n'est pas un service sacré. Votre travail n'est pas un service sacré. Tout ce que vous faites pour gagner de l'argent, se tailler une réputation, enrichir votre connaissance ne peut pas être classé au rang de service sacré.

CONCLUSION : Le service sacré c'est ce que vous faites pour Dieu. *Jean 12 :26 ; Matt 6 :24*

ÉTUDE 88
À QUOI SERT L'ARGENT DANS L'ÉGLISE ?
Lecture: Malachie 3:1 à 12 ;
Texte d'or : Malachie 3:10

" Apportez à la maison du trésor toutes les dîmes, afin qu'il ait de la nourriture dans ma maison."

Intro : Ce qui suit est une étude biblique systématique sur le rôle de l'argent dans la Bible.

I - Le rôle de l'argent dans le Temple de l'Ancien Testament

1) L'argent sert à prendre soin de la maison de Dieu *(Mal.3:8) (Exode 23:16 à 19)*.
2) L'argent sert à prendre soin des ouvriers de la maison *(Nombres 18:20-21 ; Néhémie 10:32-39)*.

II - Le rôle de l'argent dans l'Église du Nouveau Testament

1) L'argent sert à s'occuper de l'Église et des Ouvriers principaux de l'Église en commençant par le Pasteur *(1 Cor.9:7-14)*
2) Le Chrétien a un devoir envers son guide spirituel *(Galates 6:6)*.
3) Le berger qui fournit un bon travail d'après *1 Tim.3:13* doit être rémunéré deux fois plus. **RANG HONORABLE** signifie **DOUBLE HONNEUR, DOUBLE SALAIRE.**
4) Jésus a dit que l'ouvrier mérite son salaire, *Luc 10:7*.
5) Jésus a expliqué clairement que celui qui moissonne reçoit un salaire, et amasse en plus des fruits pour la vie éternelle. Lisez *Jean 4:34-36*.
6) L'Apôtre Paul n'a pas choisi de recevoir un salaire de l'Église de Corinthe dont les fidèles étaient trop charnels pour endosser leurs responsabilités à son endroit *(1 Cor. 9:11-13)* il a préféré recevoir un salaire des autres églises *(2 Cor. 11:8)* pour soigner le troupeau a Corinthe.

7) L'Apôtre Paul pense même avoir fait une erreur en annonçant l'Évangile gratuitement à Corinthe *(2 Cor. 11:7)*.

8) L'argent de l'église peut aider les saints qui sont dans le besoin (*1 Cor. 16:1-4)*.

9) L'Église de la Macédoine, un exemple à suivre, *(2 Cor. 8:1-15)*.

Conclusion :
*" Oui prends tout Seigneur,
Entre tes mains j'abandonne
tout avec bonheur."*

ÉTUDE 89
L'ARGENT ET L'ADORATION DE DIEU
Lecture: Prov. 3:9-10;
Texte d'or : Proverbes 3:9 et 10

" Honore l'Éternel avec tes biens, et avec les prémices de tout ton revenu : Alors tes greniers seront remplis d'abondance, et tes cuves regorgeront de moût. "

Intro : L'argent du Chrétien joue un rôle important dans l'adoration de Dieu ; la bible nous exhorte à adorer l'Éternel avec nos biens et les prémices de nos revenus.

1) Illustré par Abraham dans Genèse 14:17-20
Il est important de noter que la dîme fut pratiquée avant la loi. Abraham a donné la dîme avant la loi, rien ne nous empêche de l'observer après la loi, pendant la période de la grâce. Le chrétien est appelé à donner encore plus en souvenir de Christ qui a tout donné pour lui.

2) Prêché par Malachie dans Malachie 3:10
Le prophète Malachie exhortait le peuple au nom de Dieu, de retourner à la pratique de la dîme, de cesser de tromper Dieu ; donner la dîme, c'est le moyen de s'accaparer les bénédictions de Dieu.

3) Recommandé dans Proverbes, Chapitre 3:9-10
Nous apprenons ici que nos biens et nos revenus nous sont donnés pour honorer et adorer Dieu. On reconnaît le vrai adorateur de Dieu quand il y a un espace pour Dieu dans sa bourse.

4) Enseigné par Jésus dans Luc 6:38
Jésus nous donne ici un principe divin : POUR RECEVOIR DE DIEU, IL FAUT DONNER À DIEU.

5) Pratiqué par l'Église, d'après 1 Cor. 16:1,2.
Les Églises de la Galatie avaient reçu les mêmes instructions données par l'Apôtre Paul à l'Église de Corinthe et à nous-mêmes également. Il s'agit pour les croyants en Jésus Christ de mettre à part en venant à l'Église un

peu d'argent pour l'adoration et le service de l'Église qui pourra aussi s'en servir pour répondre aux besoins des saints. Chacun doit donner selon sa prospérité ; c'est l'enseignement biblique.

6) Expliqué par l'Apôtre Paul, dans 2 Cor. 9:7,8.

Ici, il est question de donner avec toute sa conviction et d'être résolu que c'est la chose à faire. Donner en y mettant son cœur implique donner avec beaucoup d'amour, en dehors de toute logique vicieuse. Celui qui donne ainsi à Dieu le fera sans tristesse, sans se sentir forcé ou obligé d'obéir en ce sens. Il est satisfait de savoir qu'il est aimé de Dieu, considérant qu'il donne avec joie.

Conclusion: Certains Chrétiens disent qu'ils sont trop pauvres pour contribuer; cependant, nous voyons les pauvres aussi contribuer dans la Bible *(Marc 12:42)*. Ceux-là qui pensent avoir des excuses à cause de leurs immenses responsabilités doivent lire Matt. 6:33 pour savoir que Dieu a la priorité en tout.

ÉTUDE 90
LES CARACTÉRISTIQUES D'UN DISCIPLE DU SEIGNEUR
Actes 8 :1-8 et *2 Tim. 2 :1* ; *Matt 16 :24*

Intro : Le dernier message du Seigneur en **Matt 28 :19-20** : « Allez, faites de toutes les nations des disciples … » Le croyant est un disciple du Seigneur. Il suit une discipline de vie, il a un maître, et il apprend suivant la méthode du maître. **Actes 11 :26** « Les disciples furent appelés chrétiens. » On est disciple d'abord avant d'être chrétien ; et on ne peut pas se dire chrétien si on ne suit pas les enseignements du maître. Quelles sont les caractéristiques d'un vrai disciple selon Dieu ?

I- Un disciple renonce à lui-même. Matt 16 :24

Cela veut dire, donner la priorité au Seigneur en toutes choses et avoir le désir de vivre seulement pour le Seigneur et de lui être agréable. Lisez **Luc 9 :24**. Perdre sa vie, c'est devenir un seul avec le Seigneur, l'honorer et le glorifier en paroles et en actions.

II- Un disciple porte sa croix. Matt 16 :24

Porter sa croix ne veut pas dire que la vie chrétienne est un fardeau. C'est plutôt chercher la volonté de Dieu pour votre vie et se soumettre à cette volonté complètement et fidèlement. C'est exactement ce que *Jean 6 :38* veut dire. La croix était la volonté de Dieu pour le Christ. La croix représente la volonté de Dieu pour notre vie.

III- Un disciple suit l'exemple de Jésus. Matt. 16 :24

Pour suivre Jésus il faut se séparer du monde. Il faut être différent du monde en toutes choses (dans nos choix de musique, de vêtements, d'amusements, de styles, et même de vocabulaires). *Jean 17 :14* et

Romains 12 :2, voilà des versets nous exhortant à ne pas ressembler à ce monde, nous conformer au siècle présent.

IV- Un disciple aime les frères. Jean 13 :34-35

Un vrai disciple a un vrai amour pour les enfants de Dieu, indépendamment de leur âge, de leur couleur, de leur race, de leur dénomination ou statut social.

V- Un disciple porte du fruit dans sa vie. Jean 15 :8

Il y a deux types de fruits que Dieu veut voir dans nos vies :
a) Les fruits internes de bon caractère et de conduite divine, **Galates 5 :22-23**
b) Les fruits externes, se manifestant par un ardent désir d'amener au Seigneur les âmes perdues, suivant l'exemple de ***Jean 1 :40-42***.

VI- Un disciple connaît son maître. Jean 10 :4-5

Le vrai disciple ne suit pas la voix d'un étranger. Il y a plusieurs voix dans ce monde qui veulent nous dicter notre façon de vivre .Le vrai disciple fuit l'étranger.

Conclusion : Êtes-vous un croyant, un disciple ou un chrétien ? À quel niveau êtes-vous ? Faites-vous des progrès ? Avez-vous les marques d'un vrai disciple ?

ÉTUDE 91
A L'ÉCOLE DE LA LOUANGE
Psaumes 95

" Allons au-devant de lui avec des louanges, faisons retentir des cantiques en son honneur."

Intro : Quelle est la chose la plus importante dans la vie ? Est-ce gagner de l'argent ? Être sauvé pour aller au ciel ? Servir Dieu ?
La Bible nous enseigne que la chose la plus importante dans la vie c'est de louer Dieu. ***Esaïe 43:7*** nous enseigne que nous avons été créés pour louer et glorifier Dieu chaque jour de notre vie. Notre vie doit être un chant de louange à la gloire de Dieu. ***1 Corinthiens 10:31*** nous exhorte à tout faire pour la gloire de Dieu. Étudions ensemble l'importance du sujet.

I- La signification de louer Dieu.

a) Exalte, célébrer les mérites de quelqu'un, honorer, adorer, glorifier.
b) Le mot hébreu est " YADAH " qui signifie ÉTENDRE, ÉLEVER LA MAIN en révérence à Dieu; c'est ce mot qui traduit LOUANGE.
c) Jésus-Christ est appelé en ***Apocalypse 5:5*** LE LION DE LA TRIBU DE JUDA ; et ce mot qui est proche de YADAH veut dire LOUANGE. Notre Seigneur vient de la tribu de louange.

II - L'obligation de louer Dieu.
a) Obligatoire aux anges, ***Psaumes 103:20*** ; ***Psaumes 148:2***.
b) Obligatoire aux saints, ***Psaumes 30:4*** ; ***Psaumes 149:5***
c) Obligatoire aux nations, ***Psaumes 117:1***. (***Phillipiens 2:10***)
d) Obligatoire aux enfants, ***Matt. 21:16***; ***Psaumes 8:2***.
e) Obligatoire aux petits et grands, ***Psaumes 148:11***.
f) Obligatoire aux jeunes et vieillards, ***Psaumes 148:12***.
g) Obligatoire à toute la création, ***Psaumes 150:6*** ; ***Ps.148:1-10***.

III – Les raisons de louer Dieu.

a) À cause de la majesté de Dieu, **Esaïe 24:14**.
b) À cause de la gloire de Dieu, **Psaumes 138:5**.
c) À cause de l'excellence de Dieu, **Psaumes 148:13**.
d) À cause de la grandeur de Dieu, **Psaumes 145:3**.
e) À cause de la sainteté de Dieu, **Exode 15:11**.
f) À cause de la sagesse de Dieu, **Daniel 2:20**.
g) À cause de la puissance de Dieu, **Psaumes 21:13**.
h) À cause de la bonté de Dieu, **Psaumes 107:8, 15, 21, 31**.
i) À cause de la miséricorde de Dieu, **2 Chroniques 20:21**.
j) À cause de sa bonté et de sa fidélité, **Ps.138:2; Esaïe 25:1**.
k) À cause de la provision du salut, **Luc 1:68, 69**.
l) À cause des œuvres merveilleuses de Dieu, **Psaumes 150:2** ; **Psaumes 107:8, 15, 21, 31**.

On peut souligner les œuvres suivantes : LA CRÉATION, LA RÉDEMPTION, LA CONSOLATION, LE PARDON DES PÉCHÉS, LA SANTE SPIRITUELLE, LA PROTECTION, LA SÉCURITÉ ETERNELLE, LA RÉPONSE A NOS PRIÈRES, L'ESPÉRANCE DE LA GLOIRE, et toutes les autres bénédictions physiques, matérielles et spirituelles.

VI- La façon de louer Dieu

a) Avec l'intelligence, **Psaumes 47:7** ; **1 Corinthiens 14:15**.
b) Avec l'âme, **Psaumes 103:1**.
c) Avec le cœur, **Psaumes 109:1**.
d) Avec les lèvres, **Psaumes 63:3** ; **Psaumes 119:171**.
e) Avec la bouche, **Psaumes 51:15**.
f) Avec joie, **Psaumes 63:5** ; **2 ; Chroniques 29:30**.
g) Avec Actions de grâces, **Psaumes 147:7**.
h) Continuellement, **Psaumes 71:6** ; **Psaumes 71:14** ; **Ps.104:33**; **2 Chroniques 30:21**.

Conclusion : Nous devons louer Dieu dans la santé comme dans la maladie, dans la richesse comme dans la disette, en toutes choses d'après

Phil. 4:6 et ***1 Cor.10:31***. Louer Dieu, c'est le privilège précieux de chaque enfant de Dieu. Prions pour que Dieu nous enseigne à le louer davantage dans l'avenir, en commençant par aujourd'hui. Faisons du ***Psaume 51:15*** le sujet de notre prière : " ***SEIGNEUR, OUVRE MES LÈVRES, ET MA BOUCHE PUBLIERA TES LOUANGES*** ".

ÉTUDE 92
LA GUÉRISON DIVINE
Exode 15:26

INTRODUCTION

* Dieu a guéri dans le passé par prescription, **2 Rois 20:7; I Tim. 5:23**;
* Dieu a aussi utilisé des médecins pour guérir, **Luc 5:31 ; Col. 4:14**
* Dieu a aussi guéri par intervention directe, Marc 3:1-5 :
a) En réponse à la foi des amis, Marc 2:5;
b) En réponse à la prière, Jacques 5:15,16;
c) En dépit de leur incrédulité, Marc 6:5;

Cependant, il n'a pas plu à Dieu de guérir Daniel, **Daniel 8:27**[2]; Élisée, **2 Rois 13:14**; Timothée, **I Tim. 5:23**; Epaphrodite, **Phil. 2:26**; Trophime, **2 Tim. 4:20**; ou Paul, **2 Cor. 12:7-10**.

I- Dieu est capable de guérir n'importe qui à n'importe quel moment.

Mais la Bible nous apprend que ce n'est pas toujours Sa volonté de nous guérir.

Les chrétiens évangéliques croient en la guérison divine, mais ne croient pas en de soi-disant" GUÉRISSEURS DIVINS ". Les maladies et les infirmités sont permises pour un bon nombre de raisons révélées dans la Bible :

1) Afin que l'œuvre de Dieu soit manifeste pour tous, **Jean 9:3**.
2) Afin que la gloire soit rendue à Dieu, **Jean 11:4**.
3) Pour que nous puissions en profiter, **Psaumes 119:67; Hebr 12:5-10**.
Parfois, c'est pour nous discipliner, **I Cor 11: 29-31**.

4) Pour que nous soyons capables de consoler les autres, **2 Cor. 1:4**.
5) Pour nous rendre plus fructueux, **Jean 15:2; Hebr 12:11**.
6) Pour nous préparer pour la Gloire à venir, **Rom. 8:17; 2 Cor 4:17**.

---

[2] Selon ce texte Daniel a été guéri de sa maladie puisqu'il s'est mis au service du roi après son rétablissement

Dieu nous fournit toujours le moyen d'en sortir, I Cor 10:13. Ce moyen vient par la prière, Matt 6:13; Hebr 4:16. Il peut aussi venir par le jugement de soi, à la lumière de la Parole, I Cor. 11; 31; 2 Chron. 7:14.

II- Si Dieu choisit de ne pas guérir, sa grâce est suffisante.

Conclusion : L'Éternel peut guérir toutes les maladies d'après **Psaumes 103:3**. Cependant la plus grande maladie au monde est le péché; Jésus Christ est venu mourir pour les péchés de l'humanité (comparés dans la Bible à la lèpre). Celui qui croit en Jésus est éternellement guéri de ses péchés, **Esaïe 53:5**.

ÉTUDE 93
COMMENT DÉCRIRE UN CHRÉTIEN
1 Pierre 4 : 16

Intro : Plus que jamais aujourd'hui, la définition biblique du mot chrétien est nécessaire.

I- Un chrétien est en Christ (2 Cor 5 : 17)

a) Le chrétien est en Christ, ses péchés sont questionnés, et sa culpabilité enlevée. Il est une nouvelle créature.
b) Christ fait sa demeure dans la vie du chrétien qui se remet à Lui, Il le nettoie et le remplit de son amour divin. Il est là pour guider, conduire et diriger, et pour donner la puissance pour le service.

II- Un chrétien est comme Christ (1 Pierre 2 : 21)

a) Le désir du chrétien doit être d'agir comme Christ, de faire les choses que Christ aurait faites, de prononcer les paroles qu'il aurait prononcées.
b) Nous pouvons être comme Christ en lisant la Bible chaque jour, en priant souvent, et en ayant de l'amour et de la compassion pour les autres.

III- Un chrétien est pour Christ (1 Cor 6 : 20)

a) Le chrétien est pour Christ ce qu'un bon soldat est pour son pays. Il est disposé à endurer les afflictions et la persécution pour Christ.
b) Le chrétien doit être prêt à partager Christ avec autres et à lui donner son temps, ses talents et ses trésors.

IV- Un chrétien est avec Christ (1 Thess 4 : 17)

a) Le chrétien est avec le Christ dès maintenant ; Il nous a promis de ne jamais nous laisser ni nous abandonner.

b) Un jour le chrétien sera avec Christ pour toujours ; il n'y aura alors plus de fardeaux, plus d'épreuves, et plus de souffrances (*1 Jean 3 : 1 - 3*).

Conclusion : Avez-vous les caractéristiques d'un chrétien ?

ÉTUDE 94
LA SIGNIFICATION DU RETOUR DE CHRIST POUR LE CHRÉTIEN
Jean 14 : 1-6

Intro : Le retour de Christ c'est la plus grande attente du chrétien. Que signifie ce retour pour l'enfant de Dieu ?

I- Rédemption complète

Par le moyen de la foi en Jésus Christ, PAR LA GRÂCE, nous sommes parfaitement sauvés en sorte que nous pouvons affirmer avec assurance : *« Il n'y a maintenant aucune condamnation pour ceux qui sont en Jésus Christ »* **Rom 8 : 1**. Cependant, notre RÉDEMPTION attend encore le retour de Christ pour être complète. Nous lisons en **Romains 8 : 33** : *«... Nous aussi, qui avons les prémices de l'esprit, nous soupirons en nous-même, en attendant l'adoption, la rédemption de notre corps. »*

1 Corinthiens 15 : 51 – 53 est clair sur le fait que nous serons tous changés à la venue de Notre Seigneur pour son église avant la grande tribulation » les corps corruptibles des morts en Christ ressusciteront incorruptibles, et les corps mortels de ceux d'entre nous qui seront encore vivants à ce moment revêtiront L'IMMORTALITÉ. Alors, notre rédemption sera complétée quand nous aurons un corps glorieux comme Christ lui-même. **1 Jean 3 : 1 – 3.** Une âme rachetée dans un corps racheté et tous deux aussi parfaits qu'un Dieu parfait puisse les rendre.

II- Réunion

L'un des plus terribles résultats du péché est la douleur de la séparation, spécialement la séparation de nos bien-aimés par la mort physique, laquelle séparation nous laisse dans un profond chagrin. Mais, Gloire à Dieu, la venue de notre Seigneur Jésus Christ renversera complètement cette tragédie, remplaçant le vide terrible de la solitude par l'extase de la RÉUNION ! Le mot « ENSEMBLE » en **1 Thess 4 : 17** suffit déjà à notre consolation. On peut bien se poser la question à savoir, reconnaîtrons-nous nos bien-aimés au ciel ? Mille fois, OUI ! Notre Seigneur Jésus Christ restera fidèle à sa parole, ce sera UNE VRAIE RÉUNION et nous nous reverrons aussi face à face ! Lisez *1 Corinthiens 13 : 12*.

III- Récompenses

1 Cor 3 traite de ce sujet à deux tranchants d'une façon qui devrait causer une GRANDE JOIE et une GRANDE CRAINTE dans le cœur de chaque croyant. LE JUGEMENT PAR DEVANT LE TRIBUNAL DE CHRIST sera exclusivement pour les SAUVÉS d'après *2 Cor 5 : 10*. Ce jugement aura lieu dans le ciel après l'enlèvement de l'Église dans le but de déterminer la RÉCOMPENSE ou la perte de la RÉCOMPENSE de chaque croyant. À ce jugement, le salut d'un individu ne sera aucunement mis en question ; d'ailleurs, le fait même que quelqu'un soit déjà dans le ciel pour passer ce jugement suffit à comprendre qu'il est éternellement EN SÉCURITÉ dans sa demeure céleste avec CHRIST. Cependant, nos œuvres seront ÉPROUVÉES et TESTÉES par le feu. A ce jugement la QUANTITÉ de travail accompli pour le Seigneur n'aura pas suffi, il aura fallu aussi la QUALITÉ. Lisez *1 Cor 3 : 12- 15* minutieusement.

1 Cor 11 : 31 nous invite dès à présent à nous juger nous-même de façon à nous débarrasser du « BOIS, FOIN, CHAUME » qui symbolisent nos œuvres mortes.

IV- Repos

Nous vivons dans un monde de fatigue. Le corps, l'âme et l'esprit sont chaque jour en poids aux fatigues de toutes sortes ; mais grâce soit rendue à Dieu : *« Il y a un repos pour le peuple de Dieu »* selon **Hébreux 4 : 9**. Ce repos n'est nullement le repos de Sabbat, la cessation de certaines activités ; le croyant en Jésus Christ va avoir un nouveau corps comme celui de Christ, un corps infatigable ! *« Gloire à Dieu, un jour nous ne serons plus fatigués »* **Matt 11 : 28 – 29**

V- Richesse

D'après **Romains 8 : 17** le croyant en Jésus Christ est riche, étant « CO-HERITIERS DE CHRIST ». Nous possédons ce qu'il possède ; et **Colossiens 1 : 16** nous fait savoir que : *« Toutes choses ont été faites par Lui et pour Lui »*. Bien-aimés dans le Seigneur, nous n'avons nul besoin de richesses passagères de ce monde ; notre Jésus est tellement riche en or qu'Il utilise de l'or transparent pour paver les rues de notre cité céleste.

VI- Royauté

Maintenant, nous ne sommes que des « ÉTRANGERS et PÈLERINS » séjournant dans un royaume étranger – LE MONDE – dont le diable est le prince, mais TEMPORAIREMENT. CE N'EST PAS QUE SATAN SOIT PLUS FORT ; mais il s'est emparé de la royauté à cause de la faiblesse de nos premiers parents qui se sont vendus à l'ennemi acharné de Dieu. **Matt 11 : 12 ; Jean 1 : 11 ; 1 Jean 5 : 19**. Ces versets expliquent graphiquement comment le monde entier est tombé « SOUS LA PUISSANCE DU MALIN ». Ainsi, notre Seigneur nous a enseigné que nous sommes dans ce monde sans être du monde pour autant. **Jean 17 : 1-13**. Nous sommes des « AMBASSADEURS » **2 Cor 5 ; 17 – 24**. Mais, cela ne continuera pas toujours ainsi ; la Bible nous fait savoir que NOUS SOMMES DESTINES A REGNER AVEC CHRIST NOTRE ROI QUAND IL RETOURNERA AVEC NOUS (immédiatement après la tribulation) pour enlever les royaumes de ce monde des mains de satan et régner en Roi des rois et Seigneur des seigneurs. **2 Tim 2 : 12 ; Apo 19 :8 -14, 22 :5**. Frères et sœurs. Nous appartenons au plus haut ordre de royauté qui soit, car nous sommes les enfants de ROI DES ROIS. Commençons donc dès maintenant à vivre comme des PRINCES.

VII- Ravissement

1 Pierre 4 : 13 ; 1 Jean 3 : 1 – 3 ; Jean 14 : 1 – 3 ; Jean 17 : 24 ; 1 Thess 4 : 16 – 17. Autant de versets expliquant l'état à venir du croyant en Jésus Christ. Au ciel, nous serons des êtres parfaits dans un environnement PARFAIT. « AMEN, VIENS SEIGNEUR JÉSUS ! »

Conclusion : Chaque enfant de Dieu doit se réveiller chaque jour avec le retour de Christ en vue et se préparer pour ce retour (1Jean 3 :1-4)

ÉTUDE 95
LE SUCCÈS PAR LA FOI
Hebr 11 : 1

Intro : Pour recevoir des miracles de Dieu, il faut avoir la foi. La prière et la foi sont les lois du miracle.

Par la foi vous prenez Dieu au mot et vous croyez qu'il vous donnera seulement ce qu'Il a promis dans sa parole. Quand vous avez un besoin, cherchez la promesse de la solution d'abord dans la parole de Dieu. Puis, confiez-vous en Dieu pour un miracle.

1- Sauver par la foi. **Eph 2 : 8**
2- Garder par la foi pour le salut. **1 Pierre 1 : 5**
3- Persévérer dans la foi. **Actes 14 : 22 ; Hebr 6 : 2**
4- Vivre dans la foi. **Gal 2 : 20 ; Hab 2 : 4**
5- Marcher par la foi. **2 Cor 5 : 7**
6- Fortifier par la foi. **Rom 4 : 20**
7- Mourir dans la foi. **Hebr 11 : 13**
La foi c'est passer à l'action. **Hebr 12 : 1**

I- Dieu donne la foi

Eph 2 : 8 ; Luc 17 : 5
Rom 12 : 3, Selon la mesure de foi que Dieu a départie à chacun.
v. 6, l'exerce en proportion de la foi.

II- La parole de Dieu donne la foi

Rom 10 : 8, C'est la parole de la foi que nous prêchons.
Rom 10 : 17, La foi vient de ce qu'on entend…
1 Tim 4 : 6, Un ministre se nourrit des paroles de la foi.

III- L'imitation donne la foi

Hebr 13 : 7, Imitez la foi.
v. 8, Jésus Christ est le même hier, aujourd'hui, éternellement.

2 Tim 3 : 10, L'apôtre Paul à Timothée, Tu as suivi de près ma foi.
Hébreux 11 nous donne des modèles à imiter.

IV- *L'épreuve donne la foi*

Jacques 1 : 3, L'épreuve de votre foi produit la persévérance.
Les serviteurs de Dieu dans la Bible : Abraham, Job, Daniel, Les 3 jeunes hébreux, Pierre, etc.

Conclusion : Votre foi peut encore faire de grand progrès (***2 Thess 1 : 3***).
La victoire qui triomphe du monde c'est notre foi (***1 Jean 5 : 4***)
Matt 9 : 29, Qu'il vous soit fait selon votre foi.

ÉTUDE 96
LES SIGNES DES DERNIERS TEMPS
1 Tim 4 : 1 – 6 ; 2 Tim 3 : 1 – 12

Intro : Nous devons racheter le temps parce que nous sommes dans les derniers temps ; en anglais on dit : « *Redeeming the time or making the most of your time* ».
Osée 10 : 12, Il est temps de chercher l'Éternel.
Rom 13 : 11, Vous savez en quel temps nous sommes.
Gal 6 : 9, Nous moissonnerons au temps convenable.
1 Pierre 5 : 6, Humiliez-vous… afin qu'Il vous élève au temps convenable.
Apoc 1 : 3, Le temps est proche.
Apoc 2 : 21, Je lui ai donné du temps afin qu'elle se repentît.
Apoc 10 : 6, L'ange jura qu'il n'y aurait plus de temps
Apoc 12 : 12, Le diable sait qu'il a peu de temps.
Cette génération ne peut pas se permettre de dépenser ni de gaspiller son temps ; elle doit l'investir. Nous avons chaque jour devant nous les signes des derniers temps.

I- Signe social (2 Tim 3 : 2)

1- Du point de vue intérêt.
   a) Egoïstes, amis de l'argent, fanfarons, hautains. Soulignez la famine et le chômage en Haïti.
2- Du point de vue caractère.
   a) Blasphémateurs, rebelles à leurs parents, ingrats, irréligieux.

Notre société est désaxée ; horizontalement, elle se pose encore la question : Suis-je le gardien de mon frère ?
Verticalement, elle ne se soucie plus de Dieu, reproduisant ainsi la génération diluvienne.

II- Signe moral (2 Tim 3 : 3 – 7)

1- Du point de vue sentiment

a) Insensibles, déloyaux, calomniateurs, intempérants, cruels, ennemis des gens de bien, traîtres.

   2- Du point de vue de priorité.

a) aimant le plaisir plus que Dieu

Musique – drogue – pouvoir – argent – sexe – prostitution – nudité. « Temps de récréation »

b) Servant Dieu par formalisme

« … ayant l'apparence de la vérité… » ***v. 5***

« Temps de religion » Tout le monde a une religion, même le diable.

III- Signe doctrinal

i- Quelques-uns abandonnent la foi (apostasie). Ce n'est pas tout le monde qui abandonne la foi, gloire à Dieu, c'est seulement quelques-uns.
Lisez ***1 Jean 2 : 18 – 19***, « S'ils avaient été des nôtres, ils seraient demeurés avec nous ; mais cela est arrivé afin qu'il soit manifeste que tous ne sont pas des nôtres. »

ii- Multiplication de faux docteurs venant avec des enseignements contraires à la parole de Dieu.

a) Ils prescrivent de ne pas se marier alors que Dieu prescrit le mariage, la 1ère et la plus vieille institution de ce monde, servant d'équilibre et de base à la famille et la société en général. Ils donnent des prescriptions sur les aliments ***v. 3*** oubliant (***1 Tim 4 : 4 – 5***) que la parole de Dieu et la prière sanctifient tout.

L'humanisme (la philosophie du nouvel âge) enseigne la **DÉIFICATION** de l'homme et l'**HUMANISATION** de Dieu. Les étagères des librairies et bibliothèques sont pleines de livres ésotériques et même des titres comme : Pour que l'homme devienne Dieu.

IV- Signe mondial

a) Globalisation économique

Toute nation maintenant est obligée, bon gré malgré, d'être membre d'une communauté économique qui à son tour est membre d'une plus grande. Avant longtemps il y aura une seule monnaie pour la terre entière.

b) Globalisation politique

Le nouvel ordre mondial ne reconnaît pas l'indépendance des nations.

    c) Globalisation religieuse

Dieu est le Père de nous tous : Unissons-nous pour aboutir à **Apoc 13 : 11 – 18 ; Apoc 17 et 18**. Babylone reconstituée – Antéchrist.

    d) La globalisation sociale

Nous nous approchons de plus en plus du temps où toute nation aura pour patrie la terre : Nous nous présenterons partout comme des terriens.

Conclusion : Tous ces signes nous aident à comprendre que les jours sont mauvais.

Ne vous trompez pas le monde ne va pas du tout s'améliorer. D'ailleurs, les images à la télévision sont révélatrices des problèmes de ce monde. Tout va s'empirer.

C'est l'heure de :

    1- déclarer l'évangile
    2- démontrer l'évangile
    3- défendre l'évangile

ÉTUDE 97
LA COMMUNION DES CHRÉTIENS

Actes 2 : 42 ; 1 Cor 1 : 9 ; 2 Cor 8 : 4 ; 2 Cor 13 : 14, Gal 2 : 9 ; Phil 2 : 1 ; 1 Jean 1 : 3, 6, 7.

Intro : Le mot pour communion dans le Nouveau Testament est KOINONIA, et signifie « communication intime ». Dieu créa l'homme pour qu'il participe pleinement à la communion ; c'est pour cela qu'Il a dit Lui-même en **Genèse 2 : 18** : « Il n'est pas bon que l'homme soit seul ». L'homme ne fut pas créé pour être isolé, être seul n'est pas la volonté de Dieu, nous sommes faits pour la communion et l'Église qui est le Corps de Christ est un corps de Communion. L'Église est une COMMUNION ; elle n'est pas seulement un édifice, un lieu où l'on va pour sublimer sa solitude, elle est un lieu de COMMUNION.

I- La base de la communion chrétienne

a) La personne de Jésus Christ. ***1 Jean 1 : 3***

II- La nature de la communion chrétienne

a) Le partage. ***Actes 2 : 44 – 47 ; Actes 4 : 32, 34, 35***

III- Le danger de perdre la communion chrétienne

a) Le péché. ***1 Cor 10 : 16, 21***

IV- Les responsabilités de la communion chrétienne

a) Confesser nos fautes (***Jacques 5 : 16***)
b) Surveiller les uns les autres (***Eph 5 : 11 ; 1 Tim 5 : 20***)
c) Pardonner les uns aux autres (***2 Cor 2 : 6, 8 ; Eph 4 : 32 ; Col 3 : 13***)
d) Porter les fardeaux les uns les autres (***Gal 6 : 2***)

e) Redresser avec douceur les uns des autres (*Gal 6 : 1*)
f) Supporter les faibles (*Rom 14 : 13 ; Rom 15 : 1*)
g) Consoler et exhorter les uns les autres (*1 Thess 4 : 18 ; 1 Thess 5 : 11*)
h) Prier les uns pour les autres (*Jacques 5 : 16*)
i) Edifier les uns les autres (*Rom 14 : 19 ; Hebr 10 : 24 ; 1 Thess 5 : 11*)
j) Avertir les uns les autres (*Rom 15 : 14, Col 3 : 16*)
k) Prendre soin les uns les autres en temps de besoin (*Jacques 1 : 27 ; 2 Cor 8 : 9 ; 1 Tim 5 : 1 - 16*)

Conclusion : Il y aura toujours de la communion chrétienne là où les chrétiens sont en communion avec Dieu. « Celui qui aime son frère demeure dans la lumière, et aucune occasion de chute n'est en lui » *1 Jean 2 : 10*.

ÉTUDE 98
LA CONDUITE DU CROYANT EN JÉSUS CHRIST

Intro : ***1 Pierre 1 : 15***, Soyez saints dans toute votre conduite.
Jacques 3 : 13, Qu'il montre ses œuvres par une bonne conduite.
1 Pierre 2 : 12, Ayez une bonne conduite au milieu des païens.
1 Pierre 3 : 1, Qu'ils soient gagnés par la conduite de leurs femmes.
2 Tim 3 : 10, Tu as suivi de près ma conduite.

Les croyants ont la liberté en Christ, **Gal 5 : 1** ; mais cette liberté est limitée par la CONVICTION PERSONNELLE, **Rom 14 : 5** ; par des EXHORTATIONS BIBLIQUES, **Gal 5 : 13**. Le croyant n'a pas la liberté de se laisser asservir par de mauvaises habitudes, **1 Cor 6 : 12** ; ni par quoi que ce soit qui n'édifie pas **1 Cor 10 : 23** ; sa liberté n'est pas un voile pour couvrir sa méchanceté, **1 Pierre 2 :16**, et ne doit pas être une pierre d'achoppement pour les faibles, **1 Cor 8 : 9**.

Trois principes doivent gouverner la conduite du croyant :

I- Quel effet sa conduite va avoir sur lui-même.

a) Sa conduite doit être pure, **1 Tim 5 : 22, 1 Pierre 2 : 11**
b) Sa conduite ne doit pas souiller le temple de Dieu qu'est son corps, **1 Cor 3 : 17 ; Tite 1 : 15**, ni causer sa propre condamnation, **Rom 14 : 22**
c) Sa conduite doit produire toujours de bonnes œuvres, **Tite 3 : 8**, et non le péché, **Rom 6 : 13**

II- Quel effet sa conduite va avoir sur les autres (Rom 14 : 7)

a) Il doit être un bon exemple pour les autres, **1 Tim 4 : 12**, et marcher d'une manière digne de sa vocation, **Eph 4 : 1**

b) Il doit être honnête, **2 Cor 8 : 21**, et éviter toute apparence du mal, **1 Thess 5 : 22** ; utile à son prochain, **Rom 15 : 2**, **1 Cor 10 : 32** ; sans être une cause d'achoppement, **Rom 14 : 13**

c) Il doit honorer les parents, **Col 3 : 20** ; le gouvernement, **Tite 3 : 1** ; il ne doit pas se mettre avec les infidèles sous un joug étranger. **2 Cor 6 : 14**

III- Quel effet sa conduite va avoir sur sa communion avec Dieu.

a) Tout doit être fait au nom du Seigneur, **1 Tim 6 : 1** ; pour le Seigneur, **Col 3 : 23** ; pour sa gloire, **1 Cor 10 : 31**.

b) Il doit marcher d'une manière digne de Dieu et de Son Royaume, **1 Thess 2 : 12 ; 2 Thess 1 : 5**

Conclusion : Le plus grand témoignage du croyant en Jésus Christ, c'est sa conduite. Il ne peut pas se conduire comme il veut, parce que quelqu'un est toujours affecté par sa conduite. C'est pourquoi il doit cultiver ces principes que nous venons d'étudier, et ce, pour son bien, celui des autres, et pour glorifier Dieu dans sa vie.

ÉTUDE 99
SEPT VÉRITÉS À SAVOIR SUR LE CŒUR
Deut 5 : 29 et Matt 6 : 21

Intro : La Bible définit le cœur comme le siège de notre personnalité, tout changement qui ne passe pas par le cœur est voué à l'échec.

1) *Le cœur peut être examiné*

a) ***1 Samuel 16 : 7***, L'Éternel regarde au cœur.
b) ***Jérémie 17 : 10,*** L'Éternel éprouve le cœur
c) ***Ps 139 : 1, 23***, L'Éternel sonde et connaît le cœur.

2) *Le cœur peut être souillé*

a) ***Jérémie 17 : 9***, C'est un cœur tortueux et méchant.
b) ***Marc 7 : 21 – 23***, Tous les péchés viennent du cœur.

3) *Le cœur peut être gardé*

a) ***Prov 4 : 23,*** « Du cœur viennent les sources de la vie ». Le diable vise le cœur pour détruire un enfant de Dieu.
b) ***Phil 4 :6,*** « La paix de Dieu gardera nos cœurs et nos pensées. »

4) *Le cœur peut être soigné*

a) Par la parole de Dieu. ***Ps 119 : 11*** et ***Hebr 4 : 12***
b) Par la prière à Dieu. ***Phil 4 :6-8***

David a soigné son cœur dans la prière en criant : « O Dieu, crée en moi un cœur pur » ***Hebr 10 : 22***

5) *Le cœur peut être purifié*

a) ***Matt 5 : 8***, Ceux qui ont le cœur pur verront Dieu.

b) **Hebr 10 : 22**, Purifiés d'une mauvaise conscience.

6) Le cœur peut être changé

a) **Ezéchiel 36 : 26**, Dieu peut vous donner un cœur nouveau.
b) **Romains 10 :9,10**. On peut croire en Dieu de tout son cœur.

7) Le cœur peut être libéré

a) **1 Jean 3 : 20**, Si notre cœur nous condamne, Dieu est plus grand que notre cœur.
b) **Psaumes 32 et Psaumes 51 :** L'expérience de David

Conclusion : « C'est pourquoi, selon ce que dit le Saint-Esprit : Aujourd'hui si vous entendez sa voix, n'endurcissez pas vos cœurs » **Hébreux 3 : 7, 8.**

ÉTUDE 100
LA VALEUR DE LA PAROLE DE DIEU
2 Tim 3 : 16, 17

Intro : Quand Dieu appela les enfants d'Israël, la première chose qu'il fit c'était leur donner la loi, les dix paroles, le décalogue. ***Ps 147 : 19 – 20***
Pour que l'homme puisse vivre, il faut qu'il ait :
1- Le pain qui est l'existentiel.
2- La parole qui est l'essentiel

I- Dieu crée par sa parole

Genèse 1er ; ***Jean 1 : 1 à 3*** ; ***2 Pierre 3 : 5*** ; ***Hébreux 11 : 3***

II- Dieu soutient tout par sa parole (Hébreux 1 : 1 - 3)

III- Dieu sauve par sa parole

1 Pierre 1 : 23 ; ***Jean 1 : 12*** ; ***Rom 10 : 12 – 17***
Vous avez été régénérés non par une semence corruptible, mais par une semence incorruptible par la parole vivante et permanente de Dieu.

IV- Dieu donne la vie par sa parole

Jn 6 : 63, 68, Toi qui es la parole de la vie.

V- Dieu purifie par sa parole

Jn 15 : 3 ; ***Jn 17 : 17*** ; ***Eph 5 : 26*** ; ***Ps 119 : 9***

VI- Dieu conduit par sa parole (Psaumes 119 : 105)

Georges Washington : « Il est impossible de gouverner le monde avec droiture sans Dieu et sans la Bible »

VII- Dieu instruit par sa parole

1 Cor 10 : 11 ; 2 Tim 3 : 16 ; Ps 119 : 99, 104
Pascal a écrit : « Sans l'écriture qui n'a que Jésus Christ pour objet, nous ne connaissons rien.

VIII- Dieu console par sa parole

Rom 15 : 4 ; 1 Thess 4 : 18
Consolez-vous donc les uns les autres par ces paroles.

IX- Dieu guérit par sa parole (Ps 107 : 20)

X- Dieu protège par sa parole

Conclusion : Selon **Esaïe 55 : 11** La parole de Dieu ne retourne pas à lui sans effet.
Dieu a mis sa parole partout pour que nous n'ayons aucune excuse.
- Il a mis sa parole dans sa création. ***Ps 19 ; Rom 1er***
- Il a mis sa parole dans son Fils. ***Jn 1er ; Jn 6 : 68***
- Il a mis sa parole dans un livre. ***2 Tim 3 : 16***
- Il a mis sa parole dans nos cœurs :
a) Dans le cœur de tout homme est la parole de l'éternité. Ecclésiaste 3 :11
b) Le Saint-Esprit donne la conviction.

Pensées célèbres sur la Bible
Goethe : « Que la culture intellectuelle poursuive son chemin, que les sciences naturelles progressent toujours plus en étendue et en profondeur et que l'intelligence humaine s'élargisse autant qu'elle le désire ; mais elle ne saurait dépasser l'élévation et la culture morale du christianisme telles qu'elles rayonnent dans les évangiles.

Victor Hugo : « Sachez que le livre le plus philosophique, le plus populaire, le plus éternel c'est l'écriture sainte, donc ensemencer les campagnes d'évangiles ! Une Bible par cabane.
Lord Tennyson : « La lecture de la Bible est une éducation en soi »

ÉTUDE 101
:COMMENT CONNAÎTRE LA VOLONTÉ DE DIEU ?
Proverbes 3 : 5 – 6

Intro : ***Ps 40 : 9***, Je veux faire ta volonté mon Dieu.
Ps 103 : 21, Bénissez l'Éternel vous toutes ses armées qui faites sa volonté.
Ps 143 : 10, Enseigne moi à faire ta volonté.
Romains 12 : 2, … Afin que vous discerniez quelle est la volonté de Dieu.
Eph. 5 : 17, Comprenez quelle est la volonté du Seigneur.
Col. 1 : 9, Soyez remplis de la Connaissance de sa volonté.
Hebr. 13 : 21, Qu'il vous rende capable de toute bonne œuvre pour l'accomplissement de sa volonté.
1 Jean 2 : 17, Celui qui fait la volonté de Dieu demeure éternellement.
1 Jean 5 : 14, Si nous demandons selon sa volonté il nous écoute.

Nous connaissons déjà la volonté de Dieu sur un grand nombre de choses : mensonge, adultère, convoitise, divorce (le divorce n'est pas la volonté de Dieu, mais ça peut arriver ; de même qu'un bras cassé n'est pas dans votre plan, mais ça peut arriver). etc.

Le sujet qui nous préoccupe concerne les choses difficiles…

Nous avons tous des décisions à prendre, des chemins à parcourir, des choix à faire, etc. Comment connaître comme chrétien la volonté de Dieu s'agissant de :
- Choisir un conjoint, fonder un foyer, apprendre un métier, accepter un travail, acheter une voiture, une maison, se faire des amis, partir pour l'étranger, laisser un quartier pour un autre, appartenir à un club, occuper un poste politique, etc…

Pour nous guider à connaitre la volonté de Dieu, suivons ces étapes :

<u>I- La parole de Dieu.</u>
Josué 1 : 7 – 9

a) La Bible, c'est la volonté écrite de Dieu ; c'est le code d'Instruction de vie du chrétien.
b) La parole de Dieu nous éclaire sur la voie à prendre **Psaumes 119 : 105** et nous aide à faire la volonté de Dieu. **Ps 119 : 11**

II- La prière à Dieu.
Jacques 1 : 5
    a) L'erreur de Josué concernant les Gabaonites. **Josué 9 :14**. Il a agi sans prier.
« Fais mois connaître où je dois marcher » **Ps 143 : 8.**

b) Daniel pria 21 jours (chap. 10) pour connaître la volonté de Dieu. Ceux-là qui ne mènent pas une vie de prière auront de la peine à connaître exactement la volonté de Dieu.

III- La providence de Dieu.

    a) La providence de Dieu dans la vie de Joseph
« Vous avez planifié de me faire du mal, mais l'Éternel l'a changé en bien … » **Genèse 50 : 20**

    b) La providence de Dieu dans la vie de Jonas.
Quand nous essayons des fois de violer la volonté de Dieu, Il peut intervenir pour s'assurer qu'elle se fasse même quand il faudrait se retrouver dans le ventre d'un gros poisson.

N.B. L'échec ne veut nullement dire que vous étiez en dehors de la volonté de Dieu.

- Joseph devait échouer en Égypte pour devenir 1er ministre.
- Moise échoua dans le désert de Madian où il trouva sa femme.
- Osée fut abandonné par sa femme.
- Jacques fut décapité et Pierre fut libéré selon la volonté de Dieu.
- Paul et Silas furent battus.
- L'apôtre Jean fut exilé sur l'île de Patmos.

IV- Les Proches en Dieu (le conseil des autres chrétiens)

a) Un exemple de ce principe se trouve dans la relation entre Moise et Jethro. ***Exode 18.*** Moise apprit de lui comment déléguer la responsabilité et l'autorité.

Proverbes 11 : 14, Le salut est dans le grand nombre des conseillers.

b) Il faut toutefois rejeter le conseil des méchants. ***Psaumes 1er***.

c) On peut rejeter comme Paul l'a fait certains conseils à ses propres risques et périls. ***Actes 21 : 12 – 13.***

V- La Paix de Dieu (Phil 4 :6)

a) Dieu nous a fait don du sens commun, nous devons aussi l'utiliser quand nous cherchons sa volonté. Dieu laisse plusieurs de nos décisions à notre préférence ; Il s'attend à ce que nous utilisions la Boussole de ce sens commun qu'Il nous a donné : une imagination sanctifiée pour trouver la paix de Dieu qui surpasse toute intelligence.

Matt. 22 : 37, Tu aimeras le Seigneur de toute ta pensée.

La parole de Dieu peut aiguiser notre sens commun en renouvelant notre intelligence pour que nous puissions connaître la volonté de Dieu avec notre imagination sanctifiée.

b) L'expérience d'Elie ***1 Rois 19 : 11 – 18***

Le Saint-Esprit peut nous rendre apte à prendre tel ou tel chemin en nous communiquant la Paix de Dieu qui surpasse toute intelligence.

ÉTUDE 102
LES MOMENTS FAVORABLES DU DIABLE
Luc 4 : 1 à 13

Intro :
Il y a des moments qui sont favorables au diable. Le texte nous dit que le diable s'éloigna de Jésus, après l'avoir tenté, ***jusqu'à un moment favorable.***

1 Pierre 5 : 8 dit que le diable rode autour de nous tous chrétiens comme un lion rugissant ; cependant pour sauter sur nous il lui faut un moment favorable. ***Si nous arrivons à connaître ces moments favorables, nous serons à même de remporter la victoire sur lui.***
En ***Éphésiens 6 : 10 – 11***, la Bible appelle ces moments : les mauvais jours.

Dans mes études personnelles, j'ai trouvé au moins 7 moments favorables utilisés par le diable pour nous arracher de la communion d'avec Dieu et de sa présence.

I- La faim (Gen 3 et Luc 4)
Nos désirs physiques.
Manger, boire, plaisir, etc.
Ex : Adam et Jésus
- Tentation de l'incontinence ***1 Cor. 7***
- Les mauvaises compagnies ***1 Cor. 15 : 33***

Quand vous avez faim ou quand vous avez un besoin quelconque, le diable peut en profiter pour chercher un moment favorable de vous induire dans le mal.

II- La colère (Nombres 20 : 11)
Ex : Moïse.
Satan profite de la colère de Moïse pour lui barrer l'accès à la terre promise.

Eph. 4 : 26, Si vous vous mettez en colère ne péchez pas.

III- La solitude (2 Samuel 11)
Ex : David
Veillez quand vous vivez seul. Apprenez à bien gérer la solitude. Quand vous êtes seul, le diable veut votre compagnie.

IV- La fatigue (1 Rois 19)
Elie demande la mort, parce qu'il était déprimé, fatigué dans les affaires de Dieu. La fatigue peut nous rendre moins vigilant et plus vulnérable.

V- La maladie
Ex : Job chapitre 1a 3
La maladie de Job a donné au diable des moments favorables pour conduire Job a dire du mal de Dieu. Mais Job a su tenir et en est sorti victorieux.

VI- Le succès
Ex : Salomon/ 1 Rois chapitre 3 et chapitre 8
Connaissance – richesse (Avoir, Savoir, Pouvoir)
Une mauvaise gestion du succès peut entrainer la chute.

VII- L'échec
Ex : Jn Baptiste.
Matt 11 : 3, Es-tu celui qui doit venir, ou devons-nous en attendre un autre ?

Conclusion : ***Eph 4 : 27***, Ne donnez pas accès au diable.
Nous traversons l'ère de l'apostasie, de la chute. Veillons sur tout ce qui peut être pour nous une occasion de chute. ***Matt 5 : 29 – 30.***

ÉTUDE 103
LES 4 PREUVES DE LA PATERNITÉ CÉLESTE

Intro : Le Père céleste est la révélation suprême apportée par Jésus-Christ. Jéhovah était déjà dans l'Ancienne Alliance, connu par Israël comme un père qui appelle, avertit, bénit, châtie, mais ce père était un Dieu extérieur à l'homme, son Esprit ne reposait qu'à certaines heures sur ses prophètes.

Le Père de la nouvelle alliance manifestée par Jésus Christ est un Dieu intérieur dont l'esprit habite le cœur et même le corps de l'homme : « Votre corps, dit Paul, est le Temple (sanctuaire) du Saint-Esprit. ***1 Cor 6 : 19.***

Par Jésus Christ, l'humanité croyante et rachetée est réintégrée dans la famille du Père. L'expérience chrétienne porte ainsi à la perfection la notion divine de la paternité céleste.

Rom 8 : 15, Par l'Esprit, nous crions Abba = Père.
2 Cor 6 : 18, Je serai pour vous un Père.
1 Jn 2 : 15, Si quelqu'un aime le monde l'amour du Père n'est point en lui.

4 preuves de la Paternité Céleste
I- *La preuve de la présence du Saint-Esprit*
Rom 8 : 15 – 16
a) Celui qui n'a pas le Saint-Esprit de Dieu ne peut pas déclarer être un enfant de Dieu.

II- *La preuve de la ressemblance à Christ*
Rom 8 : 28 – 29
a) Paternité divine dans l'A.T.
Ps 103 : 13, Comme un père a compassion de ses enfants, l'Éternel a compassion de ceux qui le craignent.
Deut 32 : 6, L'Éternel n'est-il pas Ton Père ?
Esaïe 9 : 5, On l'appellera Père Éternel.
Jer. 31 : 9, Je suis un Père pour Israël.
b) Paternité divine dans le N.T.

Luc 11 : 11, Quel est le père qui donnera une pierre...
Jn 14 : 6, Nul ne vient au Père que par moi.
Jn 20 : 17, Je monte vers mon Père et votre Père.
Matt 6 : 32, Votre Père Céleste sait que vous en avez besoin.
Matt 6 : 9, Notre Père qui est aux cieux.

<u>III- *La preuve de la connaissance de Dieu.*</u>

a) « Celui qui dit : Je l'ai connu et qui ne garde pas ses commandements est un menteur, et *la vérité n'est point en lui.* » ***1 Jn 2 : 4***
Lire : ***1 Jn 2 : 12 – 14***

b) Connaissance veut dire obéissance dans la Bible.
1 Jn 3 : 6, Quiconque demeure en lui ne pratique pas le péché, quiconque pratique le péché ne l'a pas vu, et ne l'as pas connu.
1 Jn 4 : 8, Celui qui n'aime pas n'a pas connu Dieu, car Dieu est amour.

<u>IV- *La preuve de la reconnaissance des autres*</u>
Témoignage = votre réputation en Dieu
Actes 6 : 3, Sept hommes de qui l'on rende un bon témoignage.
1 Tim 3 : 7, Qu'ils reçoivent un bon témoignage de ceux de dehors.
Actes 4 : 13, Ils les reconnaissent pour avoir été avec Jésus.
1 Jn 3 : 10, C'est par là que se font reconnaître les enfants de Dieu et les enfants du diable. Quiconque ne pratique pas la justice n'est pas de Dieu.

Conclusion : Êtes-vous sur de votre paternité céleste ? Avez-vous cette assurance ? Possédez –vous un acte **de présence**, de **ressemblance**, de **connaissance** et de **reconnaissance** pouvant prouver que Dieu est votre Père ?

ÉTUDE 104
APPEL A SERVIR
1 Samuel 3 : 1 – 20

Intro : Nous voudrions nous servir de l'histoire de Samuel et de son appel pour y puiser des leçons. Notons ensemble :

I- Le lieu de l'appel

« Le jeune Samuel était au service de l'Éternel devant Elie » ***1 Samuel 3 : 1***.

Dieu appelle des gens qui sont déjà au service, et non des gens qui vont commencer à servir. Des serviteurs comme : Moise, Joseph, David, Gédéon, Élisée, Amos, Esaïe, etc. Les disciples de notre Seigneur Jésus étaient actifs et à l'œuvre quand Dieu les appela. L'exemple est clair : Dans l'Église d'Antioche du Nouveau Testament, il y avait des prophètes et des docteurs, mais la Bible dit : « Pendant qu'ils servaient le Seigneur dans leur ministère et qu'ils jeûnaient, le Saint-Esprit dit : « Mettez-moi à part Barnabas et Saul pour l'œuvre à laquelle je les ai appelés. » Ainsi, Barnabas et Saul reçurent l'appel à servir pendant qu'ils servaient. Pour entendre l'appel de Dieu il faut se mettre au travail.

II- L'heure de l'appel

« La parole de l'Éternel était rare en ce temps-là, les visions n'étaient pas fréquentes. » ***1 Samuel 3 : 1***

Dieu appela Samuel à un moment où il n'y avait personne pour porter sa parole. Notez bien que le sacrificateur Elie servait dans le Temple. Il est dit au verset 2 qu'Elie commençait à avoir les yeux troubles, et ne pouvait plus voir. Voyez-vous ? Elie avait commencé à vieillir, mais sa vieillesse n'était pas seulement physique, mais spirituelle. La vieillesse spirituelle conduit à la sécheresse spirituelle. Caleb avait 80 années et étaient vigoureux physiquement pour prendre possession de son héritage parce qu'il n'avait jamais vieilli spirituellement : Les justes croissent comme le palmier, ils s'élèvent comme le cèdre du Liban, plantés dans la maison de l'Éternel, ils prospèrent dans les parvis de notre Dieu, ils portent des fruits dans la vieillesse, ils sont pleins de sève et verdoyants.

Une spiritualité qui a vieilli ne peut plus servir Dieu. Le résultat est évident : rareté de Parole et de visions de la part de l'Éternel. C'est une description de notre époque, nous sommes entourés d'Elie, entourés de serviteurs de Dieu, pourquoi les visions sont-elles moins fréquentes et pourquoi la Parole de l'Éternel est-elle rare ? La réponse est double : quand une nation méprise la Parole de Dieu et quand les serviteurs de Dieu vieillissent spirituellement, Dieu se tait et va à la recherche d'un homme.

III- La personne de l'appel

« Alors l'Éternel appela Samuel… ! » ***1 Samuel 3 : 4***

Dieu est toujours prêt à intervenir en notre faveur, s'Il trouve en nous ou parmi nous un grain de foi, un grain de dévotion, une petite étincelle de spiritualité, une petite fidélité, une petite crainte de l'Éternel ; s'Il trouve juste un petit morceau de charbon brûlant même au milieu de nos cendres, Il en fera un buisson ardent. « La lampe de Dieu n'était pas encore éteinte dans le Temple » c'est ce que nous lisons au verset 3. Il y a aussi un message spirituel dans ce verset. Gloire à Dieu, la lampe de Dieu n'était pas encore éteinte. Gloire à Dieu, nous pouvons encore retirer cette lampe sous le boisseau et le mettre sur le chandelier pour éclairer tous ceux qui sont dans la maison. Gloire à Dieu, nous pouvons avec Sa Parole (notre lampe) illuminer ce monde de ténèbres et faire briller la splendeur de l'évangile. Gloire à Dieu qu'Il peut choisir ou appeler son serviteur pour porter la lampe du témoignage de l'évangile pendant qu'il est encore temps. Un jour cette lampe sera éteinte, il faut travailler nous dit le Seigneur pendant qu'il est encore jour, la nuit vient où personne ne peut travailler. Cette nuit de ténèbres spirituelles et morales commence déjà ; il faut faire vite : la lampe n'est pas encore éteinte ; Dieu parla encore, Dieu donnera des visions qu'Il trouve l'homme qu'il faut.

Assurez-vous seulement que vous avez reçu l'appel de Dieu !

IV- La réponse de l'appel

« …Parle, car ton serviteur écoute. » ***1 Samuel 3 : 10***

La réponse à l'appel de Dieu ne peut être différée ou reportée ; elle doit être immédiate. Samuel a répondu immédiatement : Parle Seigneur ; Esaïe a répondu immédiatement : Me voici, Seigneur ; Paul a répondu immédiatement : Que veux-tu que je fasse Seigneur ? Les disciples du Seigneur ont laissé tout, immédiatement, pour le suivre.
Nous aurons besoin des fois d'un peu d'aide pour reconnaître la voix de Dieu, comme ce fut le cas de Samuel qui fut aidé par Elie. Les Elies qui nous entourent ont la grande mission de nous conduire à reconnaître l'appel de Dieu et à y répondre.

V- Le message de l'appel

« Alors l'Éternel dit à Samuel : Voici, je vais faire en Israël UNE CHOSE qui étourdira les oreilles de quiconque l'entendra » ***1 Samuel 3 : 11***

Dieu veut faire quelque chose ; mais, Il ne peut rien faire si personne ne répond à son appel. Il est toujours à la recherche d'un homme pour faire de nouvelles choses. Esaïe l'entendit dire : Qui enverrai-je ? Qui marchera pour nous ?
Dans le livre d'Ezéchiel, Dieu dit : « Je cherche parmi eux un homme qui élève un mur, qui se tienne à la brèche devant moi en faveur du pays afin que je ne le détruise pas ; mais je n'en trouve point » ***Ezéchiel 22 : 30***
Dieu appelle chaque serviteur pour une mission spéciale : Il lui faut un Moise pour affronter Pharaon, un Josué pour conduire Israël à Canaan, un David pour éliminer Goliath, un Esther pour sauver tout un peuple, un Jonas pour épargner Ninive, un Daniel pour se tenir devant un Nebucadnetsar, un Belchatsar et un Darius, un Néhémie pour rebâtir les murailles en ruine, un Jean-Baptiste pour préparer la voie du Seigneur, un Pierre pour prêcher le réveil de la Pentecôte, un Paul pour apporter l'évangile aux païens et un …

VI- La preuve de l'appel

« Samuel grandissait. L'Éternel était avec lui, et il ne laissa tomber à terre aucune de ses paroles » *1 Samuel 3 : 19*

La preuve, l'évidence de tout appel de la part du Seigneur est : LA PRÉSENCE DU SEIGNEUR. « Je serai avec toi ». C'est ce que Dieu dit à Moise. Joseph a réussi en Égypte parce que l'Éternel était avec lui, David a battu Goliath parce que l'Éternel était avec lui. Jésus a laissé ses disciples avec un seul bien : Sa présence. « Voici, je suis avec vous tous les jours, jusqu'à la consommation des siècles. »
Dans *Exode 33*, l'Éternel dit à Moise : « Je marcherai moi-même avec toi… Moise lui dit : « Si tu ne marches pas toi-même avec nous, ne nous fais point partir d'ici. » *V. 15*
Heureux tout serviteur de Dieu qui n'ose partir pour le ministère sans la confirmation de la provision de la présence divine. C'est le message que notre Seigneur a confié à ses disciples le jour de l'ascension : « Vous recevrez une puissance… » *Actes 1 : 8*. Vous devez recevoir la Puissance du service d'abord et être mes témoins ensuite…

VII- L'honneur de l'appel

« Tout Israël, depuis Dan jusqu'à Beer-Scheba, reconnut que Samuel était établi Prophète de l'Éternel. » *1 Samuel 3 : 20*

Pour que le peuple voie en nous un ministre de Dieu, Il faut que nous portions les fruits appropriés. Quand nous perdons la confiance du peuple pour une raison ou pour une autre nous pouvons commencer à plier bagage et à faire nos valises. C'est Dieu qui établit ses propres serviteurs, et quand il se retire de la partie, nous sommes virés. Voyez comment Saul, Samson, Salomon et tant d'autres ont été virés quand Dieu cessa de les honorer de sa présence. Jésus a dit en *Jean 12 : 26* « Si quelqu'un me sert, qu'il me suive ; et là où je suis, là aussi sera mon serviteur. Si quelqu'un me sert, le Père l'honorera. »

Pour que Dieu nous honore, il faut qu'il soit impressionné par trois choses : LA FOI, L'INTÉGRITÉ, L'AMOUR. Voilà pourquoi Abraham impressionna Dieu par sa Foi, Job impressionna Dieu par son Intégrité, et David impressionna Dieu pas son Amour. En répondant à l'appel de Dieu, nous devenons ses ministres, ses messagers, ses ambassadeurs, ses amis, membres de son cabinet privé ; nous faisons partie ainsi d'une ***Élite spirituelle***.

L'élite spirituelle doit être à la hauteur de sa tâche et de sa vocation, et doit répondre à sa charge de guide spirituel du peuple de Dieu en conduite comme en parole, en charité, en foi et en pureté. La charge de ministre de Dieu est une œuvre excellente écrit Paul à Timothée ; pour faire partie de cette élite spirituelle, il faut avoir les qualifications spirituelles et morales : être irréprochable, être l'homme d'une seule femme, sobre, modéré, réglé dans sa conduite, hospitalier, propre à l'enseignement. L'apôtre d'ajouter : « Il faut que le ministre de Dieu ne soit ni adonné au vin ni violent, mais indulgent, pacifique, désintéressée. Il faut qu'il dirige bien sa propre maison, et qu'il tienne ses enfants dans la soumission et dans une parfaite honnêteté. Car si quelqu'un ne sait pas diriger sa propre maison, comment prendra-t-il soin de l'Église de Dieu ? Il ne faut pas qu'il soit un nouveau converti, de peur qu'enflé d'orgueil il ne tombe sous le jugement du diable. Il faut aussi qu'il reçoive un bon témoignage de ceux du dehors afin de ne pas tomber dans l'opprobre et dans les pièges du diable. (***1 Tim 3 : 1 à 7***)

Conclusion : Dans la Bible d'un fidèle serviteur de Dieu qui est parti pour l'éternité sur le champ missionnaire, on a retrouvé ces trois mots écrits par lui-même et qui résumaient tout le témoignage de sa vie. Avant de répondre à l'appel de Dieu, d'aucuns le décourageaient et le conseillaient de faire marche arrière, alors il a écrit dans sa Bible : SANS RETRAIT.

Lorsqu'il se trouva enfin sur le champ missionnaire en train de servir son Dieu, il y avait beaucoup à faire, il se donna corps et âme tous les jours à accomplir son service pour Dieu ; fatigué, découragé des fois, tenté de plier bagage. Le Seigneur le fortifia et il écrivit dans sa Bible un deuxième mot : SANS RÉSERVE. Il servit Dieu fidèlement pendant des années, et il succomba dans le travail du Seigneur. La veille de sa mort, on trouva qu'il avait écrit un troisième mot dans sa Bible : SANS REGRET.

Pendant que la lampe de Dieu n'est pas encore éteinte et que l'ère de la grâce dure encore, puisse Dieu nous accorder la grâce de répondre comme Samuel : Parle... Ton serviteur écoute. Qu'il nous donne de combattre le bon combat de la foi, de saisir la vie éternelle.

Puissions-nous dire à la fin de notre carrière spirituelle : « J'ai combattu le bon combat, j'ai achevé la course, j'ai gardé la foi. *2 Tim 4 : 7*. Écrivons donc aujourd'hui même ces trois mots qui nous serviront de boussole dans la carrière qui nous est ouverte : SANS RETRAIT, SANS RÉSERVE, SANS REGRET.

ÉTUDE 105
LES PECHES CONTRE LE SAINT-ESPRIT

Introduction: La Bible fait la différence entre les péchés contre le Saint-Esprit commis par le non-croyant et ceux commis par le croyant.

1- LES PÉCHÉS CONTRE LE SAINT-ESPRIT COMMIS PAR LE NON-CROYANT

a) résister au Saint-Esprit ou s'opposer au Saint-Esprit Actes 7:51. Ici, la figure est celle du Saint-Esprit attaquant la citadelle de l'âme de l'homme qui résiste violemment ou s'oppose à l'invitation de la grâce qui lui est offerte. En dépit des arguments les plus clairs et les faits les plus incontestables qui lui sont présentés, cet homme rejette volontairement les évidences et refuse d'accepter le Christ si merveilleusement présenté. Lisez Actes 7:51-57.

b) Insulter le Saint-Esprit, Hébreux 10:29. C'est le travail même de l'Esprit de présenter l'œuvre expiatoire de Christ au pécheur comme la base de son pardon. Quand le pécheur refuse de croire ou d'accepter le témoignage de l'Esprit, il insulte l'Esprit en alléguant que toute l'œuvre de Christ est une déception et un mensonge. Ce faisant, il considère la mort de Christ comme la mort d'un homme ordinaire et non comme la provision de Dieu pour le pécheur.

c) Blasphémer contre le Saint-Esprit, Matt. 12:31,32. C'est le plus grave de tous les péchés, car le Maitre déclare qu'il n'y a pas de pardon pour ce péché. Quand le Seigneur marchait sur la terre dans un corps humain accomplissant ainsi son ministère terrestre, ce péché pouvait être commis par ceux-là qui qualifiaient de satanique le travail spirituel qu'Il faisait, et ce, en dépit des preuves de sa divinité présentées devant eux.
Aujourd'hui ce péché peut être commis par ceux-là qui continuent de résister aux appels pressants de l'Esprit d'accepter le Sauveur. Ceux-là qui ont blasphémé contre le Saint-Esprit ne peuvent jamais être sauvés.

2- LES PÉCHÉS COMMIS CONTRE LE SAINT-ESPRIT PAR LE CROYANT

a) Attrister le Saint-Esprit, Éphésiens 4:30,31; Esaïe 63:10 Galates 5:17-19.

b) Mentir au Saint-Esprit, Actes 5:3,4. Comme Ananias et Saphira, nous faisons souvent croire aux autres que nous avons tout donné et consacré au Seigneur, tandis qu'au fond il n'en est rien. Lisez soigneusement l'histoire d'Achan (Josué 7) et celle de Guehazi en 2 Rois 5:20-27.

c) Éteindre Le Saint-Esprit, 1 Thess. 5:19. C'est au point où le Saint-Esprit n'est plus manifeste dans la vie de celui qui s'est mis au service du seigneur; c'est comme verser de l'eau sur le feu ardent de l'œuvre de l'Esprit dans un croyant, dans une église évangélique, en soi-même. Ceux-là qui viennent à l'église pour pratiquer la médisance et la calomnie et pour semer la division dans les cœurs sont déjà coupables de ce péché et doivent s'en repentir avant qu'il ne soit trop tard.

Conclusion: Il a été donc bibliquement prouvé que le non-croyant comme le croyant peut pécher contre le Saint-Esprit d'une façon ou d'une autre.

ÉTUDE 106
LES MAINS DE DIEU
Jean 10 :22-30

Jean 10:29   Mon Père, qui me les a données, est plus grand que tous; et personne ne peut les ravir de la main de mon Père.
LES BREBIS DU SEIGNEUR SONT ENTRE LES MAINS DU SEIGNEUR
CONDITIONS pour être une brebis

Croire au Seigneur
Entendre le Seigneur
Suivre le Seigneur

INTRODUCTION
Psaumes 8:3   Quand je contemple les cieux, ouvrage de tes mains, La lune et les étoiles que tu as créées:

Psaumes 19:1 Les cieux racontent la gloire de Dieu, Et l'étendue manifeste l'œuvre de ses mains.

Psaumes 95:5 La mer est à lui, c'est lui qui l'a faite; La terre aussi, ses mains l'ont formée.
Psaumes 138:8 L'Éternel agira en ma faveur. Éternel, ta bonté dure toujours, N'abandonne pas les œuvres de tes mains!
Ésaïe 48:13   Ma main a fondé la terre, Et ma droite a étendu les cieux: Je les appelle, et aussitôt ils se présentent.

Les mains
Un ballon de basket dans mes mains coûte 5 €. Dans les mains de Michael Jordan, Il vaut environ 33 millions de dollars ! Tout dépend des mains qui le tiennent.
Un stylo dans mes mains vaut à peu près 10 €. Un stylo dans les mains d'un écrivain célèbre vaut un Best-seller rapportant des millions ! Tout dépend des mains qui le tiennent ! ***Une raquette de tennis*** dans mes

mains ne vaut rien. Dans les mains de Naomi Osaka, Serena Williams c'est une formule gagnante ! Tout dépend des mains qui la tiennent. **Un bâton** dans mes mains me servira à chasser l'animal sauvage. Dans les mains de Moise, il fera des miracles ! et fendra la mer en deux. Tout dépend des mains qui le tiennent.

Une fronde dans mes mains est un jouet d'enfant. Dans les mains de David c'est une arme redoutable. Tout dépend des mains qui le tiennent .**Deux petits poissons et 5 morceaux de pain dans mes mains nourriront peut-être une famille** ? Dans les mains de Dieu des milliers mangeront et seront rassasiés !Des clous dans mes mains serviront à faire un banc ou une chaise. Des clous dans les mains de Jésus-Christ produiront le salut pour le monde entier ! Tout dépend des mains dans lesquelles ils se trouvent.

Comme tu peux le voir maintenant, tout dépend des mains qui se chargent du travail ! Mets donc tes inquiétudes, tes peurs, tes blocages, ta famille, tes relations, ta vie dans les mains de Dieu car....Tout dépend des mains dans lesquelles tout se trouve.

I- NOTRE PROJET EST DANS SES MAINS

Psaumes 31:15 Mes destinées sont dans ta main; Délivre-moi de mes ennemis et de mes persécuteurs.

Proverbes 21:1 Le cœur du roi est un courant d'eau dans la main de l'Éternel; Il l'incline partout où il veut.

Jérémie 18:6 Ne puis-je pas agir envers vous comme ce potier, maison d'Israël? Dit l'Éternel. Voici, comme l'argile est dans la main du potier, Ainsi vous êtes dans ma main, maison d'Israël!

II- NOTRE PROTECTION EST DANS SES MAINS

Psaumes 118:15-16 : Des cris de triomphe et de salut s'élèvent dans les tentes des justes: La droite de l'Éternel manifeste sa puissance! La droite de l'Éternel est élevée! La droite de l'Éternel manifeste sa puissance!

Psaumes 138:7 Quand je marche au milieu de la détresse, tu me rends la vie, Tu étends ta main sur la colère de mes ennemis, Et ta droite me sauve.

Esdras 8:31 Nous partîmes du fleuve d'Ahava pour nous rendre à Jérusalem, le douzième jour du premier mois. La main de notre Dieu fut sur nous et nous préserva des attaques de l'ennemi et de toute embûche pendant la route.

Psaumes 121:5 L'Éternel est celui qui te garde, L'Éternel est ton ombre à ta main droite.

III-   NOTRE PROVISION EST DANS SES MAIN
Psaumes 145:16 Tu ouvres ta main, Et tu rassasies à souhait tout ce qui a vie

IV-   NOTRE PROBLÈME EST DANS SES MAINS
Psaumes 138:7 Quand je marche au milieu de la détresse, tu me rends la vie, Tu étends ta main sur la colère de mes ennemis, Et ta droite me sauve.

CONCLUSION:
Le violon : Un jour, en 1831, dans une salle de vente, à Londres, on mit aux enchères un vieux violon noir et crasseux. On affirmait qu'il venait de Crémone, en Italie, qu'il avait 120 ans, et qu'il avait été fabriqué par le fameux Stradivarius. Le commissaire-priseur commença la vente à £10 et parvint péniblement jusqu'à £ 200, mais il s'arrêta là
- Voyons Messieurs, £ 200 pour un instrument qui vaut son pesant d'or, qui date de 1700, un vrai, un authentique Stradivarius ! Les efforts du commissaire-priseur semblaient vains, lorsqu'on vit entrer, dans la salle, un personnage vêtu d'un habit de velours. Attiré comme par un aimant, il s'approcha de la table. Il retira le violon de sa boite, l'examina d'un œil de connaisseur. Il prit l'archer. Le silence le plus complet s'établit. Plusieurs personnes l'ayant reconnu murmurèrent le nom magique : Paganini, Paganini !!

Les premières notes firent frissonner l'auditoire. Les têtes se découvrirent comme dans une église. Beaucoup furent en larmes, puis battirent la mesure, comme s'ils allaient danser, d'autres rirent aux éclats. L'artiste changea fréquemment de thème. Voici un air de bataille, et chacun se redressa pour le combat. Quand il eut fini, Paganini reposa le violon dans sa boite, tandis qu'une demi-douzaine de voix s'écrièrent : £250 ! £ 260 ! 270 ! 280 ! 290 ! 295 ! Et finalement, aux applaudissements de la foule, le fameux musicien l'obtint pour £400. Il a suffi que le maître Paganini touche le violon pour que sa valeur explose. C'est pareil pour chacun de nous, lorsque le maître, notre créateur Jésus-Christ nous touche.

Le soir, Paganini parut devant une foule immense avec le vieux violon qu'il venait d'acheter. Il en joua de telle sorte que le peuple enthousiasmé voulait le porter en triomphe.

COMMENT SE METTRE DANS LA MAIN DE DIEU

1- Il faut être sauvé
2- Il faut être saint
3- Il faut être au service
4- Il faut être un sacrifice

CHANT : Entre tes mains j'abandonne tout ce que j'appelle mien.

ÉTUDE 107
LA PATIENCE DANS L'AFFLICTION
Jacques 1:1-4

L'épître de Jacques est extrêmement pratique. C'est une épître qui exhorte ceux-là qui se disent Chrétiens à avoir un COMPORTEMENT égal à leur FOI. L'épître de Jacques est classée parmi les épîtres générales du Nouveau Testament, vu qu'il ne s'adresse pas à une congrégation bien spécifique et qu'il est écrit pour tout le monde en général. Les autres épîtres sont 1 et 2 Pierre, 1, 2 et 3 Jean, Jude. Martin Luther a toujours cru que l'épître de Jacques était en contradiction avec les épîtres aux Romains et aux Galates.

Il trouvait que Jacques enseigne surtout la Justification par les œuvres, alors que Paul dans l'épître aux Romains et aux Galates enseigne la Justification par la foi (comparez **Rom.3:28** et **Jacques 2:24**). Cependant, le fait est que L'épître de Jacques n'est pas du tout en contradiction avec les épîtres de Paul. Paul met l'accent sur la justification par la foi devant Dieu, tandis que Jacques met l'accent sur la Justification par les Œuvres devant les hommes. En ce sens l'un complémente l'autre. Jésus a enseigné dans les deux sens le rapport de la foi avec les œuvres dans **Matthieu 5:14-16** et **Matthieu 7:16,21**.

I – Le serviteur Jacques (v.1)

A- L'auteur s'identifie lui-même immédiatement au premier verset comme Jacques

1. Il y a 3 hommes répondant au nom de Jacques dans le Nouveau Testament:

    a. Jacques, le fils de Zébédée, un apôtre au rang des douze **(Marc 1:19)**

    b. Jacques, le fils d'Alphée, un autre apôtre considéré comme "le moindre" **(Marc 3:18; 15:40)**

    c. Jacques, le frère du Seigneur, aussi le frère de Jude **(Gal. 1:19 ; Jude 1)**

2. L'auteur de cette épître est bien Jacques, le frère de Jésus.
    a. Jacques, le fils de Zébédée fut tué *(Actes 12:2)* bien avant la rédaction de l'épître de Jacques
    b. Jacques, fils d'Alphée, n'était ni en position ni n'avait l'autorité pour écrire une telle lettre
    c. Jacques, le frère de Jésus, avait l'autorité et la position d'écrire une telle lettre

3. Jacques, le frère de Jésus se distingue comme étant:
    a. L'un des 4 frères de Jésus *(Matt. 13:55 ; Marc 6:3)*
    b. lent à croire en Jésus *(Jean 7:5)*
    c. Jacques apparemment crut en Jésus après sa résurrection *(1 Cor. 15:7)*
    d. Jacques se joignit aux autres disciples a Jérusalem avant le jour de la Pentecôte *(Actes 1:14)*
    e. C'est ce même Jacques qui devint le pilier de l'église de Jérusalem *(Actes 12:17; 15:13; 21:18)*

II- Les Juifs dispersés

A- Jacques s'adresse à l'audience des douze tribus dispersées *(v.1)*
    1. Les juifs furent dispersés dans l'Ancien Testament à la suite du jugement de Dieu *(Lev.26:33)*.
    2. Les juifs furent dispersés dans le Nouveau Testament pour répandre l'Évangile *(Actes 9:4)*

B- Bien qu'on ait beaucoup parlé au sujet des dix tribus d'Israël qui sont encore dans la dispersion, Dieu sait où ils se trouvent, et Il a dirigé Jacques le frère de Jésus à écrire cette épître avec eux dans la pensée.

C- Ces juifs dispersés étaient des Chrétiens, vu que Jacques les appelle " mes frères " au verset 2.

III- La joie dans les épreuves (v, 2-4)

A- La première leçon enseignée dans Jacques est la pratique de la Patience dans l'Affliction.

B. Le mot " Tentation " employé au verset 2, n'est pas la tentation de faire le mal, mais plutôt l'épreuve, l'examen qui vient tester notre foi.

1. Pour le croyant les épreuves sont inévitables, nombreuses et différentes les unes des autres

2. Les épreuves viennent sans nous avertir

3. Le croyant doit regarder les épreuves comme un sujet de joie pour les raisons suivantes :

a. Les épreuves produisent la patience. La patience est la soumission tranquille à la volonté et au travail de Dieu dans la vie du croyant; c'est une attente confiante et joyeuse de ce que Dieu accomplit sa volonté dans notre vie à travers les épreuves.

b. La patience produite par les épreuves donne les fruits que nous retrouvons dans *2 Pierre1:5-8*.

c. Les épreuves traversées nous permettent d'aider les autres qui traversent les mêmes épreuves *(2 Cor. 1:4)*

d. La patience produit l'expérience, l'espérance et l'amour *(Rom. 5:1-5)*. La première épreuve traversée et réussie, nous prépare pour la prochaine.

e. La patience amène à la perfection ce qui manque en nous *(v, 4)*

4- Nos épreuves offrent une opportunité à Dieu de manifester sa gloire en nous (*Jean 9:1-3*)

5-Nos épreuves offrent à nous-mêmes l'opportunité de gagner des récompenses éternelles (*v, 12* et *1 Pierre 1:6-7*)

Conclusion : Faites-vous preuve de patience dans l'affliction ? Êtes-vous équipé pour faire face à l'affliction ?

ÉTUDE 108
LA SAGESSE PAR LA PRIÈRE
Jacques 1:5-8

Dans la première leçon, nous avons appris à nous réjouir dans nos tribulations et nos épreuves et à les supporter avec patience, cette patience qui est la soumission tranquille au travail et à la volonté de Dieu dans notre vie pour l'accomplissement de son plan pour nous. Dans la leçon d'aujourd'hui nous allons apprendre ce qu'il faut faire quand nous attendons Dieu avec patience.

I- Nous devons prier pour recevoir la sagesse (v, 5)

A. La définition de la sagesse
   1. La sagesse est la compréhension exacte de quelque chose. La sagesse mentionnée au verset 5 a un rapport avec la tribulation et avec les épreuves du verset 3. Il s'agit ici de sagesse pour comprendre ce qui se passe exactement dans notre vie.

   2. Il y a une différence entre la sagesse de ce monde et la sagesse de Dieu selon ***1 Cor.11:19 à 30.***
     a. La sagesse du monde voit les épreuves du point de vue humain
       1. Mauvaise chance, fatalité.
       2. Mauvaise destinée
       3. Un défi à relever par des moyens humains

     b. La sagesse divine voit les épreuves du point de vue de Dieu :
       - Comme des opportunités pour la croissance spirituelle ***(v, 4)***
       - Comme des opportunités pour manifester la gloire de Dieu ***(Jean 9:1-3)***
       - Comme des opportunités pour recevoir des récompenses éternelles. ***(v.12)***

B. La discrimination de la sagesse de Dieu ***(v.5)***

1. La sagesse de Dieu est seulement pour les sauvés (*v, 2*. mes frères)
2. La sagesse de Dieu est pour ceux qui en font la demande (v, 5)

II – Comment prier pour recevoir la sagesse divine (v, 6-8)

A. Avec la crainte de l'Éternel *(Ps.111:10)*

1. La crainte de Dieu c'est reconnaître Dieu comme le Souverain maître de tout.
2. La crainte de Dieu c'est reconnaître que Dieu sait toutes choses
3. La crainte de Dieu c'est reconnaître Dieu comme Celui qui est parfait dans toutes ses voies, qui ne nous fera jamais du tort même au milieu des épreuves qu'il met sur nos chemins.

B. Avec foi *(v.6)*

1. La foi dans ce verset n'est pas la foi qui sauve, mais la foi qui nous soutient dans nos épreuves.
2. C'est la foi en dehors du doute *(v.6-7)*
    a. Le doute dit ceci : " Dieu a échoué en permettant cette épreuve dans ma vie. Il ne peut pas me donner la sagesse pour comprendre ce qui se passe vu que rien de bon ne sortira de cette épreuve. " *(Rom.8:28)*
3. C'est la foi de celui qui est résolu dans ces pensées (v.8)
    a. L'homme irrésolu dit : Ok Dieu, dis-moi ce que tu comptes faire avec cette épreuve dans ma vie; mais, si je n'aime pas ce que tu fais, je vais essayer de prendre un raccourci ou de faire un détour ou un demi-tour.

C. Quand nous prions pour la sagesse (perspective de Dieu dans nos épreuves) et que nous prions avec foi (croyant que Dieu a un but qu'il nous révèlera avant longtemps), nous ouvrons les portes de notre vie à toutes les bénédictions de Dieu qui découleront de ces épreuves.

Conclusion : Dieu a mis la sagesse à notre disposition. Nous pouvons l'acquérir par la prière.

ÉTUDE 109
LES ÉPREUVES DE TRANSITION
Jacques 1:9-12

Intro: Nous avons déjà appris dans les deux premières leçons à considérer nos épreuves comme un sujet de joie et à les affronter avec patience, cette patience qui est la soumission tranquille à la volonté de Dieu dans notre vie. Nous avons aussi appris qu'il faut attendre Dieu dans la prière pour qu'il nous donne la sagesse qui est la compréhension exacte de ce que Dieu est en train d'accomplir ou de faire dans notre vie à travers les épreuves. Dans la leçon qui est devant nous, nous apprenons une certaine épreuve à laquelle nous devons faire face.

I- Un changement drastique (v. 9-10)

A. Aux versets 9 et 10 nous trouvons deux types d'hommes qui ont subi de grands changements dans leurs vies. L'un est passé de haillons à la richesse (***v.9***), l'autre est passé de la maison du pauvre au palais du Roi (***v.10***). Il y avait des riches et des pauvres dans les assemblées qui ont reçu la lettre de Jacques (***Jacques 2:1-9*** et ***Jacques 5:1***). Jacques souligne et enseigne que les deux groupes peuvent bénéficier des épreuves. Les épreuves viennent rappeler au pauvre qu'il est riche dans le Seigneur et qu'il ne peut rien perdre. Elles viennent rappeler au riche de ne pas se confier dans ses richesses, mais plutôt en Dieu.

B. L'illustration concernant le pauvre et le riche est ici évoquée pour expliquer qu'en matière d'épreuves, le pauvre peut devenir riche par une simple transition, et le riche peut tomber dans la pauvreté également par une simple transition. Quand un croyant fait face à des changements soudains dans sa vie, sa foi même est mise en examen ou à l'épreuve.

   * Exemples de transition dans la vie courante : Passer de l'adolescence à l'âge adulte ; passer du célibat au mariage; passer du mariage au divorce ou à l'état veuf ; passer d'un foyer sans enfant à un

foyer plein d'enfants ; Passer de l'âge adulte à l'âge de vieillard, etc. Les transitions de la vie sont des épreuves.

C. Un bon nombre de gens résistent à toutes sortes de changement, spécialement les changements drastiques, parce qu'ils ne savent pas comment les affronter. La vie elle-même est une transition.

II – Un défi certain (v. 9-11)

A. Le Seigneur nous exhorte à nous réjouir dans ces épreuves de transition ; cela veut dire que nous devons les accueillir comme des opportunités joyeuses et profitables.

B. Il y a plusieurs raisons pour lesquelles nous devons nous réjouir dans les épreuves de transition :
1) Les transitions nous offrent l'opportunité de prouver que nous avons la foi en dépit des circonstances.

2) Dans les vœux de mariage, on s'engage pour le meilleur et pour le pire. De même, on s'engage à Dieu pour le meilleur et pour le pire, dans les bons comme dans les mauvais jours. La vie chrétienne de l'Apôtre Paul fut un exemple de ce principe. **Phil. 4:12 à 19**.
3) Les transitions offrent au croyant une chance pour grandir spirituellement. En chimie nous apprenons que certaines composantes sont découvertes à partir de certains éléments chimiques placés dans un environnement de transition ou de changement. C'est une image de choses que nous pouvons obtenir spirituellement à travers les épreuves de transition auxquelles nous faisons face. Dieu a tout un assortiment de bénédictions qu'il est prêt à nous offrir à travers les épreuves transitionnelles.

4) Les épreuves de transition nous rendent humbles et dépendants de Dieu. À chaque fois que nous faisons face à des circonstances adverses, nous réalisons plus que jamais notre besoin de Dieu. En fait, il est plus facile de servir Dieu en période de transition quand tout est instable qu'en période de paix, quand tout semble aller bien.

5) Les épreuves de transition nous aident à réaliser la nature éphémère et temporaire de la vie sur cette terre (***v.11***). L'histoire de Job est un exemple palpable et évident des changements drastiques et des défis certains que la vie peut nous réserver à n'importe quel moment (***Job 1er***)

Seuls ceux-là qui ont la foi peuvent tenir ferme dans les épreuves de transition.

III- Une couronne méritée

A. Les versets 11 et 12 présentent un contraste entre les récompenses passagères de ce monde et les récompenses éternelles réservées aux croyants dans le ciel.

B. La couronne de vie est une récompense réservée aux croyants qui ont enduré avec patience les épreuves de la vie, spécialement, les épreuves de transition.

C. " Après avoir été éprouvé ". Cela implique que les épreuves que le croyant est appelé à surmonter pendant une période donnée ne dureront pas toujours.

Conclusion : Il n'est rien dans la vie de l'enfant de Dieu qui arrive par accident (***Rom.8:28***). Nous avons un père céleste qui nous aime beaucoup, qui contrôle les affaires de ce monde et qui a un but, derrière chaque événement, pour ses enfants. Le but de Dieu en permettant les épreuves et les tentations dans la vie de ses enfants, c'est pour produire en eux un caractère chrétien. Dieu veut que ses enfants arrivent à maturité, et la maturité se développe seulement au laboratoire chrétien. Les épreuves produisent la patience (***Rom. 5:3***) et l'endurance ; et la patience conduit le croyant à maturité en Christ. Dieu mit le jeune Joseph à l'épreuve pendant 13 ans pour faire de lui un Roi. Pierre passa 3 ans à l'École des Epreuves pour devenir l'Apôtre Pierre du jour de la Pentecôte. L'Apôtre Paul également endura toutes sortes d'épreuves, et chacune de ces épreuves contribua à sa maturité en Christ.

ÉTUDE 110
LE TRIOMPHE SUR LA TENTATION

Intro : Jusqu'ici, nous avons beaucoup appris au sujet des épreuves, dans cette leçon, nous apprendrons bien des choses au sujet de la tentation et le chemin du triomphe sur la tentation.

I - La définition de la tentation (v. 13)
a. Le Terme " TENTATION" est utilisé pour signifier "EXAMEN PAR LES ÉPREUVES" aux versets 1 à 12. Mais, dans les versets 13 et 14, le terme TENTATION est employé pour signifier " L'ATTIRANCE AU MAL "

II- L'inévitabilité de la tentation (v. 13)
A. Tout le monde peut être tenté. Le verset ne dit pas SI vous êtes tentés, mais plutôt LORSQUE vous êtes tentés.

B. Jésus Christ est la seule personne qui n'a jamais été et ne sera jamais tenté de faire le mal dans le sens qu'il y aurait en Lui une certaine attirance à faire le mal, un certain penchant pour le mal.

C. D'aucuns n'arrivent pas à comprendre pourquoi Jésus Christ était tenté dans le désert. Cependant, Jésus fut tenté dans le désert non parce qu'Il pouvait commettre le moindre des péchés, mais pour prouver qu'il ne pouvait pas pécher.

III- La source de la tentation (v. 13-14)
a. C'est une fausse vue que de penser que la source de la Tentation, c'est Dieu. Les hommes mettent le blâme sur Dieu quand ils sont tentés parce qu'ils ne veulent pas accepter le blâme et parce que Dieu ne viendra pas se présenter pour sa défense.

b. Dieu peut nous tester à travers les épreuves, mais Il ne nous tente jamais de faire le mal. Plusieurs n'arrivent pas à comprendre les versets **1**

Samuel 16:23 et ***2 Samuel 24:1***; ils n'arrivent pas à réconcilier ***1 Chron. 21*** et ***Matt. 4:1*** à ce sujet.

c. Le fait est que : bien que Dieu permette que nous soyons tentés de faire le mal, Il n'est jamais l'initiateur de la tentation. L'Exemple de Job est bien évident.

d. La vraie source de la tentation nous dit le verset 14 de Jacques 1er : C'est du dedans. C'est de l'intérieur. Chacun de nous avons notre propre convoitise qui est tout simplement notre nature pécheresse interne (Lisez ***Romains 7:13-25***). Notre nature pécheresse est propre et particulière à chacun de nous au point que, ce qui me tente chaque jour, peut ne pas être ce qui vous tente quotidiennement.

IV - La progression de la tentation (v. 14-15)
a. La Tentation a un sentier qu'elle prend toujours quand elle attaque. Le verset souligne "Attiré par sa propre convoitise" ; notre nature pécheresse intérieure est attirée par notre nature pécheresse extérieure, comme c'est le cas quand un ivrogne passe devant un bar.

b. "La convoitise une fois conçue, enfante le péché". Si vous permettez à vos pensées de demeurer ou si vous méditez sur ce qui a attiré votre nature pécheresse intérieure ; c'est là que vous allez commencer à pécher. Si vous ne voulez pas tomber dans la tentation il faut à tout prix éviter de méditer le mal.

c. "Le péché étant consommé produit la mort". Une fois que nous permettons à nos pensées de prendre le contrôle de notre homme intérieur nous commettons un acte de péché. Ex. Tout d'abord l'ivrogne éprouve une forte envie de boire ; au lieu de fuir, il rentre dans un bar, s'assoit et commande; et avant longtemps, le voilà avec son verre à la main en train de boire.

d. L'exemple de l'ivrogne est le même pour toutes les autres tentations (immoralité, tromperie, médisance, mensonge, etc. Ce n'est pas un péché d'être tenté, le péché c'est de tomber dans la tentation.

e. Le péché c'est le petit enfant gâté de la convoitise qui ne fait jamais de fausse couche ni d'avortement. Le résultat ou les conséquences de la tentation, c'est la mort. La mort, c'est être séparé de Dieu dans le cas du croyant, la mort ou la séparation évoquée dans le verset veut dire un arrêt dans sa communion avec Dieu (*1 Jean 1:6*).

V- Le triomphe sur la tentation (v. 16-18)

a." Ne vous y trompez pas mes frères "c'est un avertissement au croyant pour qu'il se garde de tomber dans la tentation et de porter ses fruits.

b. C'est un avertissement au croyant d'éviter même l'apparence du mal.

c. C'est un avertissement d'éviter de méditer sur une tentation extérieure qui vient attirer votre nature pécheresse intérieure (cette phrase revient souvent dans ce texte CFPage 37 et paragraphes b et c de cette page). Martin Luther a écrit : « *Vous ne pouvez pas empêcher aux oiseaux de voler sur vos têtes; mais, vous pouvez les empêcher de faire leurs nids dans vos cheveux.* »

d. Pour triompher sur la tentation il faut occuper vos pensées avec ce qui est bien (*v. 17*). L'Apôtre Paul l'a aussi souligné en **Phil. 4: 8**.

e. Pour triompher sur la tentation, il vous faut mettre en pratique les principes de la vérité de la parole de Dieu (*v.18*). Lisez **Psaumes 119:9,11**.

ÉTUDE 111
LES BONNES CHOSES QUE DIEU DONNE
Jacques 1:17-18

Intro : Jacques a expliqué clairement aux versets 13 à 16 du premier chapitre, que Dieu n'est pas la source du mal ou de la tentation de faire le mal. Maintenant, l'apôtre établit le principe que Dieu est la source du bien, du beau, de la perfection, de grâce, de l'excellence ; il explique et enseigne que Dieu est la source de toutes bonnes choses.

I - Le divin donneur (v. 17)

a) Il est de la nature de Dieu de donner, Il donne depuis le commencement (***Gen. 1:26, 28-30*** ; ***Gen. 2:16,22*** ; ***Jean 3:16*** ; ***Eph. 5:25***)

b) **Satan porta Eve à penser que Dieu n'était pas vraiment quelqu'un qui donne** ce qu'Il a (***Gen. 3:1-6***). Cependant, nous voyons Dieu faire des dons même après la chute de l'homme (***Genèse 3:15,21***).

c) **Dieu est le "Père des Lumières"**, cela implique qu'Il est derrière le soleil, la lune et les étoiles ; l'énergie et la puissance qui font fonctionner tout ce qui est dans la création sont fournies par Dieu Lui-même. Tout ce qui est bon a été donné par Dieu ; même le pécheur perdu jouit chaque jour des bienfaits de Dieu (Matt. ***5:45***)

c) **Tout ce que Dieu donne est parfait**. Il y a des choses données par Dieu qui ne sont pas vues comme étant bonnes (épreuves, infirmités, châtiment, etc.); cependant, tous les dons de Dieu sont bons parce qu'ils sont donnés par un Dieu parfait (***Rom. 8:28*** ; ***2 Cor. 12:1-10*** ; ***Hebr. 12 : 5-11***). Et Dieu donne constamment, sans arrêt (***Psaumes 68:19***).

d) **Dieu donne éternellement. Il ne change pas et Il ne varie pas**. Les rayons du soleil varient pendant que la terre tourne ; le soleil peut être éclipsé par la lune ; mais, les dons de Dieu sont pour toujours, Dieu ne change pas (Heb.13:8) . Même dans l'Eternité, auprès de Dieu dans le ciel, nous continuerons à recevoir des choses de Lui (*Jean 14:1-3* ; *1Cor 2: 9-10*).

e) **_Les dons parfaits de Dieu aux versets 17 et 18, comparés aux résultats mortels du péché_** dans les versets 13 à 15, nous offrent un très bon stimulant pour ne pas tomber dans la tentation (Exemple : Joseph, *Gen. 39:8-9*).

II- Le don divin (v. 18a)

a) **_Le plus grand don que Dieu nous offre_** est mentionné ici : "Il nous a engendrés selon sa volonté". Ce texte parle de la nouvelle naissance (le salut) que nous retrouvons également en *Jean 3:1-7*. Cette nouvelle naissance qui produit la vie est opposée à la naissance dans le péché qui produit la mort (*1:15*). Cette nouvelle naissance est selon la volonté de Dieu (*Jean 1:13* ; *2 Pierre 3:9*) ; elle est opérée au moyen de la Parole de Dieu qui est la Parole de la vérité (*1Pierre 1:23* ; *Romains 10:17*). Il est une loi qu'une bonne semence mise dans une bonne terre produira de bons fruits.

b) **_La nouvelle naissance_** étant le plus grand don de Dieu à nous, tous les autres dons qui nous viennent de Dieu commencent à partir de cette nouvelle naissance (*Ephésiens 1:1-3* ; *Rom.8:32*)

Conclusion : Nous qui avons reçu le don de Dieu devrions nous conduire comme étant "Les Prémices de ses créatures". N'oubliez pas que Jacques écrit principalement aux juifs ; l'importance du terme **"Prémices"** est le commandement de Dieu aux juifs pour qu'ils lui apportent les premiers fruits de leur récolte à leur arrivée dans la terre promise comme une garantie et un symbole que tout ce qu'ils possèdent appartient à Dieu. En ceci nous voyons le principe à savoir : **_Tout ce que nous avons et tout ce que nous sommes appartient à Dieu_**. Nous devons vivre comme ses "Prémices" parce que nous sommes sa possession, sa propriété. Lisez **Proverbes 3:9** et **1Corinthiens 6:19-20**.

ÉTUDE 112
LE DIEU DES FAIBLES
1 Cor. 1 : 26 - 31

Intro :
Esaie 25 : 4, Tu as été un refuge pour le faible.
Zacharie 13 : 7, Je tournerai ma main vers les faibles.
Job 5 : 15, Dieu protège le faible contre leurs menaces et le sauve de la main des puissants.
2 Chron. 14 : 10, Asa dit : Éternel Toi seul peux venir en aide au faible.
Joël 3 : 10, Que le faible dise, je suis fort.
Matt 26 : 41, La chair est faible.

C'est vraiment encourageant de savoir que Dieu nous accepte tel que nous sommes avec notre faiblesse. Quand nous venons à lui, Il prend notre faiblesse et nous offre sa force. Cette chair dans laquelle nous vivons est responsable de notre faiblesse, il nous faut constamment l'offrir à Dieu (***Rom. 12 : 1, 2***). C'est le seul moyen de la contrôler. Nous sommes de nature faible ; c'est avec Dieu seul que nous pourrons être forts. ***1 Cor. 10 : 12***, « *Que celui…* »

- Devant certaines tentations nous nous sentons faibles.
- Devant certaines conditions : être veuve, orphelin, être abandonné par sa femme, son mari.
- Face à certains échecs, nous nous sentons faibles.
- Face à la mort d'un proche, nous nous sentons faibles.
- Face à : la maladie, la disette, au découragement, l'incertitude, la déception, au malheur, la solitude, la dépression, la persécution, aux menaces de l'ennemi, au désespoir… Nous nous sentons faibles.

Toutefois c'est quand nous sommes conscients de notre faiblesse que Dieu agit en notre faveur.

I- Dieu utilise les faibles

1 Cor. 1 : 27
1- Abraham – manque de foi = Agar
2- Moise – assassin
3- David – adultère
4- Elie (*Jacques 5 : 17*) – suicidaire
5- Pierre – reniement
6- Paul – persécuteur, physiquement incapable.

Hébreux 7 : 28 et *Hébreux 5 : 1 – 3*
Les faibles ne sont pas orgueilleux, ils savent que sans Dieu ils ne représentent rien ; aussi s'appuient-ils constamment sur Lui.

II- Dieu supporte les faibles

Rom. 8 : 26, L'Esprit nous aide dans notre faiblesse.
Hebr. 4 : 15, Il peut compatir à nos faiblesses
Hebr. 2 : 18, Il a été tenté… Il peut secourir ceux qui sont tentés.

III- Dieu fortifie les faibles

Esaie 41 : 10, Je te fortifie, je viens à ton secours.
Dan. 10 : 18, Celui qui avait l'apparence d'un homme me toucha de nouveau et me fortifie.
Dan. 10 : 19, …Et comme il me parlait je repris des forces.
Agée 2 : 4, Fortifie-toi Zorobabel, Josué ; peuple tout entier du pays… Je suis avec vous dit l'Éternel des armées.
Luc 22 : 43, Un ange apparut à Jésus pour le fortifier.
Eph. 3 : 16, Que Dieu vous donne d'être fortifiés par son Esprit.
Eph. 6 : 10, Fortifiez-vous dans le Seigneur et par sa force toute puissante.
Phil. 4 : 13, Je puis tout par celui qui me fortifie.

IV- Dieu délivre les faibles.

Daniel 3 : 17, Notre Dieu peut nous délivrer.

Ps 68 : 21, Dieu est pour nous le Dieu des délivrances.
Ps 91 : 3, C'est lui qui te délivre du filet de l'oiseleur.
Ps 91 : 4, Puisqu'il m'aime je le délivrerai.
Ps 103 : 4, C'est lui qui délivre ta vie de la fosse.
1 Sam. 17 : 37, Témoignage de David devant Goliath.

Conclusion : Si vous vous sentez faible en ce moment, réjouissez-vous, car votre faiblesse fait de Dieu votre Dieu ; Il est le Dieu des faibles.

Adressez-vous aujourd'hui même au Dieu des faibles, offrez-lui votre faiblesse pour sa force.

- Il vous donnera la force de remporter la victoire sur la tentation.
- Il vous donnera le courage de supporter.
- Il vous donnera la joie qui donne la force. **Neh. 8 : 10eu**

Si vous êtes en guerre, Il sera votre paix.
Si vous êtes dans le noir, Il sera votre lumière.
Si vous êtes triste, Il sera votre joie.
Si vous êtes seul, Il sera votre ami.
Si vous avez soif, Il est la source de la vie.
Si votre foyer est prêt de tomber, Il est le réparateur des brèches.

ÉTUDE 113
LES CARACTÉRISTIQUES D'UN DISCIPLE DU SEIGNEUR
Actes 8 :1-8 et 2 Tim. 2 :1 ; Matt 16 :24

Intro : Le dernier message du Seigneur en **Matt 28 :19-20** : « Allez, faites de toutes les nations des disciples … » Le croyant est un disciple du Seigneur. Il suit une discipline de vie, il a un maître, et il apprend suivant la méthode du maître. **Actes 11 :26** « Les disciples furent appelés chrétiens. » On est disciple d'abord avant d'être chrétien ; et on ne peut pas se dire chrétien si on ne suit pas les enseignements du maître. Quelles sont les caractéristiques d'un vrai disciple selon Dieu ?

I- Un disciple renonce à lui-même. Matt 16 :24

Cela veut dire, donner la priorité au Seigneur en toutes choses et avoir le désir de vivre seulement pour le Seigneur et de lui être agréable. Lisez **Luc 9 :24**. Perdre sa vie, c'est devenir un seul avec le Seigneur, l'honorer et le glorifier en paroles et en actions.

II- Un disciple porte sa croix. Matt 16 :24

Porter sa croix ne veut pas dire que la vie chrétienne est un fardeau. C'est plutôt chercher la volonté de Dieu pour votre vie et se soumettre à cette volonté complètement et fidèlement. C'est exactement ce que **Jean 6 :38** veut dire. La croix était la volonté de Dieu pour le Christ. La croix représente la volonté de Dieu pour notre vie.

III- Un disciple suit l'exemple de Jésus. Matt. 16 :24

Pour suivre Jésus, il faut se séparer du monde. Il faut être différent du monde en toutes choses (dans nos choix de musique, de vêtements, d'amusements, de styles, et même de vocabulaires). **Jean 17 :14** et

Romains 12 :2, voilà des versets nous exhortant à ne pas nous conformer à ce monde, au siècle présent.

IV- *Un disciple aime les frères. Jean 13 :34-35*

Un vrai disciple a un vrai amour pour le peuple de Dieu, indépendamment de leur âge, de leur couleur, de leur race, de leur dénomination ou statut social.

V- *Un disciple porte du fruit dans sa vie. Jean 15 :8*

Il y a deux types de fruits que Dieu veut voir dans nos vies :
a) Les fruits internes de bon caractère et de conduite divine, **Galates 5 :22-23**
b) Les fruits externes, se manifestant par un ardent désir d'amener au Seigneur les âmes perdues, suivant l'exemple de **Jean 1 :40-42**.

VI- *Un disciple connaît son maître. Jean 10 :4-5*

Le vrai disciple ne suit pas la voix d'un étranger. Il y a plusieurs voix dans ce monde qui veulent nous dicter notre façon de vivre .Le vrai disciple fuit l'étranger.

Conclusion : Êtes-vous un croyant, un disciple ou un chrétien ? À quel niveau êtes-vous ? Faites-vous des progrès ? Avez-vous les marques d'un vrai disciple ?

ÉTUDE 114
LA SOURCE DU COURAGE
JOSUÉ 1 :1-9

Définition du mot courage : Fermeté, force de caractère qui permet d'affronter le danger, la souffrance, les revers, les circonstances difficiles

Étymologie. (Siècle à préciser) De l'ancien français corage, du latin cor, (« cœur ») et du suffixe -âge.

Caractéristique d'un être vivant qui lui permet de vaincre sa peur, lui fait supporter la souffrance, braver le danger, entreprendre des choses difficiles ou hardies.

Le **courage** (dérivé de cœur¹) est une vertu qui permet d'entreprendre des choses difficiles en surmontant la peur, et en affrontant le danger, la souffrance, la fatigue.

Dans l'A.T. les mots hébreux désignant cette force d'âme dérivent de deux racines : **âméts-- être ferme, et khâzaq =être fort.** Le courage a de multiples manifestations, par ex.

1) *l'endurance dans la souffrance (Job 29:24)*,
2) *la confiance devant le risque (No 32:7, Sag 18:6)*,
3) *la hardiesse qui entreprend une grande tâche (Jos 1:6-9, Esd 10:4)*,
4) *la fermeté, la dureté, la cruauté même : (2Sa 13:28) dans le vieux français de notre Bible du XVIe siècle, le courage est quelques fois la colère et la rage (Jer 3:12, 2Ma 5:11)*.

Dans le N.T. le mot courage est assez rare, tandis que les exhortations à « demeurer ferme », à « ne pas craindre », à « être fort » sont fréquentes.

La source du courage est clairement indiquée dans le passage qui est devant nous.

I- IL FAUT ÉCOUTER LA VOIX DE DIEU

« L'Éternel dit a Josué. » C'EST LA PLUS GRANDE DÉCLARATION DU PASSAGE

   a) *La voix de Dieu donne du courage*
   b) *Dieu parla à Josué et le rassura*

Josué 1:6

Fortifie-toi et prends courage, car c'est toi qui mettras ce peuple en possession du pays que j'ai juré à leurs pères de leur donner.

Josué 1:7

Fortifie-toi seulement et aie bon courage, en agissant fidèlement selon toute la loi que Moïse, mon serviteur, t'a prescrite; ne t'en détourne ni à droite ni à gauche, afin de réussir dans tout ce que tu entreprendras.

II- IL FAUT OBÉIR À LA LOI DE DIEU

   A) Agir fidèlement selon toute la loi v.7
   B) Que ce livre de la loi ne s'éloigne point de ta bouche v.8

III- IL FAUT AVOIR LA FOI EN DIEU

   A) Josué devait agir fidèlement (avec beaucoup de foi)

   B) Josué devait avoir foi en Dieu pour ne pas craindre l'ennemi

Josué 1:9

Ne t'ai-je pas donné cet ordre: Fortifie-toi et prends courage? Ne t'effraie point et ne t'épouvante point, car l'Éternel, ton Dieu, est avec toi dans tout ce que tu entreprendras.

Josué 1:18

Tout homme qui sera rebelle à ton ordre, et qui n'obéira pas à tout ce que tu lui commanderas, sera puni de mort. Fortifie-toi seulement, et prends courage!

Josué 2:11

Nous l'avons appris, et nous avons perdu courage, et tous nos esprits sont abattus à votre aspect; car c'est l'Éternel, votre Dieu, qui est Dieu en haut dans les cieux et en bas sur la terre.

Josué 5:1

Lorsque tous les rois des Amoréens à l'occident du Jourdain et tous les rois des Cananéens près de la mer apprirent que l'Éternel avait mis à sec les eaux du Jourdain devant les enfants d'Israël jusqu'à ce que nous eussions passé, ils perdirent courage et furent consternés à l'aspect des enfants d'Israël.

Josué 7:5

Les gens d'Aï leur tuèrent environ trente-six hommes; ils les poursuivirent depuis la porte jusqu'à Schebarim, et les battirent à la descente. Le peuple fut consterné et perdit courage.

Josué 10:25

Josué leur dit: Ne craignez point et ne vous effrayez point, fortifiez-vous et ayez du courage, car c'est ainsi que l'Éternel traitera tous vos ennemis contre lesquels vous combattez.

CONCLUSION :

En Belgique, vers 1900, dans une mine de charbon, quarante mineurs furent ensevelis à six cents mètres sous terre. Le plafond de la galerie principale s'étant effondré, toute délivrance paraissait impossible. Les lampes s'éteignaient les unes après les autres. Effrayés par le spectre de la mort, les emmurés commencèrent à jurer, à maudire Dieu et se quereller pour un croûton de pain.

Mais un galibot, un jeune apprenti, plus entêté et plus agile que les autres, partit à tâtons. Il chercha un trou d'aération, long tuyau vertical trop étroit pour laisser passer un homme. Il rampa, s'écorcha les genoux, s'égara, s'arrêta, repartit. Et il arriva à un endroit qu'il supposa être le bon. Il appela en direction d'en haut, cria, pria... et attendit.

Le miracle se produisit. La voix de l'ingénieur lui parvint : « Courage ! dit la voix. J'ai envoyé une équipe de sauvetage pour vous tracer une route.

Ce sera long, mais : courage ! Je viens bientôt. J'arriverai à temps. Ne désespérez pas ! »

Après des heures d'effort, le galibot rejoignit ses camarades et leur transmit le message « Courage : je viens bientôt ! » Mais quelle déception ! Tous se moquèrent de lui. C'est la faim qui les rendait fous.

Quand l'ingénieur réussit enfin à se frayer un passage, il se trouva au milieu de cadavres. Seuls le jeune galibot et trois de ses camarades qui avaient été soutenus par ses paroles étaient demeurés en vie…Jésus, dans ce monde où toutes les valeurs s'effondrent et où tant de gens sont comme emmurés, dit à tous ceux qui veulent bien espérer en lui : courage ! Je viens bientôt. Il veut intervenir en leur faveur, les sauver de toute detresse, quelle qu'elle soit, maintenant. La toute dernière parole qu'il nous adresse dans la Bible c'est qu'il va venir prendre avec lui pour les introduire dans le Ciel, tous ceux qui se préparent en vue de son retour (Apocalypse 22 : 12 et 20).

JEAN 16 :33 : « PRENEZ COURAGE »

ÉTUDE 115
RÉSOLUTION POUR UNE ANNÉE NOUVELLE
Daniel 1 :1-8   / A considérer : Daniel 1 :8

Daniel prit une ferme résolution pour le nombre d'années qu'il allait passer en Babylone à la suite de sa déportation en 607 avant Jésus-Christ. Jacques 1 :1-6 nous enseigne que Dieu assure la réussite de ceux-là qui sont résolus. Une personne irrésolue, instable, inconstante, dans ses voies ne peut rien attendre de Dieu. Apprenons de Daniel comment prendre de bonnes résolutions pour la gloire de Dieu en préparation pour une année nouvelle. Quelles sont les caractéristiques d'une bonne résolution ?

I- LA RÉSOLUTION DOIT ÊTRE PERSONNELLE
a) « Daniel résolut… » Chacun doit prendre la résolution qu'il faut pour lui-même. Phil. 2 :12
b) Chacun est responsable de sa vie spirituelle devant Dieu 2 Cor. 5 :10

II- LA RÉSOLUTION DOIT ÊTRE PRATIQUE
a) « Daniel résolut de ne pas se souiller par les mets du Roi et par le vin dont le Roi buvait» 2 Tim.2 :19
b) Daniel choisit pratiquement de ne pas toucher aux mets et au vin du Roi. Chacun doit prendre des résolutions dans des domaines bien spécifiques. Romains 12 :1-2 et 1 Jean 2 :15-17.

III- LA RÉSOLUTION DOIT ÊTRE PUBLIQUE
a) « Daniel pria le chef des eunuques.. » Il rendit sa résolution publique. 1 Jean 2 :23
b) Il y a des décisions qui ne peuvent pas rester cachées ; elles doivent être publiées. I Jean 4 :3 et 15

IV- LA RÉSOLUTION DOIT ÊTRE PURE
a) « Daniel pria le chef des eunuques de ne pas l'obliger à se souiller» Matthieu 5 :8

b) Les résolutions que Dieu honore doivent être pures ; toute réussite dans la désobéissance est un échec ,Josué 1 : 8,9.

V- LA RÉSOLUTION DOIT ÊTRE PERMANENTE

a) Une résolution prise pour la gloire de Dieu ne peut pas être amendée ou révisée. Elle doit être prise une fois pour toutes. Luc 9 :62.

b). Il faut être fidèle dans sa résolution jusqu'à la mort. Apo. 2 :10 .

Conclusion : Une heureuse année est faite de bonne résolution. Que Dieu nous aide à prendre des résolutions personnelles, pratiques, publiques, pures et permanentes à l'instar de Daniel pour une bonne année.

ÉTUDE 116
LE DIEU SUFFISANT
PSAUMES 139

Ce Psaume de David nous présente un Dieu suffisant à lui-même et pour nous-mêmes. Il est le Dieu omniscient, omniprésent et omnipotent. Il connait tout, il est partout, et il peut tout. Il domine sur tout , Il comprend tout et dirige tout. Rien n'échappe à sa souveraineté ; rien ne peut ébranler son pouvoir et rien ne dépasse ses pensées.

À un moment le monde est en proie à toutes sortes de problèmes qui dépassent même les chefs de gouvernement ; à un moment où les pouvoirs politiques ne suffisent pas pour diriger ce monde, à un moment où les pouvoirs économiques ne suffisent pas pour répondre aux besoins de ce monde, à moment où les autorités sanitaires sont dépassés par les ravages des épidémies, il est indispensable de se réfugier dans les bras di Dieu suffisant. Voilà pourquoi Il est le Dieu suffisant :

I-   Dieu me connait (v. 1-6)

      A- Dieu me connait personnellement
      B- Dieu me connait entièrement
      C- Dieu me connait merveilleusement

II-   Dieu me cherche (v.7-12)

      A- Pas raison de fuir
      B- Pas raison de s'agiter
      C- Pas raison de se cacher

III-   Dieu m'a créé (v.13-18)

      A- Il est la cause de notre existence
      B- Il est la cause de notre subsistance

C- Il est la cause de notre reconnaissance v.17

IV- *Dieu me change (v.19-23)*

A- Dieu seul connait les cœurs
B- Dieu seul change les cœurs
C- Dieu seul révèle nos pensées

V- *Dieu me conduit (v,24)*
A- Dieu regarde notre mauvaise voie
B- Dieu nous conduit sur la voie de l'éternité

Conclusion : Dieu me connait, Dieu me cherche, Dieu m'a créé, Dieu me change, Dieu me conduit. Il est le Dieu tout-puissant, tout présent, tout connaissant et tout suffisant. Si vous êtes riches et si n'utilisez pas votre richesse, vous n'êtes pas différent du pauvre. Le Dieu tout suffisant est à notre disposition, remettons-nous à Lui.

La vraie liberté!
Polycarpe, né dans le dernier tiers du 1er siècle, connut l'apôtre Jean et fut son disciple. Évêque de Smyrne. il écrivit une lettre aux Philippiens; il fut mis à mort en 154. Le proconsul romain lui dit: -Maudis le Christ et je te rendrai la liberté. Mais Polycarpe répondit: « Il y a 86 ans que je le sers et il ne m'a jamais fait que du bien; comment pourrais-je maudire mon Roi qui m'a sauvé? -Ne sais-tu pas que j'ai la puissance de te faire mourir? -Et moi, j'ai la puissance de mourir Voici sa prière sur le bûcher: « Dieu tout puissant, Père de ton Fils bien-aimé Jésus-Christ par lequel nous avons appris à te connaître, je te bénis de ce que tu m'as jugé digne dans ce jour et à cette heure, de prendre rang parmi les martyrs et de boire à la coupe de ton Christ pour la résurrection en vie éternelle de mon corps et de mon âme. Puissé-je être accepté de toi comme nu sacrifice agréable! Je te loue, je te bénis, je te glorifie pour tout ce qui m'arrive! »

Un épisode de la Terreur.

Au temps de la Révolution française, le jeune Loizerolles comparut devant le tribunal et fut condamné à mort. Son père, vieillard à cheveux blancs, ne voulut pas se séparer de lui et le suivit dans sa prison. Le jour de l'exécution, le jeune homme, accablé, dormait dans son cachot, et le père veillait près de lui. Bientôt le geôlier, accompagné de soldats, se présente, une liste à la main, et appelle les malheureux dont le dernier jour est venu. « Loizerolles! » personne ne répond. Une pensée soudaine surgit dans l'esprit du vieillard. C'est lui qui répondra! Il se présente au second appel, et se met à la file des condamnés qui vont partir pour l'échafaud. Il n'ose embrasser son fils, de peur de le réveiller ou d'exciter les soupçons des gardes; mais, s'adressant à voix basse à l'un de ses compagnons de captivité, qui le considère, les yeux pleins de larmes, il lui dit: « Quand il s'éveillera, oh! je vous en conjure, calmez-le; empêchez que son désespoir imprudent ne rende mon sacrifice inutile. J'ai le droit d'être obéi. Dites-lui que je lui défends de compromettre cette vie qu'il me doit pour la seconde fois. » Il sort avec la foule des condamnés, et, en courbant sa tête sur l'échafaud, il murmure ces derniers mots: « Seigneur, veille sur mon fils!

ÉTUDE 117
LE DIEU DE L'AVENIR
JÉRÉMIE 29:11

Dans ce passage, Dieu rappelle aux israélites en captivité à Babylone de ne pas s'inquiéter. Ils retourneront certainement dans leur pays après 70 ans. Et sur la base de ce message, Dieu leur communique son projet d'avenir pour eux.

C'est un passage prophétique et historique par rapport à Israël ; mais pratique par rapport aux inquiétudes que nous avons pour notre avenir.

Ces questions : Que se passera-t-il demain ? Qu'arrivera-t-il dans les jours à venir ? Quand est-ce que la misère, la maladie, la mort vont-elles frapper à nos portes ? Toutes les inquiétudes pour demain concernent l'avenir. Je vous présente notre Dieu ce matin comme LE DIEU DE L'AVENIR.

I- *LE GUIDE DE L'AVENIR*

    A- DIEU CONNAIT L'AVENIR
    B- DIEU COMPREND L'AVENIR
    C- DIEU COMMUNIQUE L'AVENIR

II- *LE GARDIEN DE L'AVENIR*

    A- DIEU A UN PROJET POUR L'AVENIR
    B- DIEU A UN PLAN POUR L'AVENIR
    C- DIEU A UNE PROMESSE POUR L'AVENI

III- *LA GARANTIE DE L'AVENIR*
    A- LA PAIX EST GARANTIE (SHALOM)
    B- L'AVENIR ESY GARANTI

C- L'ESPÉRANCE EST GARANTIE

IV- *LA GESTION DE L'AVENIR*

    A- INVOQUEZ DIEU
    B- PRIEZ DIEU
    C- CHERCHEZ DIEU

CONCLUSION : Nous pouvons confier tout notre avenir au Dieu de l'avenir.

ÉTUDE 118
LA DÉFINITION DE L'OFFRANDE À DIEU
1 Cor. 9 :1-15

Introduction : L'Apôtre Paul profite de faire passer un enseignement à l'occasion d'une offrande spéciale que les chrétiens de Corinthe devaient collecter pour les églises de la Macédoine.

Dans les cinq premiers versets, Paul reprend son plaidoyer auprès des Corinthiens. Ils s'étaient si clairement engagés, une année auparavant, quand la collecte en faveur des croyants de Judée avait été mise en route, que Paul s'était même glorifié d'eux auprès des Macédoniens. Or ceux-ci les dépassaient maintenant au niveau de la réalisation pratique. Il fallait donc que les Corinthiens agissent concrètement et tout de suite, afin que leur contribution puisse être considérée comme venant du cœur et non comme quelque chose d'extorqué. Ce nouvel appel est suivi de quelques considérations qui l'appuient. Ainsi sont mis en lumière d'autres principes importants concernant la libéralité.

I-   L'OFFRANDE EST UNE LIBÉRALITÉ

Definition : La libéralité désigne une disposition à la générosité. Quelqu'un faisant preuve de libéralité se montre libéral, généreux et offre quelque chose sans demander de contrepartie.

a) Dieu veut que nous donnions une partie de ce que nous avons reçu de lui pour témoigner notre amour pour lui et faire avancer son royaume
b) C''est terrible de refuser une offrande à celui qui est notre source

II-   L'OFFRANDE EST UNE SEMENCE

Definition : Semence vient du grec sperma = semence, germe. Ce terme a également donné le terme sperme. Par analogie il a pris en agriculture le sens de graine que l'on sème en vue d'une récolte. De même que l'homme

était supposé « ensemencer » la femme pour qu'elle porte un enfant, l'agriculteur ensemençait la terre pour qu'elle porte une récolte.
   a) La graine est choisie
   b) Une bonne terre est choisie
   c) Une récolte est attendue

Si les croyants se montrent avares dans leur administration des choses matérielles, le gouvernement de Dieu les laissera pauvres et démunis dans les choses spirituelles et matérielles.

III- L'OFFRANDE EST UN DON

Definition : Le don est l'action de donner sans contrepartie. Le don se veut désintéressé et intemporel, cependant, pour faire honneur au don, la personne qui en bénéficie peut faire un don en retour, qu'on appelle le contre-don. Il ne s'agit pas d'un acte d'échange de valeurs comme la vente ni le troc, puisque le receveur n'est pas tenu de rendre le don et la valeur des dons ne rentre pas directement en compte
   a) résolu en son cœur.
   b) Sans tristesse ni contrainte
   c) Dieu aime celui qui donne avec joie

Mais pour vraiment plaire à Dieu en donnant, il faut le faire joyeusement. Donner avec regret ou par contrainte n'a pas grande valeur aux yeux de Dieu. Que chacun se réfléchisse en son cœur à ce qu'il veut donner, selon son état. Si nos cœurs sont droits et au large parce qu'ils demeurent dans l'amour de Dieu, nous ne donnerons pas seulement libéralement, mais aussi joyeusement. Nous donnerons à la manière de Dieu lui-même, et Dieu aime ceux qui portent ses caractères.

IV- L'OFFRANDE EST UNE BÉNÉDICTION

Dans la Bible, une bénédiction est d'abord un acte de Dieu. Dieu veut le bien pour l'homme. Cette bénédiction s'enracine dans la Genèse où la Création bonne est faite pour le bien de l'homme. La Création est une bénédiction.
   a) La Bénédiction est aussi une reconnaissance

b) Ainsi, lorsque l'enfant de Dieu présente son offrande, elle rend grâce à Dieu, elle reconnaît la grâce de Dieu.
c) LA RECONNAISSANCE DE LA BÉNÉDICTION DE DIEU À TRAVERS L'OFFRANDE PRODUIT L'ABONDANCE.

Si nous ne donnons pas, mais nous contentons d'accumuler ce qui nous est donné ou de l'utiliser pour satisfaire nos plaisirs, nous sommes franchement injustes.

Conclusion : Tout don fait par un croyant provient de ce qui lui a été donné par Dieu. C'est pourquoi l'apôtre ne peut clore son exhortation sur ce sujet sans conduire nos pensées vers le don suprême de Dieu, duquel découle tout ce que nous pouvons donner. C'est un don si grand qu'il dépasse tout ce que nous sommes capables de dire ou de décrire. Nous ne pouvons qu'exprimer des Actions de grâces pour cela !

ÉTUDE 119
RESTAURER LA MISSION DE L'ÉGLISE DE JESUS-CHRIST
Luc 10 :17-21

Je voudrais m'adresser à vous ce matin sur un danger qui menace l'Église de Jésus-Christ. Par église nous voulons parler de tous ceux-là qui sont dans l'ekklesia de Dieu et qui par sa grâce sont devenus ses « ekklektoï », ses choisis, ses appelés. Le danger c'est que l'église risque de dévier de sa mission si elle ne fait pas attention, et le passage qui est devant nous peut nous servir de guide pour restaurer la mission de l'Église.

Il s'agit ici de 70 disciples que Jésus désigna et envoya en mission deux à deux. Il leu donna délégation de tâche et les envoya dans toutes les villes et dans tous les lieux où il devait se rendre lui-même. Mais avant de les envoyer, Jésus assura leur formation et leur donna des ordres :

A-**_Instructions sur_** l'immensité de la tâche : « la moisson est grande » leur dit-il . « Priez donc le maitre de la moisson d'envoyer des ouvriers dans sa moisson. »

Pourquoi y a-t-il toujours peu d'ouvriers dans la moisson ? L'ennemi est à l'œuvre pour réduire le nombre d'ouvriers, pour diviser les ouvriers, pour confondre les ouvriers.

Les vrais ouvriers sont ceux-là que Dieu envoie. C'est pourquoi il faut prier Dieu de nous les envoyer.

Si vous priez Dieu pour qu'il envoie des ouvriers dans sa moisson, vous devez être au rang des premiers ouvriers. Avant de dire à Dieu d'envoyer des ouvriers, il faut être prêt à dire à l'instar d'Esaïe : « Me voici, envoie-moi »

B- **_Avertissements_** : « Je vous envoie comme des agneaux au milieu des loups ». Le champ est miné. Verset 4. L'église ne devra pas être surprise de rencontrer des loups.

Le Loup et l'Agneau La raison du plus fort est toujours la meilleure : Nous l'allons montrer tout à l'heure. Un Agneau se désaltérait dans le courant d'une onde pure. Un Loup survient à jeun qui cherchait aventure, Et que la faim en ces lieux attirait. Qui te rend si hardi de troubler mon breuvage ? Dit cet animal plein de rage :Tu seras châtié de ta témérité.-

Sire, répond l'Agneau, que votre Majesté ne se met pas en colère ;Mais plutôt qu'elle considère que je me vais désaltérant. Dans le courant, Plus de vingt pas au-dessous d'Elle, Et que par conséquent, en aucune façon, je ne puis troubler sa boisson.- Tu la troubles, reprit cette bête cruelle, Et je sais que de moi tu médis l'an passé.- Comment l'aurais-je fait si je n'étais pas né ?Reprit l'Agneau, je tète encor ma mère.- Si ce n'est toi, c'est donc ton frère.- Je n'en ai point. - C'est donc quelqu'un des tiens : Car vous ne m'épargnez guère,Vous, vos bergers, et vos chiens.On me l'a dit : il faut que je me venge.Là-dessus, au fond des forêts Le Loup l'emporte, et puis le mange,sans autre forme de procès. *Jean de La Fontaine, Les Fables*

Cette fable illustre une morale et met en scène des animaux pour mieux évoquer les hommes. Elle met en évidence une réalité cruelle à portée universelle : le dialogue entre le loup et l'agneau met en évidence le comportement de celui qui non seulement exerce sa violence sur le plus faible, mais cherche à la justifier.

Nous sommes des agneaux travaillant au milieu des loups. Celui qui nous envoie est le lion de la tribu de Juda et Il peut vaincre les loups.

c- **_Provisions_** : « Pas de bourses, pas de sac, pas de soulier. » Je m'en occupe semble leur dire Jésus. Ne prenez pas le temps de saluer les gens sur votre route pour éviter toute distraction. Verset 4

d- **_Directions_** : Passez dans les maisons et dans les villes, Guérissez les malades, chassez les démons et annoncez le royaume de Dieu. Verset 9, 11. Si on ne vous reçoit pas dans certaines villes, déplacez-vous et laissez Dieu s'en occuper, remettez tout jugement à Dieu. Quand on vous rejette, c'est Dieu qu'on rejette. (v. 12-16)

Permettez que j'attire votre attention sur la suite de l'histoire

I- *LE RETOUR DE LA MISSION*

- A- Ils revinrent avec joie. Cette note est encourageante. Nombreux sont ceux qui n'expriment aucune joie au service du Seigneur. Ils sont tombés dans la routine de servir le Seigneur avec un manque de joie et d'amour.
- B- La Bible nous invite à servir l'Éternel avec joie (Psaumes 100 :2)

C- Pour retourner de la mission, pour revenir d'une mission, il faut l'avoir complétée. Dieu nous a envoyés pour achever une mission. On ne peut pas retourner sans l'accomplir. Matt 28 :19-20 et Actes 1 :8 nous confient une mission. Nous sommes des témoins de Jésus-Christ. Marturos= Martyrs. Prêts à mourir dans l'exercice de nos fonctions.

D- *L'objectif de l'Église est d'achever sa mission :*
l'église a une dimension politique = Nous faisons partie d'une communauté
l'église a une dimension sociale = Nous formons une société dans une société
l'église a une mission spirituelle = l'église existe pour gagner des âmes au Seigneur

II- LE RAPPORT DE LA MISSION

A- Ils dirent « Seigneur » : Nous avons tous un rapport à donner au Maitre. Êtes-vous prêts ?
Quel est le contenu de votre rapport ? 2 Cor 5 : 10 : « Il nous faut tous comparaitre par devant le tribunal de Christ… »

B- « Les démons mêmes nous sont soumis en ton nom » v.17

C- Le rapport ne dit rien sur la priorité de la mission. Aucune mention n'est faite du nombre de ceux-là qui ont reçu le message du royaume. La seule chose qui compte pour les disciples est les démons qui ont été soumis au nom de Jésus Christ.

D- *Seriez-vous étonnés d'apprendre que la mission de l'église n'est pas de chasser les démons. La mission de l'église est de prêcher l'évangile et d'annoncer que le royaume de Dieu est proche.*

III- LA RÉPONSE A LA MISSION

A- Satan est déjà vaincu à mes yeux , V.18 leur dit Jésus

B- Le pouvoir sur Satan Je vous l'ai donné , leur rappela Jésus

C- Plus important que l'emphase sur Satan est l'emphase sur le Salut que Dieu nous donne

Illustration : Job n'a jamais donné le crédit à Satan pour ce qu'il endurait. Il prenait l'habitude de rendre gloire à Dieu en toutes choses. [la satanisation de la foi chrétienne]

- D- La réponse de Jésus à ses disciples a redressé la barre et redirigé leur joie. La joie de guérir les malades, de chasser les démons n'est pas la vraie joie. La vraie joie c'est l'assurance du Salut.
- E- L'église existe pour prêcher l'évangile et communiquer l'assurance du Salut. 1 Jean 5 :16

    Les âmes qui viennent frapper à nos portes doivent trouver l'assurance du salut que donne la joie du Saint-Esprit . « Jésus tressaillit de joie par le Saint-Esprit. »
- F- Nos églises ont des problèmes parce que le taux du salut des membres est trop faible. ***IL YA UNE CRISE DE SALUT DANS NOS ASSEMBLÉES***. Nous lisons dans les Actes des Apôtres que « le Seigneur ajoutait chaque jour à l'église ceux qui étaient sauvés » . Quand l'église locale est infiltrée par des non-croyants et des inconvertis , nous enregistrons une crise de salut.

IV- LA RÉVÉLATION DE LA MISSION

- A- Nous avons le pouvoir sur l'ennemi
- B- Nous avons une place dans l'éternité
- C- Nous avons un Père qui veille sur nous

*La révélation de Dieu est cachée aux sages et aux intelligents, mais est offerte aux enfants, à ses humbles enfants.
Conclusion : Toute église qui priorise autre chose que le salut de l'âme dévie de sa mission. La priorité de l'église ce sont les âmes.

1- L'église n'est pas une société secrète
2- L'église n'est pas une plate-forme politique regroupant plusieurs partis
3- L'Église n'est pas un club artistique et culturel
4- L'église n'est pas une société anonyme regroupant plusieurs investisseurs avec leurs actions

5- L'église est un corps laissé par le Seigneur Jésus sur cette terre pour gagner des âmes. L'église appartient au Seigneur qui l'a acquise par son propre sang.

Illustration : La restauration de la mission de l'église passera par l'évangélisation des pécheurs, par une église qui encadre les croyants, qui édifie les saints, qui équipe les serviteurs et qui exalte le Seigneur.
1- Êtes-vous en mission ?
2- Où est votre rapport ?
3- Où est la réponse au rapport ?
4- Avez-vous une révélation de votre mission ?

ÉTUDE 120
LA DESCRIPTION DE LA BONTÉ DE DIEU

Jérémie 9:24 "Mais que celui qui veut se glorifier se glorifie D'avoir de l'intelligence et de me connaître, De savoir que je suis l'Éternel, Qui exerce la bonté, le droit et la justice sur la terre; car c'est à cela que je prends plaisir, dit l'Éternel. Qui pourra décrire toute la bonté de l'Éternel Dieu ?"

Psaumes 103:11 "Mais autant les cieux sont élevés au-dessus de la terre, Autant sa bonté est grande pour ceux qui le craignent."

Psaumes 31:19 "Oh! combien est grande ta bonté, Que tu tiens en réserve pour ceux qui te craignent, Que tu témoignes à ceux qui cherchent en toi leur refuge, à la vue des fils de l'homme!"

Psaumes 34 :9
Psaumes 36 :6 « Ta bonté atteint jusqu'aux cieux »
Psaumes 31 :20 « Combien est grande ta bonté »
Nombre 14 :18 « l'Éternel est riche en bonté »/ Ex. 34 :6
Psaumes 119 :64 « la terre est pleine de ta bonté. »

Introduction :
Dans ce message, nous allons essayer de décrire la bonté de Dieu. Dieu est bon. Il est de la nature de Dieu d'être bon. Contrairement au malin qui nous veut du mal, Dieu veut notre bonheur et y travaille.

Il nous est difficile de sonder et de décrire la bonté de Dieu, la grandeur de la bonté de Dieu nous dépasse. C'est un mystère. Pourquoi Dieu est-il aussi bon envers nous ? Pourquoi nous aime-t-il tant ?
ILLUSTRATION :
On raconte que Saint Augustin se promenait un jour au bord de la mer. Il vit des enfants qui puisaient de l'eau avec des

coquillages et la versaient dans un trou. « Que faites-vous là ? » leur demanda-t-il ? . « Nous vidons la mer pour voir ce qu'il y a au fond... » Augustin sourit et continua sa marche en disant : « Quelle simplicité que celle des enfants qui s'imaginent pouvoir vider la mer pour en sonder les profondeurs ! Mais ne suis-je pas aussi comme eux quand je prétends sonder les mystères divins. »

En Grec : Bonté, bien, bénignité = Chrestotes ; ***Un terme très fréquent dans l'A.T., hesed en hébreu, est traduit par : bonté, bienveillance, grâce, miséricorde, etc.***

Le texte biblique suggère parfois que la réaction de Dieu au péché de l'homme suit des directions opposées. Par moment, la *hesed* de Dieu tempère ou limite sa colère. Dieu dit : « Dans un instant de colère, je t'avais un moment dérobé ma face, mais avec un amour éternel (*hesed*) j'aurai compassion de toi. » (És 54.8) Michée interroge Dieu : « Quel Dieu est semblable à toi, qui pardonnes l'iniquité, qui oublie les péchés du reste de ton héritage ? Il ne garde pas sa colère à toujours, car il prend plaisir à la miséricorde (*hesed*). » (Mi 7.18) Quand l'auteur des Lamentations recherche la main bienveillante de Dieu dans le malheur, il la trouve dans l'assurance que l'amour de Dieu se prolongera au-delà de sa colère : « Car le Seigneur ne rejette pas à toujours. Mais, lorsqu'il afflige, il a compassion selon sa grande miséricorde (*hesed*). » (Lam 3.31-32)

La Bible expose du commencement à la fin une **théologie de la bonté de Dieu.** On ne peut pas comprendre ou saisir la personne de Dieu sans une compréhension de sa bonté. Regardons ensemble :

I- *LA BONTÉ DE DIEU DANS LA CRÉATION*

A- Il nous est donné de constater que Dieu apposa la signature de sa bonté à chaque acte de sa création en disant : C'est bon. Les Saintes Écritures déclarent avec raison que « les cieux racontent la gloire de Dieu et l'étendue manifeste l'œuvre de ses mains. » Ps. 19 :1
TOWB = (Hebr.) = Bon

B- Dans sa bonté, Dieu créa l'homme et le plaça en EDEN, un lieu de délices, un morceau de ciel sur terre (une atmosphère céleste sur un territoire terrestre) . Et selon sa bonté, Il trouva qu'il n'était pas bon que l'homme fût seul.

C- VOUS N'ETES PAS UN ACCIDENT DE L'HISTOIRE. À VOTRE NAISSANCE DIEU A DIT : TOWB
Chaque être humain est plus qu'un système complexe de neurones évolués par le processus de sélection naturelle. Chaque être humain n'est pas un accident de l'évolution, mais est créé à l'image d'un Dieu d'amour.

D- C'est de lui, par lui, et pour lui que sont toutes choses. À lui la gloire dans tous les siècles! Amen! Romains 11 :36

E- *Comment comprendre que l'homme qui fut bénéficiaire de la bonté de Dieu a la création s'érige aujourd'hui contre ce même Dieu en disant qu'il n'existe pas, qu'il est mort,.* L'Apôtre Paul eut raison d'écrire : « En effet, les perfections invisibles de Dieu, sa puissance éternelle et sa divinité, se voient comme à l'œil, depuis la création du monde, quand on les considère dans ses ouvrages. Ils sont donc inexcusables, **21** puisque ayant connu Dieu, ils ne l'ont point glorifié comme Dieu, et ne lui ont point rendu grâces; mais ils se sont égarés dans leurs pensées, et leur cœur sans intelligence a été plongé dans les ténèbres. **22** Se vantant d'être sages, ils sont devenus fous... »

F- *C'est dans sa bonté que même après le péché , Dieu lui-même chercha l'homme en lui disant : « OU es-tu ? » . Et c'est selon sa bonté qu'Il introduit le plan de la rédemption de l'homme en Genèse 3 :15, « le protoévangile »*

G- Toute l'Ancienne Alliance, tout l'Ancien Testament, c'est l'histoire de la bonté de Dieu qui fit choix d'un peuple pour qu'à travers ce peuple, son Fils unique Jésus Christ (son monogène, le seul en son genre) vienne offrir à l'homme pécheur le don de la bonté de Dieu. Remarquons :

II- **_LA BONTÉ DE DIEU DANS LA CONVERSION_** Tite 3:4-7 ; Rom. 2:4

A- Dans sa bonté, Dieu paya le prix de la rédemption pour la conversion de l'homme

« Mais, lorsque la bonté de Dieu (**Chrestotes**) notre Sauveur et son amour pour les hommes ont été manifestés, **5** il nous a sauvés, non à cause des œuvres de justice que nous aurions faites, mais selon sa miséricorde, par le baptême de la régénération et le renouvellement du Saint-Esprit, **6** qu'il a répandu sur nous avec abondance par Jésus-Christ notre Sauveur, **7** afin que, justifiés par sa grâce, nous devenions, en espérance, héritiers de la vie éternelle. «

« Ou méprises-tu les richesses de sa bonté (**Chrestotes**), de sa patience et de sa longanimité, ne reconnaissant pas que la bonté de Dieu te pousse à la repentance? » Romans 2:4

« Mais Dieu prouve son amour envers nous, en ce que, lorsque nous étions encore des pécheurs, Christ est mort pour nous. » Romains 5:8

Mais, lorsque la bonté (**chrestotes**) de Dieu notre Sauveur et son amour pour les hommes ont été manifestés, Tite 3:4

DANS SA BONTÉ, Dieu nous accorde le privilège de la régénération (Paligenesia) Jean 1:12

A- Pour être à même de sentir et de voir la bonté de Dieu, il fait se repentir et il faut se convertir
Metanoia = repentance, un changement de pensée et de mentalité ; Epistrepho = conversion, un changement de direction.

B- La Bible dit en 1 Jean 5:19 que le monde entier est sous la puissance du malin. Le dieu de ce siècle continue d'aveugler l'intelligence des non-croyants.

« Si notre Évangile est encore voilé, il est voilé pour ceux qui périssent; 4 pour les incrédules dont le dieu de ce siècle a aveuglé l'intelligence, afin qu'ils ne vissent pas briller la splendeur de l'Évangile de la gloire de Christ, qui est l'image de Dieu. » 2 Cor 4:3-4

ILLUSTRATION :

William Carey, l'un des missionnaires pionniers des temps modernes passa 41 ans en Inde, Il fut atteint d'une terrible maladie qui menaça sa vie. On demanda Carey, si vous deviez mourir, sur quel passage aimeriez-vous qu'on prêche à vos funérailles. Il répondit : « on n'a pas besoin de parler d'un pauvre pécheur, indigne comme moi ; que l'on prêche seulement ces paroles ' O Dieu aie pitié de moi dans ta bonté selon ta grande miséricorde, et efface mes transgressions ». Psaumes 51 :1. Effectivement, en reconnaissance à la bonté de Dieu on écrivit sur sa pierre tombale « William Carey, un pauvre pécheur, un simple vermisseau tombé dans les bras de la bonté de Dieu.

Il faut aussi noter :

III-   LA BONTÉ DE DIEU DANS LA CORRECTION

A- Dieu est aussi bon quand il corrige et châtie

« Car le Seigneur châtie celui qu'il aime, Et il frappe de la verge tous ceux qu'il reconnaît pour ses fils. » HEB.12 :6 et Proverbes 3 :12

« Moi, je reprends et je châtie tous ceux que j'aime. Aie donc du zèle, et repens-toi. » Apo. 3 :19

   B- Dans le **_châtiment_** comme dans **_l'épreuve_**, Dieu nous façonne et nous émonde pour que nous portions plus de fruits.

La correction de Dieu ne doit pas être confondue avec la punition qui émane d'un cœur dur et froid. Quand Dieu nous corrige, c'est une réponse de Son amour qui désire que chacun d'entre nous soit saint. La correction de Dieu s'exerce pour notre propre bien : pour que Dieu puisse être glorifié au travers de nos vies. Il désire que nos vies manifestent la sainteté, que ce soient des vies qui reflètent la nouvelle nature que Dieu nous a donnée. « Comme des enfants obéissants, ne vous conformez pas aux convoitises que vous aviez autrefois, quand vous étiez dans l'ignorance. Mais, puisque celui qui vous a appelés est saint, vous aussi soyez saints dans toute votre conduite, selon qu'il est écrit : « soyez saints, car je suis saint »'. (1 Pierre 1 : 15-16).

ILLUSTRATION :
Voyageant au Proche-Orient, un chrétien rencontra un berger. Selon la tradition, ce dernier appelait les brebis par leur nom. Le touriste demanda au berger : » Seriez-vous d'accord que je me serve de votre houlette pour voir si vos brebis me suivront, moi, un étranger ? »

Le berger lui permit de tenter l'expérience. Ainsi travesti et imitant au mieux la voix de son hôte, le pseudoberger se mit a appeler le brebis : » Mina. Micas, Susa, venez... » Mais le troupeau s'enfuit.

Alors le croyant demanda au berger : « n'y aura-t-il pas une brebis qui me suive ? « « Oh, si répondit le vrai gardien, quelques-uns le feront : les malades, elles suivent n'importe qui ».

La Bible avertit du danger que représentent les faux bergers. Veillons à notre santé spirituelle pour ne pas être reconduit.

Il faut aussi noter :

IV- LA BONTÉ DE DIEU DANS LA CONFESSION
Psaumes 32 :1-5
Homologeo : dire les mêmes choses.

A- L'expérience de David

e David. Cantique. Heureux celui à qui la transgression est remise, A qui le péché est pardonné!

² Heureux l'homme à qui l'Éternel n'impute pas d'iniquité, Et dans l'esprit duquel il n'y a point de fraude!³ Tant que je me suis tu, mes os se consumaient, Je gémissais toute la journée;

⁴ Car nuit et jour ta main s'appesantissait sur moi, Ma vigueur n'était plus que sécheresse, comme celle de l'été. ⁵ Je t'ai fait connaître mon péché, je n'ai pas caché mon iniquité; J'ai dit: J'avouerai mes transgressions à l'Éternel! Et tu as effacé la peine de mon péché.

B- L'Experience de tout enfant de Dieu

1 Jean 1 : 9 : « Si nous confessons nos péchés, il est fidèle et juste pour nous les pardonner, et pour nous purifier de toute iniquité. »

1- La confession est nécessaire pour recevoir le pardon de Dieu
2- La confession est nécessaire pour recevoir la purification de Dieu

CONCLUSION :

LA BONTÉ DE DIEU DANS LA CRÉATION, LA BONTÉ DE DIEU DANS LA CONVERSION, LA BONTÉ DE DIEU DANS LA CORRECTION, LA BONTÉ DE DIEU DANS LA CONFESSION, TOUT CELA NOUS DONNE UNE IDÉE DE LA MESURE DE CETTE BONTÉ QUI NOUS RENCONTRE AU CARREFOUR DE LA GRÂCE.

Illustration :

À l'issue d'un culte dans une église africaine, on passa le panier pour prélever l'offrande. Ce panier était en fait une calebasse en forme de soucoupe, servant à la cueillette du manioc.

Assis sur le dernier banc de l'église, un petit garçon observait d'un air songeur ce panier qui passait de rang en rang. La tristesse le gagna à la pensée qu'il n'avait rien à offrir au Seigneur.

Bientôt la calebasse arriva près de lui et, à la stupeur des fidèles, le garçon s'assit dans le panier en disant : « la seule chose que je possède, je la donne en offrande au Seigneur.

C'est ce que nous sommes tous invités à faire : nous donner tout entier au Seigneur. Il ne veut pas seulement une offrande financière, Il veut notre être tout entier. Ref « Romains 12 :1 « Je vous exhorte donc frères.................... »

ÉTUDE 121
LA DÉCOUVERTE DE LA BONTÉ DE DIEU
Psaumes 34

Introduction
Depuis la chute d'Adam, à partir de la chute de l'homme, tous les fils d'Adam nés sur cette terre ont des problèmes fonctionnels, structurels et relationnels. Tous les problèmes spirituels de l'homme ont des retombées psychologiques. L'homme pécheur ne peut pas sentir ni gouter que l'Éternel est bon. QUELQU'UN QUI EST MORT NE PEUT NI SENTIR NI GOUTER.

La planète Terre occupe une place spéciale dans le plan de Dieu qui a décidé de créer l'homme et de la lui donner comme lieu de résidence (Psaumes 115). L'homme lui-même est la seule créature de l'univers faite à l'image de Dieu (Psaumes 8), ce qui le met à un niveau supérieur par rapport aux anges. Toute la création est l'œuvre du Fils de Dieu, Le logos, par qui toutes choses, dont l'homme, ont été faites. L'être humain fut donc créé à l'image de Dieu/ Christ. (Imago Dei). L'être humain reflète quelque chose concernant Dieu qui est introuvable dans le reste de la création. C'est ce qui donne à l'homme une dimension intrinsèque, la dimension divine est ce qui donne de la dignité à l'homme. La vision chrétienne du monde soutient que la base de la dignité humaine c'est le fait que l'homme soit créé à l'image de Dieu.

Chaque être humain est plus qu'un système complexe de neurones évolués par le processus de sélection naturelle. Chaque être humain n'est pas un accident de l'évolution, mais est créé à l'image d'un Dieu d'amour. Cette image de Dieu en l'homme d'après les théologiens se divise en trois parties : une partie ***fonctionnelle***, une ***partie structurelle*** et une ***partie relationnelle***. Il est difficile à la théologie comme à la psychologie de comprendre l'homme sans tenir compte de ses trois catégories.

Le Ps 34 est un psaume alphabétique, c'est-à-dire que le premier mot de chaque verset commence, dans l'ordre, par une lettre de l'alphabet hébreu. Devant une épreuve difficile, le psalmiste a invoqué le Seigneur et sa prière a été exaucée ; il exprime alors sa reconnaissance et il invite tous les fidèles à partager sa joie et sa confiance en Dieu. Au v.5, trois verbes évoquent ce qui s'est produit : « il a cherché le Seigneur ; le Seigneur lui a répondu ; il l'a délivré ». Au v.7, trois autres verbes rappellent les trois actes qui ont jalonné l'épreuve : « il a crié ; le Seigneur a répondu ; il l'a sauvé ». Le verset 8 parle de l'ange du Seigneur (cf. Ex 14,19 ; Ps 91,11 ; 103,21). C'est l'image d'une ville assiégée : l'armée céleste, représentée par les anges, campe autour de la ville menacée et Dieu protège ses amis les pauvres (cf. Jos 5,14 ; Dn 12,1 ; Za 9,8 ; Ps 127,1).

I- L'EXPOSÉ DE LA BONTÉ DE DIEU, v 1-8
A- C'est David qui fait dans ce passage l'exposé de la bonté de Dieu

Si vous avez une source de vérité autre que la vérité biblique, vous êtes dans le mensonge. La vérité objective de la parole de Dieu ne saurait se soumettre aux raisonnements subjectifs de certains.
Aujourd'hui encore, l'ennemi est derrière les philosophies des relativistes, des postmodernistes et des pluralistes pour appeler Dieu au banc des accusés. L'Ennemi a une méthode contre l'église.

1- Délivré de toutes ses frayeurs
2- Rayonnant de joie
3- Sauvé des détresses
4- Arraché du danger

Le psaume 34 décrit le Seigneur comme Celui qui délivre les justes. David a écrit ce psaume quand le Seigneur l'a délivré d'une mort certaine, lorsqu'il a prétendu être fou devant le roi Abimélec. Alors il dit: « Je bénirai le Seigneur en tout temps. Ce pauvre homme a crié et le Seigneur l'a entendu. Goûtez et voyez comme le Seigneur est bon. » (Ps 34 : 1, 6, 8). David a reconnu que « l'ange du Seigneur campe autour de ceux qui le craignent et les arrache au danger » (Ps 34 : 7) Il a aussi vu que « les yeux du Seigneur sont sur les justes et ses oreilles sont toujours attentives à leurs cris », et que « le Seigneur est proche de ceux qui ont le cœur brisé » 'Ps 34 : 15, 19). Ne croyez surtout pas que si vous êtes justes vous n'aurez pas de problèmes. Vous en aurez davantage. 'Mais le Seigneur vous délivrera de TOUS » (Ps 34 : 19). Il y a encore une autre prophétie messianique : « Il garde tous ses os. Aucun d'eux n'est brisé. (Ps 34 : 20) – ce qui a été accompli sur la croix.

Aux versets 9-11, le psalmiste se tourne vers ses auditeurs : on y retrouve un vocabulaire « culinaire » : « goûtez, le Seigneur est bon, rien ne manque à ceux qui le craignent, les riches ont faim, qui cherche Dieu ne manque d'aucun bien ». Il y a là une belle formulation de la douceur qu'on éprouve à demeurer fidèle à Dieu ; on savoure ses bontés, tels les mets exquis d'un festin. On cherche Dieu par l'intelligence, certes, mais aussi et surtout par le cœur, la conscience et toute la vie.

II- L'EXISTENCE DE LA BONTÉ DE DIEU v 9

La Bonté de Dieu est réelle. Le mal n'est autre que l'absence de la bonté de Dieu. Tous les fils d'Adam sont conçus dans le péché et nés dans l'iniquité. Toute société sans Dieu est une société sans vie. L'homme sans Dieu porte en lui-même la semence de mort physique, mort spirituelle, mort éternelle.

- A- La bonté de Dieu peut racheter le pécheur de la mort spirituelle, Rom 3:23; Rom 6:23
- B- La bonté de Dieu peut racheter le pécheur de la mort éternelle. Jean 3:16.

III- L'EXPRESSION DE LA BONTÉ DE DIEU v. 10
- A- Rien ne manque à ceux qui le craignent
- B- L'éternel s'exprime par sa bonté

L'homme qui n'a pas l'Esprit de Dieu marche sans Dieu ; l'homme sans Dieu est un homme animal et instinctif, incapable de comprendre les choses de l'Esprit (1 Cor. 2 :14. Quand la Bible note le niveau de la méchanceté des hommes avant le déluge, cela avait atteint le point culminant d'épuiser la patience de Dieu.

MAIS NOÉ TROUVA GRÂCE AUX YEUX DE DIEU.

Avant de juger l'homme sans Dieu par le déluge, Dieu choisit Noé pour lui offrir sa grâce, et l'arche pour le sauver du jugement. La patience de Dieu se prolongea jusqu'à 120 ans pour permettre à l'homme de retourner vers Dieu la patience de Dieu.

L'EXPÉRIENCE DE LA BONTÉ DE DIEU v.11-15

> A- Celui qui cherche refuge en l'Éternel peut découvrir sa bonté
> B- Celui ou celle qui a fait l'expérience de la bonté de Dieu apprend à cultiver la crainte de l'Éternel.

CONCLUSION :

Un éminent prédicateur du 18ᵉ siècle fut un jour invité par un général Anglais à participer à un banquet que ce dernier donnait en l'honneur de ses officiers. À la fin du repas, au cours de l'allocution du pasteur, le général interrompt l'orateur : Révérend, dites-moi quelque chose de sur concernant l'éternité. » Le prédicateur lui répondit : « Mon général, vous voulez des certitudes ; je vous dis que dans l'éternité vous ne serez plus général. »

« Et que sert-il à un homme de gagner tout le monde, s'il perd son âme. » Marc 8 :36

ÉTUDE 122
LA DEMONSTRATION DE LA BONTE DE DIEU
Éphésiens 4 : 1-16

La mission de l'Église est de construire l'image de Christ dans les croyants en Jésus-Christ. Dans ce passage Paul nous explique comment le faire. Maintenance et entretien de l'image : voilà la mission de l'Église. Nous devons travailler à notre salut ; une autre façon de responsabiliser le croyant par rapport à l'image de Christ en lui.

Nous sommes l'ouvrage de Dieu « POEMA » : UNE ŒUVRE D'ART : Eph. 2 :8-10.

I- LA DÉMONSTRATION DANS L'UNITÉ

A) Un seul corps v.3
B) Un seul Esprit v.4
C) Une seule espérance v.4
D) Un seul Seigneur
E) Une seule foi
F) Un seul baptême

L'esprit de division dans l'église ne saurait construire l'image de Christ. Dieu ne nous a pas appelés à former une union, une uniformité ; mais une unité.

ILLUSTRATION :

Lorsque l'Évangéliste Moody entra dans la salle où des milliers de personnes s'étaient réunies pour l'entendre, un homme lui remit un billet soigneusement plié. Pensant qu'il s'agissait d'un avis, il glissa le papier dans sa poche et continua de se frayer un chemin jusqu'à l'estrade. Parvenu au pupitre, il déplia le papier et s'apprêta à le lire. Mais sur le billet figurait un seul mot : « idiot ». Moody ne perdit pas contenance et, s'adressant à la foule, dit : « Déjà, plusieurs fois dans ma vie, j'ai reçu une lettre que l'expéditeur avait oublié de signer. Mais en entrant dans cette salle, on m'a remis une feuille portant un seul mot : « idiot ». Je dois dire que cela sort vraiment de l'ordinaire, ça pour la première fois de ma vie, je reçois une lettre signée par un individu qui a oublié d'écrire son texte. »

II- LA DÉMONSTRATION DANS LA DIVERSITÉ

A) CHACUN DE NOUS A REÇU LA GRÂCE V.7

C'est grave de voir un serviteur jaloux et envieux de la grâce que Dieu a faite à un autre, sans se soucier de la grâce spéciale qui lui a été faite.

B) CHACUN DE NOUS A REÇU DES DONS
1- Apôtres
2- Prophètes
3- Évangélistes
4- Pasteurs
5- Docteurs

Il y a une liste exhaustive des différents dons spirituels en 1 cor 12 où l'Apôtre Paul écrivit : 1 Pour ce qui concerne les dons spirituels, je ne veux pas, frères, que vous soyez dans l'ignorance. 4 Il y a diversité de dons, mais le même Esprit; 5 diversité de ministères, mais le même Seigneur; 6 diversité d'opérations, mais le même Dieu qui opère tout en tous. 7 Or, à chacun la manifestation de l'Esprit est donnée pour l'utilité commune. 8 En effet, à l'un est donnée par l'Esprit une parole de sagesse; à un autre, une parole de connaissance, selon le même Esprit; 9 à un autre, la foi, par le même Esprit; à un autre, le don des guérisons, par le même Esprit; 10 à un autre, le don d'opérer des miracles; à un autre, la prophétie; à un autre, le discernement des esprits; à un autre, la diversité des langues; à un autre, l'interprétation des langues. 11 Un seul et même Esprit opère toutes ces choses, les distribuant à chacun en particulier comme il veut.

III- LA DÉMONSTRATION DANS LA MATURITÉ
A) Le perfectionnement des saints
B) L'œuvre du ministère
C) L'Édification du corps de Christ

Un don spirituel doit être exercé en vue de l'édification des saints. Toute assemblée qui a un pourcentage trop élevé de membres immatures doit réviser son curriculum.

Une église immature reste une église charnelle

IV- LA DÉMONSTRATION DANS LA VÉRITÉ

A) La vérité doctrinale v.14
- L'Église est une institution théologique ; on y vient pour connaitre Dieu afin de mieux le servir
- L'Église n'est pas prioritairement un centre thérapeutique pour recevoir des solutions instantanées.
- Le processus de triage théologique est nécessaire pour aider le peuple de Dieu à connaitre Dieu. Il faut enseigner.
    1- Les doctrines fondamentales a la foi chrétienne
    2- Les doctrines fondamentales a la vie de l'église
    3- Les doctrines fondamentales a la théologie chrétienne et à la défense de la foi.
    2 Tim. 4 : 2 soutient cette approche.

Sans l'enseignement des doctrines fondamentales de la foi chrétienne. L'église n'est plus équipée pour croitre dans la grace.

B) La vérité dans la charité v. 15

Conclusion : Christ a aimé l'église et s'est livré lui-même pour elle. C'est la plus grande démonstration de la bonté de Dieu.

ÉTUDE 123
LA CREATION DE L'IMAGE DE DIEU
Genèse 1 : 26,27

Intro :
La planète Terre occupe une place spéciale dans le plan de Dieu qui a décidé de créer l'homme et de la lui donner comme lieu de résidence (Psaumes 115). L'homme lui-même est la seule créature de l'univers faite) à l'image de Dieu (Psaumes 8), ce qui le met à un niveau supérieur par rapport aux anges. Toute la création est l'œuvre du Fils de Dieu, Le logos, par qui toutes choses, dont l'homme, ont été faites. L'être humain fut donc créé à l'image de Dieu/ Christ. (Imago Dei). L'être humain reflète quelque chose concernant Dieu qui est introuvable dans le reste de la création. C'est ce qui donne à l'homme une dimension intrinsèque, la dimension divine est ce qui donne de la dignité à l'homme. La vision chrétienne du monde soutient que la base de la dignité humaine c'est le fait que l'homme soit créé à l'image de Dieu.

Chaque être humain est plus qu'un système complexe de neurones évolués par le processus de sélection naturelle. Chaque être humain n'est pas un accident de l'évolution, mais est créé à l'image d'un Dieu d'amour. Cette image de Dieu en l'homme d'après les théologiens se divise en trois parties : une partie **_fonctionnelle_**, une **_partie structurelle_** et une **_partie relationnelle_**. Il est difficile à la théologie comme à la psychologie de comprendre l'homme sans tenir compte de ces trois catégories.

1- **_Sur le plan fonctionnel._** L'image de Dieu dans l'homme se révèle au niveau du comportement humain appelé à dominer la création de Dieu (ps. 8). Un être humain fonctionnel possède toute l'habileté mentale dont il a besoin pour se contrôler et gérer son environnement.

2- **_Sur le plan structurel_**, l'image de Dieu dans l'homme reflète quelque chose de la nature et du caractère de Dieu. L'être humain a reçu de Dieu une capacité morale et rationnelle de penser clairement, prendre les bonnes décisions pour son avenir.

3- <u>Sur le plan relationnel</u>, l'image de Dieu dans l'homme facilite la relation de l'homme avec Dieu et son prochain. L'homme est créé pour être en relation à l'instar de la trinité divine. Il n'est toujours pas bon que l'homme soit seul.

I- *LA PLACE DE L'HOMME DANS LA PENSÉE DE DIEU. V.26*

A- L'homme fut créé jusqu'au 6e jour de la création, si l'homme avait été créé le premier jour il aurait trouvé une terre informe vide. Avant même que l'homme ne fût créé, l'homme était dans la pensée de Dieu parce que Dieu travaillait pour lui. Même quand nous ne sommes pas conscients de ce que Dieu fait, nous sommes toujours dans ses pensées.

B- Que tes pensées me sont précieuses, ô Dieu, et combien le nombre en est grand!
18 Les veux-je compter? Elles sont plus nombreuses que le sable. Suis-je réveillé? Je suis encore avec toi (Psaumes 139 :17-18)

« Car vos pensées ne sont pas mes pensées, et vos voies ne sont pas mes voies, déclare l'Éternel; autant le ciel est élevé au-dessus de la terre, autant mes voies sont élevées au-dessus de vos voies, et autant mes pensées sont élevées au-dessus des vôtres.

II- *LA PLACE DE L'HOMME DANS LA PAROLE DE DIEU. V. 26*

A- La création est le fruit de la parole de Dieu
1- Nous avons été créés parce que Dieu a parlé
2- Dieu dit : Faisons l'homme à notre image selon notre ressemblance
B- LA parole de Dieu a tout créé
1- « Toutes choses ont été faites par elle » Jean 1 : 1-6

2- Les choses visibles et invisibles ont été créées par la parole de Dieu

N.B. Aujourd'hui encore, il suffit à Dieu de placer un mot pour nous et tout est réglé.

III- LA PLACE DE L'HOMME DANS LE PLAN DE DIEU.
v. 28-29

A- L'homme fut créé pour gérer son environnement
1- La gestion de la terre était la responsabilité de l'homme
B- L'homme fut créé pour croitre, multiplier et remplir la terre

N.B. Le même Dieu qui a créé Adam et Eve suivant un plan a aussi un plan pour chacun de ses enfants.

A- Dieu planta un jardin et y plaça l'homme
1- La nourriture d'Adam était assurée bien avant sa création
2- Adam avait aussi la responsabilité de maintenir le jardin
B- Dieu lui donna une femme pour qu'il ne soit pas seul
1- Adam avait un jardin bien avant la création de la femme
2- Sans provision, ne cherchez pas une femme

CONCLUSION :

Nos premiers parents furent créés à l'image de Dieu, et cette image était le Christ par qui et pour qui tout a été créé. Quand l'homme reste à sa place dans la pensée de Dieu, dans la parole de Dieu, dans le plan de Dieu et dans la provision de Dieu, la vie divine grandit en lui et l'aide aux niveaux : fonctionnels, structurels et relationnels. L'homme possède toute l'habileté mentale dont il a besoin pour se contrôler et gérer son environnement ; il reçoit de Dieu une capacité morale et rationnelle pour penser clairement et prendre les bonnes décisions pour son avenir. L'image de Dieu dans l'homme facilite la relation de l'homme avec Dieu et avec son prochain.

ÉTUDE 124
LA CORRUPTION DE L'IMAGE DE DIEU
Genèse 3 :1-15

Intro :

Nos premiers parents furent créés à l'image de Dieu, et cette image était le Christ par qui et pour qui tout a été créé. Quand l'homme reste à sa place dans la pensée de Dieu , dans la parole de Dieu , dans le plan de Dieu et dans la provision de Dieu . La vie divine grandit en lui et l'aide aux niveaux : fonctionnels, structurels et relationnels. Il possède toute l'habileté mentale dont il a besoin pour se contrôler et gérer son environnement ; il reçoit de Dieu une capacité morale et rationnelle de penser clairement, prendre les bonnes décisions pour son avenir.

L'image de Christ fut donnée à Adam, mais ce dernier échoua. Jésus-Christ est venu sur la terre pour donner son image à l'église. Le même serpent qui a fait échouer Adam et Eve est en campagne encore aujourd'hui pour faire échouer l'église. La force du Serpent frappe l'église aujourd'hui ; voilà pourquoi il nous est dit en Eph 6 que nous ne combattons pas contre la chair et le sang...

L'image de Dieu dans l'homme facilite la relation de l'homme avec Dieu et avec son prochain. Dans le passage qui est devant nous, l'homme perdit sa place auprès de Dieu et salit l'image de Christ en lui.

I- LA MISSION DE L'ENNEMI DE L'HOMME
A- Dérober l'image de Christ dans l'homme
  1- Empêcher à l'homme de fonctionner et de contrôler son environnement
  2- Enlever à l'homme toute structure de penser et de décider moralement
  3- Rendre impossible toute relation de l'homme avec Dieu et avec son prochain

B- Corrompre l'image de Christ dans l'homme

C- Détruire l'image de Christ dans l'homme

N.B. Aujourd'hui encore la mission de l'ennemi n'a pas changé. Satan est un voleur prêt à égorger, dérober et détruire Ref. Jean 10 . ***L'église est l'image de Christ sur la terre, et le diable a une mission contre l'Église pour en corrompre l'image.***

II- LA MÉTHODE DE L'ENNEMI DE L'HOMME
A- La Pensée de Dieu est mise en question
B- La Parole de Dieu est mise en question
C- Le plan de Dieu est mis en question
D- La provision de Dieu est mise en question

N.B. Aujourd'hui encore, l'ennemi est derrière les philosophies des relativistes, des postmodernistes et des pluralistes pour appeler Dieu au banc des accusés. L'Ennemi a une méthode contre l'église.

III- LE MENSONGE DE L'ENNEMI DE L'HOMME
A- Dieu ne vous a pas dit la vérité
   1- Dieu n'a pas tout dit
B- Dieu ne veut pas que vous ayez de la connaissance
   1- Dieu n'est pas ce qu'Il est
C- Dieu ne veut pas que vous deveniez comme des dieux
   1- L'homme peut devenir dieu
   2- Tout est relatif, il n'y a pas d'absolu

N.B. Si vous avez une source de vérité autre que la vérité biblique, vous êtes dans le mensonge. La vérité objective de la parole de Dieu ne saurait se soumettre aux raisonnements subjectifs de certains.

IV- LA MÉCHANCETÉ DE L'ENNEMIE DE L'HOMME
A- L'ennemi savait ce qu'il faisait
   1- Il voulait empêcher à l'homme de rester en Eden, ce coin de paradis.
   2- Il voulait détruire la créature la plus précieuse de Dieu

B- L'ennemi prend plaisir à dévorer comme un lion rugissant

1- Il ne veut pas périr seul
2- Il ne veut pas souffrir seul

Conclusion :

À partir de la chute de l'homme, tous les fils d'Adam nés sur cette terre ont des problèmes fonctionnels, structurels et relationnels. Tous les problèmes spirituels de l'homme ont des retombées psychologiques. Le grand restaurateur de l'âme. Jésus-Christ, est venu chercher et sauver tous ceux-là qui sont perdus (Luc 19 :10).

ÉTUDE 125
LA CONDITION DE L'IMAGE DE DIEU
Genèse 5 : 1-5 ; Genèse 6 :1-7

Intro :

La corruption de l'image de Dieu dans l'homme fut la cause de la chute de l'homme. Dieu fut obligé de chasser Adam et Eve du jardin d'Eden ; depuis lors, l'homme demeure loin de Dieu, et tous ceux qui vivent loin de Dieu doivent en subir les conséquences.

L'homme sans Dieu est dans une mauvaise condition. Remarquez que Genèse 5 : 1 nous dit que Adam fut créé à la ressemblance de Dieu, et le verset 3 nous dit que Adam engendra Seth a sa ressemblance et selon son image. Tous les fils d'Adam sont conçus dans le péché et nés dans l'iniquité. Toute société sans Dieu est une société sans vie. C'est Dieu qui donne la vie à l'homme, et sans Dieu l'homme est dans les conditions suivantes :

I- **LA MORT DE L'HOMME SANS DIEU** Gen chp 5
  A. Le triste refrain de l'histoire de l'humanité: « Puis, il mourut »
  B. Une longue vie ne garantit personne contre la mort. Psaumes 90 est clair sur ce point : « les jours de nos années s'élèvent à 70 ans… »
  C. L'homme sans Dieu porte en lui-même la semence de mort physique, mort spirituelle, mort éternelle.

II- **LA MARCHE DE L'HOMME SANS DIEU** Gen 6 :1-2
  A- Attaque contre l'espèce humaine
  1- L'ennemi contribue continuellement à la marche de l'homme sans Dieu. Après l'attaque du jardin d'Eden, l'ennemi érigea Caïn contre Abel pour faire échouer le plan
  2- L'attaque la plus fatale de l'ennemi contre l'homme fut de commanditer des relations entre les fils de Dieu et les filles des hommes. Que les fils de Dieu fussent anges ou hommes de la

lignée maudite de Caïn, l'objectif de l'ennemi était d'anéantir l'espèce humaine et détruire l'image de Christ.

B- Le retrait de l'Esprit de l'Éternel de l'espèce humaine eut comme résultat une réduction des jours de l'homme.
C- Déchéance de l'espèce humaine
1- à race des géants

L'homme qui n'a pas l'Esprit de Dieu, marche sans Dieu ; l'homme sans Dieu est un homme animal et instinctif, incapable de comprendre les choses de l'Esprit (1 Cor. 2 :14).

III- *LA MÉCHANCETÉ DE L'HOMME SANS DIEU 6 :5*
A- La méchanceté de l'homme sous le regard de Dieu
B- Une méchanceté humaine jugée grande
C- Des pensées humaines portées uniquement vers le mal

Quand la Bible note le niveau de la méchanceté des hommes avant le déluge, cela avait atteint le point culminant qui épuisa la patience de Dieu

IV- *LA MISERE DE L'HOMME SANS DIEU 6 :6-7*
A- Dieu est affligé de voir l'homme sans Dieu

L'Éternel se repentit :

B- Dieu condamne l'homme sans Dieu

C- La terre connait des souffrances à cause de l'homme sans Dieu

Avant de juger l'homme sans Dieu par le déluge, Dieu choisit Noé pour lui offrir sa grâce, ct l'arche pour le sauver du jugement. La patience de Dieu se prolongea jusqu'à 120 ans pour permettre à l'homme de retourner vers Dieu.

Conclusion

L'image de Dieu dans l'homme, étant corrompue, sa condition s'empire du fait qu'il est sans Dieu. Tout changement de sa condition passe par Christ le Sauveur du monde.

ÉTUDE 126
LA RESTAURATION DE L'IMAGE DE CHRIST
Col 1 :12-22

Introduction :

Christ est venu sur la terre pour remettre dans l'homme son image ; et pour ce faire, Dieu a mis en place tout ce qui est nécessaire pour faire paraitre l'image de Christ en nous.

I- *LE POUVOIR DE LA RÉGÉNÉRATION 1 :12*
  A- Rendre grâces au Père
  1- Seulement l'œuvre de la régénération peut faire de nous le fils de Dieu
  2- C'est Dieu qui nous rend capable de faire l'expérience de la nouvelle naissance

II- *LE PRIX DE LA RÉDEMPTION 1 :13-14*

  A- La rédemption délivre le croyant de la puissance des ténèbres
  B- La rédemption transporte le croyant dans le royaume du Fils de Dieu

III- *LE POIDS DE LA RÉMISSION 1 :14*
  A- La rémission est le pardon total des péchés commis
  B- En Christ Dieu remet aux pécheurs leurs péchés sans risque de condamnation

IV- *LE PLAN DE LA RÉCONCILIATION 1 :20-22*
  A- Seulement l'œuvre du Fils à la croix pouvait rendre possible la réconciliation
  B- La réconciliation a un impact terrestre et céleste
  C- La réconciliation restaure l'image de Christ dans le croyant

CONCLUSION :
Il a fallu le pouvoir de la régénération, le prix de la rédemption, le poids de la rémission, et le plan de la réconciliation pour restaurer l'image de Christ dans l'homme. Grâce à cette restauration, tous les problèmes fonctionnels, structurels et relationnels de l'homme peuvent être résolus.

ÉTUDE 127
LA DÉCLARATION DE LA BONTÉ DE DIEU

Lorsque nous sommes découragés et malheureux, il est bon de se rappeler certaines choses et en particulier la bonté de Dieu.

Lamentations de Jérémie 3.19/25 "Quand je pense à ma détresse et à ma misère, A l'absinthe et au poison; Quand mon âme s'en souvient, Elle est abattue au dedans de moi L'Éternel est mon partage, dit mon âme; C'est pourquoi je veux espérer en lui. L'Éternel a de la bonté pour qui espère en lui, Pour l'âme qui le cherche."

Comment pouvons-nous connaître la bonté de Dieu ? Le prophète Jérémie dit : "Voici ce que je veux repasser dans mon cœur..." Il voulait réfléchir, penser à la bonté de Dieu, afin de découvrir son immensité et sa constance. La Parole de Dieu, surtout les Psaumes, nous parle de la bonté de Dieu et ceux qui ont écrit à son sujet apparaissent comme des observateurs attentifs et désireux de cette connaissance, ainsi que le demandait le psalmiste :

Jérémie 9:24 "Mais que celui qui veut se glorifier se glorifie D'avoir de l'intelligence et de me connaître, De savoir que je suis l'Éternel, Qui exerce la bonté, le droit et la justice sur la terre; car c'est à cela que je prends plaisir, dit l'Éternel. Qui pourra décrire toute la bonté de l'Éternel Dieu ?"

I- LA FOI EN LA BONTÉ DE DIEU-

. Voici ce que je veux repasser en mon cœur, Ce qui me donnera de l'espérance.

A- Fais-moi dès le matin entendre ta bonté! Car je me confie en toi. Fais-moi connaître le chemin où je dois marcher! Car j'élève à toi mon âme." Psaumes 143:8

- B- Psaumes 85:7 "Éternel! fais-nous voir ta bonté, Et accorde-nous ton salut!"
- C- Il y a des choses que nous devons prendre en considération et parmi elles la bonté de Dieu :
- D- Romains 11:22 "Considère donc la bonté de Dieu."

Il en faisait l'objet de sa prière : Car j'élève à toi mon âme".

Nous pouvons augmenter notre vision de cette bonté éternelle et infinie, par la prière, la lecture de la Parole de Dieu, l'observation et la réflexion concernant la nature de Dieu, le témoignage de ceux qui l'ont expérimentée. Parmi les vertus de Dieu, sa bonté est abondamment citée dans les Écritures.

Le passage suivant est une référence souvent répétée.

"L'Éternel, l'Éternel, Dieu miséricordieux et compatissant, lent à la colère, riche en bonté et en fidélité," Exode 34:6.

"Mais toi, Seigneur, tu es un Dieu miséricordieux et compatissant, Lent à la colère, riche en bonté et en fidélité;" Psaumes 86:15.

Néhémie, dans sa prière rappelle que malgré l'infidélité de son peuple, l'Éternel ne les abandonna pas, à cause de sa bonté :

Néhémie 9:17 "ils refusèrent d'obéir, et ils mirent en oubli les merveilles que tu avais faites en leur faveur. Ils raidirent leur cou; et, dans leur rébellion, ils se donnèrent un chef pour retourner à leur servitude. Mais toi, tu es un Dieu prêt à pardonner, compatissant et miséricordieux, lent à la colère et riche en bonté, et tu ne les abandonnas pas,"

La Bible met en évidence à chaque instant la bonté de Dieu à cause de laquelle il suspend ou modère sa colère : lent à la colère et riche en bonté ! Les expressions de la Bible nous font comprendre l'infinie grandeur de la bonté de Dieu, en temps, en qualité et en quantité.

Psaumes 100:5 "Car l'Éternel est bon; sa bonté dure toujours, Et sa fidélité de génération en génération."

Psaumes 103:11 "Mais autant les cieux sont élevés au-dessus de la terre, Autant sa bonté est grande pour ceux qui le craignent;"

II-   LA FORCE DE LA BONTÉ DE DIEU

Les bontés de l'Éternel ne sont pas épuisées, Ses compassions ne sont pas à leur terme; Elles se renouvellent chaque matin. Oh! que ta fidélité est grande!

Exode 34.5/7 "L'Éternel descendit dans une nuée, se tint là auprès de lui, et proclama le nom de l'Éternel. Et l'Éternel passa devant lui, et s'écria: L'Éternel, l'Éternel, Dieu miséricordieux et compatissant, lent à la colère, riche en bonté et en fidélité, qui conserve son amour jusqu'à mille générations, qui pardonne l'iniquité, la rébellion et le péché ...Lorsque Moïse entendit ces paroles, il s'inclina jusqu'à terre et adora l'Éternel."

Moïse comme beaucoup d'autres a voulu connaître l'Éternel et il a prié pour cela. Il a recherché cette connaissance en s'approchant de Dieu :

Exode 33:18 "Moïse dit: Fais-moi voir ta gloire »

III-   LE FRUIT DE LA BONTÉ DE DIEU

Le Saint-Esprit, par la bouche du psalmiste nous exhorte à connaître la bonté de Dieu :

Psaumes 34:8 "Sentez et voyez combien l'Éternel est bon! Heureux l'homme qui cherche en lui son refuge!"

Oui Dieu est bon, infiniment bon. Ses bontés et sa compassion ne sont jamais épuisées, et chaque jour nous en sommes bénéficiaires.

"Seigneur, c'est par tes bontés qu'on jouit de la vie, C'est par elles que je respire encore; Tu me rétablis, tu me rends à la vie." Esaïe 38:16

Nous devons proclamer la bonté du Seigneur :

"Qu'on proclame le souvenir de ton immense bonté, Et qu'on célèbre ta justice! L'Éternel est miséricordieux et compatissant, Lent à la colère et plein de bonté. L'Éternel est bon envers tous, Et ses compassions s'étendent sur toutes ses œuvres. L'Éternel soutient tous ceux qui tombent, Et il redresse tous ceux qui sont courbés. Les yeux de tous espèrent en toi, Et tu leur donnes la nourriture en son temps. Tu ouvres ta main, Et tu rassasies à souhait tout ce qui a vie. Psaume 145.7/9 ... 14/16.

Après avoir été miraculeusement guéri par l'Éternel, le roi Ezéchias lui rend grâces par ces paroles :

"Seigneur, c'est par tes bontés qu'on jouit de la vie, C'est par elles que je respire encore; Tu me rétablis, tu me rends à la vie." Esaïe 38:16.

IV- LA FIDÉLITÉ DE LA BONTÉ DE DIEU"

Dieu est bon, parfaitement bon, éternellement bon, et c'est ce qui fait notre espérance :

"Voici ce que je veux repasser en mon cœur, Ce qui me donnera de l'espérance. Les bontés de l'Éternel ne sont pas épuisées, Ses compassions ne sont pas à leur terme; Elles se renouvellent chaque matin. Oh! que ta fidélité est grande!" Lam. 3:20.

Une des prières de l'apôtre Paul concerne justement la manifestation de sa bonté.

2 Thessaloniciens 1:11 "... qu'il accomplisse par sa puissance tous les desseins bienveillants de sa bonté, et l'œuvre de votre foi."

Jérémie 29:11 "Car je connais les projets que j'ai formés sur vous, dit l'Éternel, projets de paix et non de malheur, afin de vous donner un avenir et de l'espérance."

Nous proclamons avec tous ceux qui nous ont précédés, dont les témoignages sont rapportés dans la Bible, tous les domaines dans lesquelles se manifeste la bonté de Dieu : Dieu est bon pour pardonner nos péchés. Dans sa bonté il guérit les malades. C'est parce qu'il est bon qu'il exauce nos prières. C'est à cause de sa bonté qu'il veille sur les lois qui régissent la vie sur la terre et bien d'autres choses encore ...

Psaume 103.8/14 "L'Éternel est miséricordieux et compatissant, Lent à la colère et riche en bonté; Il ne conteste pas sans cesse, Il ne garde pas sa colère à toujours; Il ne nous traite pas selon nos péchés, Il ne nous punit pas selon nos iniquités. Mais autant les cieux sont élevés au-dessus de la terre, Autant sa bonté est grande pour ceux qui le craignent; autant l'orient est éloigné de l'occident, Autant il éloigne de nous nos transgressions. Comme un père a compassion de ses enfants, L'Éternel a compassion de ceux qui le craignent. Car il sait de quoi nous sommes formés, Il se souvient que nous sommes poussière.

CONCLUSION

Nous sommes exhortés à louer Dieu pour sa bonté :

Psaumes 135:3 "Louez l'Éternel! car l'Éternel est bon. Chantez à son nom! car il est favorable."

Psaumes 107:8, 15, 21, 31 : "Qu'ils louent l'Éternel pour sa bonté, Et pour ses merveilles en faveur des fils de l'homme!"

ÉTUDE 128
LE DROIT D'AINESSE
Gen 25 : 30 – 34 ; Hebr 12 : 16 – 17

Intro : Dans l'épître des Hébreux, Esaü est pris comme un exemple d'avertissement pour que nous ne fassions pas l'erreur de mépriser les valeurs spirituelles, les responsabilités et opportunités que Dieu nous accorde. Esaü vendit son droit d'aînesse pour un repas. Il vendit tout son avenir pour un repas dans le présent.

I- La signification du droit d'aînesse

1) En Israël, le premier-né avait des responsabilités et des privilèges uniques.

   a) Ils furent considérés comme appartenant au Seigneur. **Ex 22 : 29.**
   b) Ils occupaient une place d'honneur aux côtés de leurs parents. **Gen 49 : 3.**
   c) Le premier né recevait une double portion de l'héritage (familial) du père. **Deut 21 : 17**
   d) Il remplaçait l'autorité dans la famille ou dans le royaume. **2 Chron 21 : 3**
   e) Avant la prêtrise d'Aaron, le 1er né était le prêtre de la famille et l'administrateur de l'adoration de Dieu.
   f) C'était une position de prestige.

Dans un sens spirituel, tous les enfants de Dieu sont appelés premiers-nés. **Hebr 12** et **1 Pierre 2 : 9.**

II- La gestion du droit d'aînesse

Vous pouvez :

   1- Ignorer votre droit d'aînesse.
   2- Mépriser votre droit d'aînesse.
   3- Vendre votre droit d'aînesse.

4- Perdre votre droit d'aînesse.

III- La pratique du droit d'aînesse

- Esaü pensait pouvoir vivre sans la grâce de Dieu.
- Esaü était un profane, il n'appréciait pas les choses sacrées ; les choses spirituelles n'avaient pas une grande valeur à ses yeux.
- L'estomac d'Esaü est plus important que son âme.

Si en qualité de chrétien :
- vous méprisez la grâce de Dieu, la Bible, la prière, l'Église, la communion fraternelle.
- Vous prenez à la légère votre témoignage, votre réputation de chrétien. Si vous faites ces choses vous risquez de perdre votre droit d'aînesse.

Conclusion

Ils sont nombreux ceux-là qui marchent dans les pas d'Esaü, qui sacrifient leur avenir sur l'autel du présent. Leurs besoins de nourriture eurent la priorité sur toutes les autres considérations. Veillons à ce que nul ne se prive de la grâce de Dieu,

ÉTUDE 129
LA MARQUE DE LA SÉPARATION
Apo. 2 :12-17

INTRODUCTION

1- Ville située À L'OUEST de l'Asie Mineure, au nord de Smyrne à 20 miles de la mer Méditerranée.
2- Ville très prospère, remplie de temples d'idoles, d'autels et de grottes sacrées. L'Adoration de Athéna, d'Esculape, de Dionysius, de Zeus était courante.
3- La ville était la résidence officielle d'une princesse : Attalic
4- La ville avait une grande université, et une bibliothèque de 200,000 ouvrages.
5- Ville connue pour l'invention d'un parchemin, papier à écrire appelé
6- Pergamena.
7- Le plus imposant bâtiment était le Temple d'Esculape, un dieu païen dont l'idole était en forme de serpent
8- Il est évident que Satan avait son trône à Pergame
9- Aujourd'hui il y a un village en Asie Mineure (Turquie) appelé BERGAMA, CONSTRUIT non loin des ruines de l'ancienne ville
10- C'est dans cet atmosphère complètement opposé au témoignage chrétien que se trouvait la petite église qui a reçu cette lettre

Christ se présente comme celui qui a une épée à deux tranchants :
Symbolisant sa parole et son jugement (Eph 6 et Heb 4 :12) , l'instrument du salut et de la mort.

COMPLIMENTS :
L'église tient ferme, bien qu'elle soit construite là où satan a son trône, et les fidèles n'ont pas renié la foi (le contenu de sa parole).

1- Antipas : est l'un des symboles de cette fidélité ; et Jésus l'appelle MON TÉMOIN FIDÈLE.

Le nom Antipas veut dire = contre tout. Et il a vécu pour la garde de son nom. Quand on lui exigea de renier le Christ et que tout le monde était contre lui, il répondit : « Si tout le monde est contre Antipas, Antipas est contre tout le monde. »

REPROCHES :
1- En dépit de ces marques de fidélité au Seigneur face aux persécutions, et aux épreuves, le Seigneur avait quelque chose contre l'église. Selon les versets 14 et 15, les fidèles étaient attachés à la doctrine de Balaam et des Nicolaïtes.

La doctrine de Balaam fait allusion à l'expérience de Balaam rapportée en Nombre 22-25, quand il fut engagé par les rois de Madian et de Moab pour maudire les enfants d'Israël. Comme ce plan n'avait pas réussi, ce même prophète conseilla a Balak, Roi de Moab, d'emprunter une autre voie, de corrompre Israël par l'introduction des femmes moabites en leur sein, ce qui avait pour résultat des mariages inter-ethniques en masse qui induisent le peuple dans l'idolâtrie. Il faut distinguer dans la Bible :

A- La doctrine de Balaam : Enseignement selon lequel le peuple de Dieu peut avoir des relations intimes (mariage) avec les païens, et s'ajuster à leur culte d'idole.
B- La voie de Balaam : C'est vendre son don prophétique pour de l'argent (2 Pierre 2 :15)
C- L'erreur de Balaam : Assumer que Dieu peut maudire ce qu'Il a béni.

Tout cela existait dans l'église de Pergame, les chrétiens se mariaient aux païens, compromettant tous les points de leur foi chrétienne, sans comprendre que le vrai croyant doit être séparé du monde, et de ses œuvres.

La doctrine des Nicolaïtes selon certains commentateurs était apparemment une secte qui imposait la hiérarchie cléricale au détriment de la liberté spirituelle ; en plus, cette secte plaidait pour la licence de liberté complète dans la conduite chrétienne pour participer comme bon leur semble aux fêtes païennes et avoir des aventures amoureuses libres.

1- Le Seigneur déclare qu'Il hait les œuvres des Nicolaïtes ; et la haine du Seigneur doit être le nôtre également (Psaumes 139 :21-22).
2- L'Église de Pergame a reçu les Nicolaïtes, contrairement à l'Église d'Éphèse qui les a rejetés.

L'évangile c'est la bonne nouvelle du salut, et cette bonne nouvelle exprime le cadeau d'une vie nouvelle et l'abandon d'une ancienne. Une relation avec Dieu exige une séparation.

L'introduction de la lettre à l'église de Pergame montre Jésus tenant une épée aiguë à deux tranchants. Une épée est un outil qui sépare. La parole de Dieu est une épée. JÉSUS-CHRIST ÉCRIT À L'ÉGLISE DE PERGAME DE SE SÉPARER DU MONDE.

I- LA NATURE DE LA SÉPARATION

A- L'enfant de Dieu doit fuir l'infidélité : Balaam

Balaam prétendait être un prophète de Dieu, mais se révéla infidèle en défendant ses propres intérêts, en s'alliant à Balak pour conduire tout Israël à pécher contre Dieu.

B- L'enfant de Dieu doit fuir l'Immoralité

Les enfants d'Israël dans le désert avec les femmes moabites.

C- L'enfant de Dieu doit fuir l'incrédulité : la doctrine des nicolaïtes qui se mirent en face de la saine doctrine

2 cor 6 :14-17

II- LA NÉCESSITÉ DE LA SÉPARATION

« Repens-toi donc, sinon, je viendrai a toi bientôt, et je les combattrai avec l'épée de ma bouche »v.6.

A- Sans la séparation (repentance), le jugement de Dieu est imminent
B- Sans la séparation le jugement de Dieu est inscrit
C- Sans la séparation le jugement de Dieu est décrit

III- LA NOBLESSE DE LA SÉPARATION

A- La manne cachée : ***Une provision spéciale***
B- Un caillou blanc : ***Une protection spéciale*** (aucune accusation)
C- Un nom nouveau (***Une position spéciale***)

Conclusion :
2 Corinthiens 6

…16Quel rapport y a-t-il entre le temple de Dieu et les idoles? Car nous sommes le temple du Dieu vivant, comme Dieu l'a dit: J'habiterai et je marcherai au milieu d'eux; je serai leur Dieu, et ils seront mon peuple. 17C'est pourquoi, Sortez du milieu d'eux, Et séparez-vous, dit le Seigneur; Ne touchez pas à ce qui est impur, Et je vous accueillerai. 18Je serai pour vous un père, Et vous serez pour moi des fils et des filles, Dit le Seigneur tout-puissant.

ÉTUDE 130
LA MARQUE DE LA SAINTETÉ
Apo. 3 :18-29

Aujourd'hui, si vous allez en Turquie (Asie Mineure), vous trouverez la ville d'Ahkisar construite sur les ruines de l'ancienne ville de Thyatire

1. La ville de Thyatire est connue pour ses nombreuses associations d'artisans et de marchands, dans la confection des vêtements et autres. Actes 16 :14 rapporte la conversion de Lydie, ce marchand de pourpre que Paul a amené au Seigneur à Philippes durant son voyage missionnaire.
2. 1-L'église de Thyatire reçut les félicitations du Seigneur Jésus pour son amour, sa foi, son service, sa patience et ses œuvres.
3. C'était une église qui faisait de grands progrès, mais son plus grand problème était une femme qui enseignait et propageait dans l'église une doctrine autre que celle du Christ.
4. Une église est définie par son enseignement. Le ministère de Jésus était basé sur l'enseignement. Il enseignait la foule, et en laissant ses disciples après son œuvre accomplie, Il leur donna l'ordre et la mission d'enseigner. Et effectivement, la première église persévérait dans l'enseignement d'apôtres.
5. L'enseignement que vous recevez, la doctrine que vous acceptez peut vous envoyer au ciel ou en enfer
6. Votre doctrine définit votre pratique
7. Votre doctrine définit votre moralité et votre spiritualité
8. Votre doctrine définit le choix de vos amis et de votre compagnon de vie

Une chose manquait à l'église de Thyatire, l'église n'avait pas la marque de la sainteté. L'Église de Thyatire a connu trois obstacles à la sainteté :

I- *L'obstacle de l'Impudicité*

a) Il s'agit ici de péchés sexuels (porneia). Il y avait un enseignement à l'église qui tolérait ces péchés et qui les prenait à la légère.

1 Corinthiens 6
18Fuyez l'impudicité. Quelque autre péché qu'un homme commette, ce péché est hors du corps; mais celui qui se livre à l'impudicité pèche contre son propre corps. 19Ne savez-vous pas que votre corps est le temple du Saint-Esprit qui est en vous, que vous avez reçu de Dieu, et que vous ne vous appartenez point à vous-mêmes? 20,Car vous avez été rachetés à un grand prix. Glorifiez donc Dieu dans votre corps et dans votre esprit, qui appartiennent à Dieu.

1 Corinthiens 6…
15Ne savez-vous pas que vos corps sont des membres de Christ? Prendrai-je donc les membres de Christ, pour en faire les membres d'une prostituée? Loin de là! 16Ne savez-vous pas que celui qui s'attache à la prostituée est un seul corps avec elle? Car, est-il dit, les deux deviendront une seule chair. 17,Mais celui qui s'attache au Seigneur est avec lui un seul esprit.

b) Adultère physique et émotionnel

Matthieu 5
27Vous avez appris qu'il a été dit: Tu ne commettras point d'adultère. 28,Mais moi, je vous dis que quiconque regarde une femme pour la convoiter a déjà commis un adultère avec elle dans son cœur. 29Si ton œil droit est pour toi une occasion de chute, arrache-le et jette-le loin de toi; car il est avantageux pour toi qu'un seul de tes membres périsse, et que ton corps entier ne soit pas jeté dans la géhenne.…

c) L'Église de Corinthe avait pris à la légère le péché de l'impudicité

1 Corinthiens 5
1On entend dire généralement qu'il y a parmi vous de l'impudicité, et une impudicité telle qu'elle ne se rencontre pas même chez les païens; c'est au point que l'un de vous a la femme de son père. 2Et vous êtes enflés d'orgueil! Et vous n'avez pas été plutôt dans l'affliction, afin que celui qui a commis cet acte fût ôté du milieu de vous!…

II- L'obstacle de l'immoralité

a) On peut commettre une immoralité de bien d'autres manières que par un contact sexuel, dit la Bible : par l'imagination, par la parole, par l'habillement, par la lecture d'ouvrages pornographiques, ou en allant voir des spectacles licencieux.

b) Il y a d'autres péchés immoraux qui ne sont pas des péchés sexuels

III- L'obstacle de l'incrédulité

a) La conversion indique un revirement soit au sein d'une collectivité soit chez un individu ; c'est faire demi-tour, revenir sur ses pas, rentrer en soi-même. C'est ce qu'indiquent les deux mots dans la Bible, le mot hébreux : CHOUB et le mot grec : EPISTREPHE.

b) La conversion fait que l'on se dirige de nouveau vers le point dont on s'éloignait. Les prophètes emploient le mot CHOUB pour désigner l'acte de revenir à Jéhovah auquel le peuple a été infidèle. (Deutéronome 30 :10 ; Esaïe 55 :7)

c) La repentance c'est la porte d'entrée de la conversion ; le mot (METANOIA) veut dire un changement de pensée, de mentalité. Si la repentance est fausse, la conversion le sera aussi. La repentance est la douleur qu'on éprouve pour ses péchés ; un sentiment de tristesse est à l'origine de la repentance et des fruits qui en résultent.

ÉTUDE 131
COMMENT MOURIR EN PAIX
Deutéronome 34 :1-12

Moïse monta des plaines de Moab sur le mont Nebo, au sommet du Pisga, vis-à-vis de Jéricho. L'Éternel lui fit voir tout le pays: 2 Galaad jusqu'à Dan, tout Nephthali, le pays d'Ephraïm et de Manassé, tout le pays de Juda jusqu'à la mer Méditerranée, 3 le Néguev, les environs du Jourdain, la vallée de Jéricho, la ville des palmiers, jusqu'à Tsoar. 4 L'Éternel lui dit: « Voilà le pays que j'ai juré de donner à Abraham, à Isaac et à Jacob en disant: 'Je le donnerai à ta descendance.' ***Je te l'ai fait voir de tes yeux, mais tu n'y entreras pas.*** »
5 Moïse, ***le serviteur de l'Éternel, mourut là***, dans le pays de Moab, ***conformément à l'ordre de l'Éternel***. 6 ***L'Éternel l'enterra dans la vallée***, dans le pays de Moab, vis-à-vis de Beth-Peor. ***Personne n'a su où était son tombeau jusqu'à aujourd'hui***. 7 Moïse était âgé de 120 ans lorsqu'il mourut. Sa vue n'était pas affaiblie et il n'avait pas perdu sa vigueur.

Introduction

Aux États-Unis il y a au moins 12 multimillionnaires qui espèrent connaitre la vie après la mort. Ils ont tellement confiance en la science médicale qu'ils vont se faire congelé après leur décès avec l'attente que, un jour, ils seront ressuscités. Pour pourvoir à leurs besoins futurs ils ont établis établi des comptes "Renaissance personnelle". Leur but ? Assurer que l'argent qu'ils ont aujourd'hui leur sera disponible dans 100, 200 ou 1000 ans. Pour ceux qui veulent étudier le sujet en profondeur, il faut faire des recherches sur la cryonique, c'est-à-dire, la conservation du corps humain après la mort. Ces hommes s'inquiètent de leur avenir . Ils essayent de deviner ce qui va leur arriver et de parer à toute éventualité.

Je n'ai pas trop envie de me faire congeler après la mort, je n'aime pas trop déjà le froid, mais je sais ce que c'est l'inquiétude. Et je crois que nous connaissons tous ce que c'est que s'inquiéter pour une chose ou une autre.

I- MOURIR DANS LE SEIGNEUR (Moïse, *le serviteur de l'Éternel, mourut là,*)

Moise commença à marcher avec le Seigneur à l'âge de 40 ans
a) « C'est par la foi », Moise a cru qu'il était mieux d'être fils de Dieu que d'être Fils de pharaon
b) Moise a laissé le plaisir du monde pour l'intimité de Dieu
c) Moise a laissé les trésors du monde pour les richesses de Christ
d) Moise a laissé le plus grand empire du monde pour suivre le Roi des Rois et Le Seigneur des Seigneurs

Hébreux 11: 24C'est par la foi que Moïse, devenu grand, refusa d'être appelé fils de la fille de Pharaon, 25aimant mieux être maltraité avec le peuple de Dieu que d'avoir pour un temps la jouissance du péché, 26regardant l'opprobre de Christ comme une richesse plus grande que les trésors de l'Égypte, car il avait les yeux fixés sur la rémunération.... 27C'est par la foi qu'il quitta l'Égypte, sans être effrayé de la colère du roi; car il se montra ferme, comme voyant celui qui est invisible....

II- MOURIR DANS LE SERVICE (Moïse, *le serviteur de l'Éternel, mourut là,*)

Moise mourut comme serviteur de l'Éternel
a) Ce n'est pas un titre qu'il a usurpé
b) Il l'a acquis par connaissance et par expérience
c) Le serviteur appartient au maitre. Même dans la mort, c'est le serviteur du maitre qui meurt.

III- MOURIR DANS LA SOUMISSION (Moïse, *le serviteur de l'Éternel, mourut là*, dans le pays de Moab, *conformément à l'ordre de l'Éternel.*)

1- Moise mourut sur l'ordre de l'Éternel

a) Moise mourut parce que sa mission avait pris fin
b) Moise mourut parce que Dieu l'a décidé
c) Il faut corriger notre théologie de la mort
2- Moise mourut suivant le plan souverain de Dieu

IV- MOURIR EN SANTÉ (Moïse était âgé de 120 ans lorsqu'il mourut. Sa vue n'était pas affaiblie et il n'avait pas perdu sa vigueur.

Moise mourut en bonne santé

a) Moise, il était en bonne santé physique et spirituelle. Même si vous n'êtes pas en bonne santé physique, c'est bien de mourir en bonne santé spirituelle

3 Jean 1 1L'ancien, à Gaïus, le bien-aimé, que j'aime dans la vérité. 2Bien-aimé, je souhaite que tu prospères à tous égards et sois en bonne santé, comme prospère l'état de ton âme.

V- MOURIR SATISFAIT (Mission accomplie)

a) Tout un peuple pleure pendant 30 jours le départ de Moïse. Il était utile.

8 Les Israélites pleurèrent Moïse pendant 30 jours dans les plaines de Moab. Puis les jours de pleurs et de deuil sur Moïse arrivèrent à leur terme.

b) Moise a laissé un successeur. Il n'a pas échoué.

V.9 Josué, fils de Nun, était rempli de l'Esprit de sagesse, car Moïse avait posé ses mains sur lui. Les Israélites lui obéirent et se conformèrent aux ordres que l'Éternel avait donnés à Moïse.

c) plutôt le fait que l'Éternel le connaissait face à face. 10 **Il n'a plus surgi en Israël de prophète semblable à Moïse, que l'Éternel connaissait face à face.**

Conclusion :

11 Personne ne peut lui être comparé pour tous les signes et les miracles que Dieu l'a envoyé faire en Égypte contre le pharaon, contre ses serviteurs et contre tout son pays, 12 et pour tous les actes terrifiants que Moïse a accomplis avec puissance sous les yeux de tout Israël.

Moise nous enseigne comment mourir en paix
1- Mourir Dans le Seigneur
2- Mourir dans le Service
3- Mourir Dans la Soumission
4- Mourir En santé
5- Mourir Satisfait

Si vous ne suivez pas le modèle de Moise, vous n'allez pas mourir en paix. **_Les deux dernières étapes sont parmi les plus difficiles. Mourir en santé et mourir satisfait._**
QUE LE SEIGNEUR NOUS DONNE, QUAND L'HEURE VIENT DE PLIER BAGGAGES, DE MOURIR EN PAIX !

ÉTUDE 132
LA PAROLE DE LA RÉCONCILIATION
2 Cor.5:19

Dieu fait tout par sa Parole . Il a créé l'univers , Il nous sauve ,Il nous sanctifie etc.... par sa parole . Au moment de notre conversion au Seigneur la trinité céleste vient élire résidence en nous ; c'est ainsi que nous sommes devenus enfants de Dieu . Dans la suite Dieu dépose dans notre vie LA PAROLE DE LA RÉCONCILIATION pour nous donner la capacité d'agir sur notre environnement, de dominer les circonstances, de changer l'état des choses. En mettant sa Parole en nous, Dieu nous donne l'AUTORISATION de faire avec cette Parole ce qu'Il a fait Lui-même. Dans la Bible nous constatons que Dieu fait constamment 4 choses avec sa Parole : ***Il communique, Il commande, Il créé et il change.*** S'il a placé sa Parole en nous c'est pour que nous fassions la même chose.

La Parole de la Réconciliation que Dieu a mise en nous nous donne l'autorisation de :

1-COMMUNIQUER POUR DIEU

Quel privilège d'être le porte-parole de Dieu. Mais pour être son porte-parole, il faut connaitre sa parole. C'est avec la parole de Dieu qu'on peut communiquer la consolation, l'amour, l'entente, la paix, la joie, la bonté, le message de la réconciliation...etc.

Dieu a déjà déposé en nous la parole de la réconciliation ; il revient à nous de chercher à connaitre cette parole pour la mettre en pratique

Avec la Parole de la Réconciliation nous pouvons :

2-COMMANDER POUR DIEU

C'est avec la Parole que Moise a libéré le Peuple de Dieu de l'Égypte. Il a commandé au nom de Dieu, et les 10 plaies ont frappé l'Égypte ; la mer rouge a obéi à l'ordre de Moise.

L'enfant de Dieu utilise la foi et jamais la force quand il se trouve confronté à des situations difficiles. S'il commande aux montagnes au nom de Jésus, et elles se déplaceront (Marc 11:23,24)

Nos armes de combat ne sont pas charnelles nous dit la Bible en 2Cor.10:4

À cause de la PAROLE DE LA RÉCONCILIATION, nous pouvons aussi:

3-*CRÉER POUR DIEU*

Créer c'est appeler à l'existence ce qui n'est pas, par la foi. Un miracle, c'est Dieu qui met un extra sur l'ordinaire et un super sur le naturel. La parole de la réconciliation peut nous aider à accomplir des choses extraordinaires pour le Seigneur.

Dieu a mis beaucoup de puissance en nous. Mais nous sommes des fois comme un pays qui a des mines non exploitées tandis que le peuple de ce pays gémit dans la pauvreté.

Jacques 5:17-18 " Elie était un homme de la même nature que nous..." Il a appris à utiliser les ressources de la parole de Dieu placées en lui.

À cause de la PAROLE DE LA RÉCONCILIATION, nous pouvons finalement :

4-*CHANGER POUR DIEU*

La parole de la réconciliation c'est la parole du changement. Nous pouvons changer des vies pour Dieu ; nous pouvons changer des situations pour Dieu. Nous pouvons commencer par changer nous-mêmes avant de changer les autres.

Conclusion _:_ Il y a un monde perdu et sans espérance qui nous attend. Dieu a mis en nous la parole de la réconciliation, pour soigner ce monde. Nous n'avons pas de temps à perdre, il y a des blessés qui nous attendent, des malades qui ont besoin de nous, des affligés qui ont besoin d'être consolés, des perdus qui ont besoin d'être sauvés. C'est à nous de COMMUNIQUER POUR DIEU, DE COMMANDER POUR DIEU, DE CRÉER POUR DIEU ET DE CHANGER POUR DIEU. Nous avons une très grande responsabilité, ne courons pas le risque de jouer avec le dépôt de la parole de Dieu en nous, en nous occupant des futilités, des questions oiseuses, des détails non essentiels. Ayons les yeux fixés sur Jésus et Gardons bien le dépôt de Dieu qui est en nous, car un jour Il nous demandera des comptes.

ÉTUDE 133
LES NOCES DE L'AGNEAU
LA MARIÉE ET LE MARIÉ

Le Nouveau Testament nous donne une belle image de l'Église en tant qu'épouse du Christ et de Jésus en tant qu'époux.

JÉSUS A COMPARÉ LE ROYAUME DES CIEUX À UN MARIAGE

"Et Jésus répondit et leur parla de nouveau par des paraboles et dit:" Le royaume des cieux est comme un certain roi qui a arrangé un mariage pour son fils ". "Matthieu 22: 1,2. "Alors le royaume des cieux sera comparé à dix vierges qui prirent leurs lampes et sortirent à la rencontre de l'époux" - Matthieu 25: 1.

LE PARRAIN

Jean-Baptiste se désignait lui-même comme l'ami du marié. "Celui qui a l'épouse est l'époux; mais l'ami de l'époux, qui se tient debout et l'écoute, se réjouit grandement à cause de la voix de l'époux. C'est pourquoi cette joie qui est la mienne est accomplie." Jean 3:29.

LE MARIE

Jésus s'est référé à lui-même en tant qu'époux. « Alors ils lui dirent: 'Pourquoi les disciples de Jean jeûnent-ils souvent et font-ils des prières, et de même ceux des pharisiens, mais les vôtres mangent et boivent.' 'Et il leur dit: Pouvez-vous faire jeûner les amis de l'époux pendant que l'époux est avec eux? Mais les jours viendront où l'époux leur sera enlevé; alors ils jeûneront en ces jours.' "Luc 5 : 33-35

LA MARIÉE

Se référant à l'Église comme étant l'épouse du Christ, l'apôtre Paul a écrit:

- À ses convertis à Corinthe: "Car je suis jaloux de vous avec une jalousie pieuse. Car je vous ai fiancés à un mari, afin que je vous présente comme une vierge chaste au Christ". 2e Corinthiens 11: 2

- Pour ses convertis à Éphèse: « Car le mari est le chef de la femme, comme aussi Christ est le chef de l'église… « Maris, aimez vos femmes, tout comme Christ a aimé l'Église, et s'est livré Lui-même pour elle, afin de la sanctifier par la parole, après l'avoir purifiée par le baptême d'eau, afin de faire paraitre devant Lui cette église glorieuse, sans tache, ni ride, ni rien de semblable, mais sainte et irrépréhensible. C'est ainsi que les maris doivent aimer leurs femmes comme leurs propres corps. Celui qui aime sa femme s'aime lui-même. Car, jamais personne n'a haï sa propre chair ; mais il l'a nourrit et en prend soin, comme Christ le fait pour l'Eglise, parce que nous sommes membres de son corps. C'est pourquoi l'homme quittera son père et sa mère, et s'attachera à sa femme, et les deux deviendront une seule chair. Ce mystère est grand ; je dis cela par rapport à Christ et à l'Eglise. Du reste, que chacun de vous aime sa femme comme lui-même, et que la femme respecte son mari. » Éphésiens 5: 25-33.

L'apôtre Jean décrit le souper des noces du Christ "Soyons heureux, réjouissons-nous et rendons-lui gloire, car le mariage de l'Agneau est venu et sa femme s'est préparée." « Et il lui a été accordé d'être vêtue de fin lin, pur et brillant, car le fin lin, ce sont les actes justes des saints. Puis il me dit: "Écris: Heureux ceux qui sont appelés au souper des noces de l'Agneau!" "Et il m'a dit, ce sont les vraies paroles de Dieu." Révélation 19: 7-9

"Alors l'un des sept anges qui avaient les sept coupes, ... est venu vers moi et m'a parlé, en disant: Viens, je te montrerai l'épouse, la femme de l'Agneau." Révélation 21: 9

LES TROIS ÉTAPES D'UN MARIAGE

Le mariage de Christ et de son église suit le modèle pratiqué à l'époque biblique. Il se composait de trois étapes distinctes:

L'ÉTAPE DES FIANÇAILLES.

Le père du marié concluait un contrat avec le père de la mariée dans lequel il promettait son fils à la mariée et le père de la mariée la promettait au marié. Le père du marié paierait une dot pour la mariée.

Dieu, le Père, a choisi l'épouse pour son fils. « Béni soit le Dieu et Père de notre Seigneur Jésus-Christ, qui nous a bénis de toutes les bénédictions spirituelles dans les lieux célestes en Christ, tout comme il nous a choisis en lui avant la fondation du monde… » Éphésiens 1: 3,4

La dot de la mariée a été payée. "Sachant que vous n'avez pas été rachetés par des choses corruptibles, comme l'argent et l'or, de votre conduite sans but reçue par la tradition de vos pères; mais avec le sang précieux du Christ, comme d'un agneau sans défaut et sans tache." 1er Pierre 1:18, 19.

L'ÉTAPE DE LA PRÉSENTATION

À l'heure convenue, le père du marié enverrait ses serviteurs à la maison de la mariée avec une copie du contrat de fiançailles. La mariée serait alors conduite au domicile du père du marié. Le père du marié mettrait sa main dans la main de son fils. Les Écritures qui parlent de l'étape de la présentation incluent Éphésiens 5: 25-27 et Apocalypse 19: 7, 8 (cités précédemment). À ceux-ci pourraient être ajoutés Jean 14: 2,3 et Jude 24.

La présentation de l'épouse du Christ attend sa venue pour son église.

LA SCÈNE DE LA CÉLÉBRATION

Après la présentation de la mariée au marié, suivrait un joyeux banquet de mariage auquel les amis des deux familles seraient invités. C'est lors d'un tel banquet que Jésus a accompli son premier miracle en transformant l'eau en vin (Jean 2: 1-11). Il y a aussi des références à une telle célébration de mariage dans Matthieu 22: 2,3; Luc 12: 35-37; Luc 14: 8-24.

LES DERNIERS PRÉPARATIFS DE LA MARIÉE

UNE MARIÉE PURE

C'est le désir de Jésus que son épouse lui soit présentée dans une pureté, une justice et une gloire irréprochables. Dans le jardin de Gethsémané, Jésus a parlé à son Père céleste de tous ceux qui viendraient à croire en lui: "Et la gloire que tu m'as donnée, je leur ai donné; afin qu'ils soient un, comme nous sommes un." Jean 17:22. Cela ajoute un sens à ces paroles données par l'apôtre Paul: « ... Christ a aussi aimé l'église et s'est donné pour elle; afin de la sanctifier et de la purifier par le lavage de l'eau par la parole, afin de présenter à lui-même une église glorieuse, n'ayant pas de tache, de ride ou quoi que ce soit d'autre... "Éphésiens 5: 25-27.

LA ROBE DE LA MARIÉE

L'épouse sera vêtue de fin lin blanc et dotée de sa couronne et de ses bijoux à ce que notre Nouveau Testament appelle « le siège du jugement de Christ ».

"Car nous (les croyants) devons tous comparaître devant le siège du jugement de Christ afin que chacun puisse recevoir une récompense pour les choses faites étant dans son corps..." 2 Corinthiens 5:10. Les incroyants comparaîtront au Jugement du « Grand Trône Blanc » pour se fixer sur leur sort éternel (Apocalypse 20: 11-15). Les croyants se verront attribuer leurs récompenses. "Celui qui reçoit un prophète au nom d'un prophète recevra une récompense de prophète. Et celui qui reçoit un homme juste au nom d'un homme juste recevra une récompense d'homme juste. Et quiconque ne donne qu'une coupe d'eau froide à l'un de ces petits au nom d'un disciple, assurément, je vous le dis, il ne perdra en aucun cas sa récompense. " (Matthieu 10:41, 42)

Ces récompenses parlent de "couronnes" et de règne avec le Christ. Pour une étude plus approfondie, considérons les paraboles des talents (Matthieu 25: 14-23), les livres (Luc 19: 11-27) et l'épreuve des œuvres par le feu (1 Corinthiens 3: 11-15) ". Nous devons garder à l'esprit que Jésus voit à la fois ces récompenses comme étant reçues par des croyants individuels et collectivement par « l'église ».

Il est intéressant de noter que les représentants des croyants tombent devant Dieu et jettent leur couronne devant son trône (Apocalypse 4:10, 11). Pour moi, cela reconnaît que tout le bien spirituel produit en nous et le fruit spirituel produit à travers nous trouvent leur source originelle en Dieu. Nous cédons au Saint-Esprit pour travailler en nous. Il produit tout le bien spirituel qui dure pour l'éternité. Nous recevrons comme récompense des couronnes. Cela nous équipe pour adorer et honorer Dieu d'une manière plus grande pour toute l'éternité.

Toutes les préparations nuptiales doivent être finalisées au « siège du jugement du Christ ».

LE CHRIST RAMÈNE SON ÉPOUSE À LA MAISON

Dieu a en tête de grands objectifs pour l'église lorsque Jésus vient ramener son épouse à la maison :

1. Pour délivrer l'épouse de sa colère de la tribulation. 1 Thessaloniciens 1: 9, 10; 5: 9
2. Pour récompenser et honorer les croyants individuels.
3. Pour préparer l'église à régner avec lui
4. Pour permettre à l'église d'entrer dans son héritage de « toutes choses ». Romains 8:32; 1 Corinthiens 3: 21-23.

LE JOUR DU MARIAGE

La conclusion des Écritures que nous avons étudiées est qu'un jour vient, peut-être pas trop lointain, où Jésus, l'époux céleste, fera un voyage spécial du ciel pour emmener son épouse, l'église, à la maison pour être avec lui. Cela se produira avec une soudaineté surprenante comme un éclair dans un ciel bleu clair. Les corps des croyants qui dorment dans leurs tombes seront ressuscités et les croyants vivants seront pris avec eux.

L'épouse verra son époux dans toute sa gloire. Elle sera prise dans une série d'événements à couper le souffle qui la prépareront à une relation éternelle avec son Époux Sauveur. À partir de là, partout où Il va, elle est à Ses côtés.

ÉTUDE 134
LA DÉCISION DE SERVIR L'ÉTERNEL
Josué 24 :15

Il y a de grandes décisions que l'on doit prendre dans la vie : la décision de choisir une carrière, celle de se marier, celle de fonder une famille et d'élever des enfants, celle d'accepter Jésus comme Sauveur, celle de se faire baptiser. Mais la plus grande décision qui soit est celle de servir l'Éternel.

JOSUÉ convoqua les enfants d'Israël avant de mourir rien que pour leur dire qu'ils ne peuvent servir deux maitres à la fois. Elie, plus tard, convoquera Israël, sur le mont Carmel pour lui dire : « Alors Elie s'approcha de tout le peuple, et dit: Jusqu'à quand clocherez-vous des deux côtés? Si l'Éternel est Dieu, allez après lui; si c'est Baal, allez après lui! Le peuple ne lui répondit rien. » 1 Rois 18 : 21

Examinons la décision proposée par Josué aux israélites pour en tirer des exemples sur la manière de prendre la décision de servir l'Eternel

"Nul ne peut servir deux maîtres. Car, ou il haïra l'un, et aimera l'autre; ou il s'attachera à l'un, et méprisera l'autre. Vous ne pouvez servir Dieu et Mamon. » Matt. 6 :24

VI- LA DÉCISION DOIT ÊTRE PERSONNELLE

a) Josué a dit : « Moi ». Ne demandez pas aux autres de faire ce que vous ne pouvez faire vous-même. Il y a des choses que personne ne peut faire pour vous. Elles sont personnelles.

b) Chacun est responsable de sa vie spirituelle devant Dieu 2 Cor. 5 :10

VII- LA DÉCISION DOIT ÊTRE PRATIQUE

a) Josué a dit : « Ma Maison ». Josué va appliquer sa décision sur lui et sa maison.

b) La décision de servir l'Éternel n'est pas une décision théorique ou verbale ; elle doit se manifester dans des actes

c) « Chacun doit prendre des décisions dans des domaines bien spécifiques. Romains 12 :1-2 et 1 Jean 2 :15-17.

VIII- LA DÉCISION DOIT ÊTRE PUBLIQUE

a) Josué rassembla tout le peuple pour rendre publique sa décision avant même de la leur proposer

b) Tout le monde doit témoigner que vous avez décidé de servir l'Eternel

c) Il y a des décisions qui ne peuvent pas rester cachées ; elles doivent être publiées. I Jean 4 :3 et 15

IX- LA DÉCISION DOIT ÊTRE PERMANENTE

a) Josué a dit , : « Nous servirons l'Éternel ». Le présent et l'avenir sont

couverts par cette décision.

b) Une décision prise pour la gloire de Dieu ne peut pas être amendée ni révisée.

Elle doit être prise une fois pour toutes. Luc 9 :62.

c) Il faut être fidèle dans sa résolution jusqu'à la mort. Apo. 2 :10 .

CONCLUSION : Avez-vous pris la décision de servir l'Éternel ? Elle est différente de la décision du Salut. Elle fait de Jésus non seulement votre Sauveur, mais aussi votre Seigneur.

ÉTUDE 135
LE DIEU FIDÈLE
Lamentation 3 :19-26

Grande en fidélité , ces paroles sont du prophète Jérémie , un prophète qui a su découvrir la fidélité de Dieu au milieu de la souffrance et des calamités . Jérémie a écrit tout un livre pour évoquer ses Lamentations, sa misère, ses tourments. Finalement, le prophète prit refuge dans la fidélité de Dieu.

Dieu est fidèle, vous pouvez lui faire confiance ; Il est toujours bon, miséricordieux, compatissant. Ses bontés ne sont pas épuisées, ni ses compassions à leur terme. Quand nous ne pouvons pas voir les mains de Dieu, nous pouvons toujours sentir son cœur : Dieu nous aime. Il est constamment attaché à nous. Rien ne peut nous séparer de son amour (Romains 8 :35-39). L'année peut changer, mais Dieu ne changera pas dans ses relations avec nous. Il reste fidèle ; Il ne vous abandonnera jamais ; c'est le message de Jérémie dans ce livre des Lamentations. Permettez que je souligne pour vous quelques points essentiels traitant de la fidélité de Dieu.

I-   DIEU EST FIDÈLE DANS SA PERSONNE
a) La fidélité est le fondement du caractère et de la personnalité même de Dieu. Il ne s'efforce pas d'être fidèle, Il l'est.

Malachie 3 :6   Je suis l'Éternel, je ne change pas ; 2 Thess 3 :3   Le Seigneur est fidèle, Il vous affermira
Jacques 1 :17 : Il n'y a pas de changement en Dieu
b) FIDÈLE, c'est l'un des noms du Seigneur

Apoc 19 :11 : Celui qui montait sur le cheval blanc s'appelle : FIDÈLE
Esaïe 54 :10 Quand les montagnes s'éloigneraient, quand les collines chancelleraient, mon amour ne s'éloignera point de toi, et mon alliance de paix ne chancellera point dit l'Éternel …..

II-   DIEU EST FIDÈLE DANS SON PARDON
a) Contrairement à nous autres, Dieu pardonne toujours, Il ne se lasse point de pardonner. Esaïe 55 :71 Jean 1 :9 Si nous confessons

nos péchés, DIEU EST FIDÈLE ET JUSTE pour nous les pardonner et pour nous purifier de toute iniquité.
b) Dieu est incomparable quand Il pardonne, Il choisit d'oublier nos péchés contre Lui

Michée 7 :18 Quel Dieu est semblable à Toi qui pardonnes l'iniquité, qui oublies les péchés
Michée 7 : 19 Tu jetteras au fond de la mer tous leurs péchés

III- DIEU EST FIDÈLE DANS SA PROMESSE

a) Contrairement à nous, Dieu tient toujours Sa promesse. Ce qu'il a dit, Il peut l'exécuter.

Hébreux 10 :23 Retenons fermement la profession de notre espérance, car Celui qui a fait la promesse est fidèle
b) Dieu n'oublie jamais Sa promesse

Psaumes 105 : 8 Dieu se rappelle ses promesses à toujours ;Psaumes 130 : 5 J'espère et j'attends la promesse de l'Éternel
c) La plus grande promesse de Dieu à nous c'est la vie éternelle ;I jean 2 :25 La promesse qu'il nous a faite, c'est la vie éternelle.

IV- DIEU EST FIDÈLE DANS SA PERMISSION

1 Cor. 10 :13 Dieu qui est fidèle ne permettra pas que vous soyez tentes au-delà de vos forces
a) Dieu ne cause pas les tentations et les épreuves. Il les permet.
b) Dieu a permis que Job soit éprouvé, que Jacques soit décapité, que Pierre soit relâché de la prison, etc.. (Job 1er et Actes 12)
c) Nous ne comprenons pas la volonté absolue et permissive de Dieu, nous pouvons accepter sa volonté.

Lamentations 3 :37-38 Qui dira qu'une chose arrive sans que le Seigneur l'ait ordonnée ? N'est-ce pas de la volonté du Seigneur que viennent les maux et les biens.

V- DIEU EST FIDÈLE DANS SA PROTECTION

Psaumes 91 :4 Il te couvrira de ses plumes et tu trouveras un refuge sous ses ailes ; Sa fidélité est un bouclier, une cuirasse

- a) Satan parla ainsi à Dieu au sujet de Job « Ne l'as-tu pas protégé, lui sa maison ? » Job 1 :10
  Psaumes 124 :1 Sans l'Éternel qui nous protégea, quand les hommes s'élevèrent contre nous, ils nous auraient engloutis tous vivants.

- b) Quand Dieu ne protège pas, ce n'est pas sa capacité de protéger qui a failli ; c'est plutôt son plan qui nous dépasse et ses voies qui sont impénétrables. Proverbes 29 :25 Celui qui se confie en l'Éternel est protégé

CONCLUSION : En réponse à la fidélité de Dieu

1. Nous devons le servir fidèlement. Josué 24 :14 « Servez l'Éternel avec fidélité. »
2. Nous devons le servir fidèlement jusqu'à la mort Apoc. 2 :10 Sois fidèle jusqu'à la mort et je te donnerai la couronne de vie. »
3. Nous devons nous préparer pour entendre le Seigneur nous dire à notre arrivée au ciel : C'EST BIEN, BON ET FIDÈLE SERVITEUR. Matthieu 25 :21

Dieu est fidèle dans sa ***personne***, fidèle dans son ***pardon***, fidèle dans sa ***promesse***, fidèle dans sa ***permission***, fidèle dans sa ***protection***. JÉRÉMIE A EU RAISON DE DIRE QU'IL EST GRAND EN FIDÉLITÉ.

ÉTUDE 136
LES CARACTERISTIQUES D'UN DISCIPLE DU SEIGNEUR
Lecture Actes 8 :1-8 et 2 Tim. 2 :1 ; Matt 16 :24

INTRO :
Le dernier message du Seigneur en Matt 28 :19-20 : « Allez, faites de toutes les nations des disciples … » Le croyant est un disciple du Seigneur. Il suit une discipline de vie, il a un maitre, et il apprend suivant la méthode du maitre. Actes 11 :26 « Les disciples furent appelés chrétiens. » . On est disciple d'abord avant d'être chrétien ; et on ne peut pas se dire chrétien si on ne suit pas les enseignements du maitre. Quelles sont les caractéristiques d'un vrai disciple selon Dieu ?

1- *UN DISCIPLE RENONCE À LUI-MÊME*… Matt 16 :24
Cela veut dire, donner la priorité au Seigneur en toutes choses et avoir le désir de vivre seulement pour le Seigneur et de lui être agréable. Lisez Luc 9 :24 . Perdre sa vie, c'est devenir un seul avec le Seigneur, l'honorer et le glorifier en paroles et en actions.

2- *UN DISCIPLE PORTE SA CROIX*……………Matt 16 :24

Porter sa croix ne veut pas dire que la vie chrétienne est un fardeau. C'est plutôt chercher la volonté de Dieu pour votre vie et s'y soumettre complètement et fidèlement. C'est exactement ce que Jean 6 :38 veut dire. La croix était la volonté de Dieu pour le Christ. Elle représente la volonté de Dieu pour notre vie.

3- *UN DISCIPLE SUIT L'EXEMPLE DE JÉSUS*… Matt. 16 :24

Pour suivre Jésus, il faut se séparer du monde. Il faut être différent du monde en toutes choses (dans nos choix de musique, de vêtements, d'amusements, de styles, et même de vocabulaires). Jean 17 :14 et

Romains 12:2, voilà des versets nous exhortant à ne pas imiter ce monde, ni nous conformer au siècle présent.

4- *UN DISCIPLE AIME LES FRÈRES*..........Jean 13:34-35

Un vrai disciple a un vrai amour pour le peuple de Dieu, indépendamment de l'âge des membres qui composent l'assemblée, de leur couleur, de leur race, de leur dénomination ou statut social.

5- *UN DISCIPLE PORTE DU FRUIT DANS SA VIE*.....Jean 15:8

Il y a deux types de fruits que Dieu veut voir dans nos vies : a) Les fruits internes de bon caractère et de conduite divine, Galates 5:22-23   b) Les fruits externes, se manifestant par un ardent désir d'amener au Seigneur les âmes perdues, suivant l'exemple de Jean 1:40-42.

6- *UN DISCIPLE CONNAIT SON MAITRE*... Jean 10:4-5

Le vrai disciple ne suit pas la voix d'un étranger. Il y a plusieurs voix dans ce monde qui veulent nous dicter notre façon de vivre. Le vrai disciple fuit l'étranger.

CONCLUSION : Êtes-vous un croyant, un disciple ou un chrétien ? À quel niveau êtes-vous ? Faites-vous des progrès ? Avez-vous les marques d'un vrai disciple ?

ÉTUDE 137
LA PEUR DE LA RÉCONCILIATION
Genèse 3:8-13

Le plus grand obstacle à la réconciliation, c'est la peur. Cette peur est le résultat du péché et de la désobéissance. Puisque la réconciliation implique le changement de son état, la peur de la réconciliation, c'est la peur de faire face à son état pour qu'il puisse changer.

La peur de la réconciliation c'est la peur de pardonner et de demander pardon. Ce sont deux actes qui exigent beaucoup de courage. La réconciliation exige un changement et on a peur de changer. Il y a même des gens qui ont la PHOBIE de la réconciliation.

À lire l'histoire de la chute de l'homme, on trouve la réponse à la question quel genre de peur est la peur de la réconciliation

1-LA PEUR DE : OU ES-TU ?

C'est la question de Dieu en cherchant Adam et Eve dans le jardin. Cette question implique qu'on est à la recherche du coupable. Qui a fait quoi ? Pourquoi il l'a fait ? Comment il l'a fait ? C'est la phase d'identification des coupables.

Pour qu'il y ait réconciliation, il faut qu'il y ait **PARDON, CONFESSION ET REPENTANCE**. Demander pardon et accorder le pardon, cela fait peur

Où es-tu ? Cela fait peut faire trembler le coupable et menacer l'innocent. Et une quelconque erreur sur l'identité du coupable peut être fatale

Il y a aussi :

2- *LA PEUR D'ÊTRE CONNU*

Adam et Eve après le péché, se souvinrent de leur état antérieur ; de ce qu'ils ont fait, et ils ont peur que Dieu le sache.

La peur que tout le monde le sache fait obstacle à la réconciliation

Notez aussi avec moi :

3- *LA PEUR D'ÊTRE NU*

Adam et Eve connurent qu'ils étaient nus. L'appel à la réconciliation nous fait courir le risque d'exposer notre nudité, de nous déshabiller.

Parlons un peu de nudité. Nous portons tous des vêtements pour couvrir notre corps physique ; mais nous en portons aussi pour couvrir notre personnalité. C'est un fait que nous ne sommes pas toujours ce que nous paraissons être. La réconciliation risque de nous déshabiller, et nous avons grand peur que des gens viennent regarder au fond de nous pour découvrir qui nous sommes réellement.

Les conflits révèlent notre nudité, dans l'amitié comme dans le mariage, à l'église comme au travail, les conflits peuvent nous dévoiler notre environnement.

Regardez la nudité des disciples quand on est venu arrêter le Christ ; **REGARDEZ LA NUDITÉ DE PIERRE** quand il nia connaitre son maitre.

Soulignez avec moi :

4- *LA PEUR D'ÊTRE COUSU*

La peur de la réconciliation nous fait prendre la voie de la ruse. Adam et Eve se firent des ceintures de feuilles de figuier . Nous portons nos feuilles de figuier pour cacher notre honte ; mais en même temps nous avons peur et honte d'ÊTRE COUSUS.

Les feuilles de figuier peuvent représenter nos inventions , nos vains efforts pour détourner l'attention des autres sur ce que nous avons fait , sur les fautes que nous avons commises .

Au lieu de chercher la réconciliation, nous nous confectionnons des vêtements spéciaux pour montrer que nous sommes justes, honnêtes, innocents .

Les feuilles de figuier peuvent représenter notre façon de nous habiller pour que notre faiblesse ne soit pas dévoilée. Nous avons cependant peur de cette fausse parure, PEUR D'ÊTRE COUSU .

Et Enfin :

5- *LA PEUR D'ÊTRE VU*

Adam et Eve ont été se cacher derrière les arbres du jardin pour ne pas être vus par Dieu. Ils ont choisi la fuite . Dieu ne court pas après nous pour nous faire peur, Il est après nous pour nous aider ; car. Il sait déjà ce que nous avons fait, Il est au courant de tout.

Quand Dieu est arrivé, Il a posé des questions à Adam et Eve.

a) L'homme accusa Dieu : " La femme que tu as mise à côté de moi. "

b) L'homme accusa la femme : " Elle m'a donné à manger."

c) La femme accusa Dieu et le serpent :" Le serpent m'a séduit et j'en ai mangé." C'est Dieu qui a créé le serpent.

C'est toujours l'état naturel de l'homme de se déresponsabiliser, de jeter le tort sur l'autre quand la vérité a été révélée. CELA NE RÉSOUT JAMAIS LE PROBLÈME.

CONCLUSION :

En dépit de tout, Dieu activa LE PLAN DE LA RÉCONCILIATION DE L'HUMANITÉ en Genèse 3:15, en promettant la venue d'un Sauveur ; et il enleva les peurs de Adam et Eve

Selon Genèse 3:21 , en faisant à Adam et Eve des habits de peau. DIEU LES EN REVÊTIT.

Toutes leurs peurs ont été chassées par Dieu lui-même.

Comment vaincre la peur de la Réconciliation ?

1- Où es-tu ? N'ayez pas peur de vous présenter devant la face de l'Éternel. Il vous veut du bien.

2-N'ayez pas peur d'être connu, l'Éternel connait déjà tout.

3-N'ayez pas peur d'être nu, Dieu le sait déjà.

4-N'ayez pas peur d'être cousu, l'Éternel connait votre faiblesse

5-N'ayez pas peur d'être vu, le Seigneur a déjà tout vu

LAISSEZ LE SEIGNEUR VOUS REVÊTIR ET ENLEVER TOUTES VOS PEURS .

ÉTUDE 138
LA PUISSANCE DU SANG DE JÉSUS
Texte: Exode 12: 12-13

« Car je traverserai le pays d'Égypte cette nuit-là, et je frapperai tous les premiers-nés du pays d'Égypte, hommes et bêtes; et contre tous les dieux d'Égypte, j'exécuterai des jugements - je suis l'Éternel. Le sang sera un signe pour vous sur les maisons où vous vivez; et quand je verrai le sang, je passerai sur vous, et aucune plaie ne vous frappera pour vous détruire lorsque je frapperai le pays d'Égypte. "

La pâque juive en Égypte est une préfiguration de la pâque chrétienne. Le sang de l'agneau est une figure du sang de Jésus versé à la croix. Analysons les faits pour en tirer des leçons.

Châtiment

1. Le jugement est tombé sur l'Égypte - le pays de la servitude.

    Neuf fléaux sont tombés auparavant:
    1. Rivière de sang
    2. Grenouilles
    3. Les poux
    4. Mouches
    5. Peste
    6. Furoncles
    7. Tonnerre, grêle et feu
    8. Criquets
    9. Obscurité
    - Le dixième est sur le point de tomber.

2. La malédiction de Dieu plane sur le système mondial

1. Le monde est une terre de servitude avec Satan comme dieu. Psaumes 7:11 et Jean 3:36.
2. Dieu offre le salut à ceux qui sont prêts à abandonner le pays de la servitude (Galates 1: 4).

Substitution

IV- Un agneau a été tué pour chaque famille.

- 250 000 agneaux tués et Dieu se réfère à eux 18 fois au singulier comme « cela ».
- Ces milliers d'agneaux étaient un type de Jésus-Christ - l'Agneau de Dieu. (Jean 1:29; 1 Corinthiens 5: 7; 1er Pierre 1: 18-19).

V- L'agneau devait être sans tache ni défaut.

- Christ devait être sans péché pour mourir pour nos péchés. (Hébreux 1: 18-19).
- L'agneau de la Pâque a été inspecté quatre jours. (Exode 12: 3 & 6). Le 10 avril 30 de notre ère, alors que l'agneau de la Pâque était mis de côté pour l'inspection, Jésus entra à Jérusalem et se présenta quatre jours dans le temple pour examen. Le verdict: "Je ne trouve en Lui aucune faute." (Jean 19:38).
-

VI- Le sang de l'agneau devait être versé.

- La raison est donnée dans Lévitique 17:11 et Hébreux 9:22.
- Le sang de l'agneau de la Pâque coulait des mains juives en 30 apr. J.-C.. Leurs mains, et les nôtres ruisselaient du sang de l'Agneau de Dieu (Matthieu 27:25).

VII- Le corps de l'agneau devait être rôti au feu. Cela représentait l'Agneau de Dieu souffrant pour nous des flammes de l'enfer éternel.

Régénération

- Le jugement de mort est tombé sur le premier-né.

  - De nombreux types de l'Ancien Testament décrivent la malédiction de Dieu lors de la première naissance et la bénédiction lors de la seconde naissance: Caïn et Abel; Ismaël et Isaac; Ésaü et Jacob, Manassé et Éphraïm; Salomon est le premier-né de Bathsheba et de David.
  - La naissance de la chair ne fait pas des gens des enfants de Dieu (Romains 9: 8 et Jean 8:44)

- Le mois de la délivrance était le début des mois (Exode 12: 2)

  - Le début des mois pour la nature charnelle est la naissance charnelle.
  - Le début des mois pour la nature spirituelle est la naissance spirituelle. (Jean 3: 3; Jean 1: 11-13).

Appropriation

A. La délivrance de l'agneau de la Pâque devait être appropriée.

   1. "Un Agneau", "L'Agneau", "Votre Agneau". (Exode 12: 3, 4, 5).
   2. Le sang était inefficace alors qu'il était encore dans le bassin, mais frappé sur les linteaux, il protégeait du jugement au-dessus et frappait sur les poteaux latéraux, il protégeait du péché en dessous.
   3. Il a été appliqué avec de l'hysope, un arbuste possédant un élément nettoyant. (Psaume 51: 7; 1er Jean 1: 7).
   4. L'agneau était mangé comme un festin. Méditation des promesses de Dieu. Romains 10:17.
   5. L'agneau était mangé avec des herbes amères - la repentance du péché.
   6. L'agneau a été mangé à la hâte - l'urgence du salut. Ésaïe 55: 6.

B. Ceux qui ne se sont pas approprié le sang ont subi le jugement de Dieu

Du radium vient deux rayons. L'un est un rayon de mort et l'autre est un rayon de guérison. Avec un bouclier de plomb, seul le rayon de guérison passe à travers. Le sang du Christ a formé un bouclier protecteur afin que tous ceux qui trouvent refuge à la croix ne reçoivent que le rayon de guérison du salut de Dieu. Galates 3: 10-13. "Il y a de la place à la croix pour vous."

En Israël - Un agneau est mort, mais parmi les Égyptiens, le premier-né est mort. Dieu n'a pas cherché des gens religieux ou moraux, mais du sang. Êtes-vous sauvé par le Sang de l'agneau ? Avez-vous Jésus comme sauveur ?

Lorsque nous comparaissons devant Dieu, seuls ceux qui se sont appropriés la protection du sang seront en sécurité. Dieu ne cherchera pas de bonnes ni de mauvaises personnes ni des personnes religieuses et non religieuses. Il se demandera si nous sommes sous le sang ou non.

ÉTUDE 139
VOYAGER SANS JÉSUS
Luc 2 : 41-52

Intro : La vie ici-bas est comparée à un voyage qui commence à la naissance et conduit jusque dans l'éternité.

Parlant des héros de la foi, nous lisons en **Hébreux 11 : 13**
« *C'est dans la foi qu'ils sont tous morts sans avoir obtenu les choses promises ; mais ils les ont vues et saluées de loin, reconnaissant qu'ils étaient étrangers et voyageurs sur la terre* »

1 Pierre 2 : 11 « *Bien-aimés, je vous exhorte, comme étrangers et voyageurs sur la terre.* »

La Bible enseigne que nous voyageons ici-bas à destination du ciel et Jésus est à la fois le chemin et le guide du pèlerin. Dans le passage qui nous occupe, nous pourrons constater ce qui peut arriver à quiconque choisit de voyager sans Jésus.

I- Voyager sans Jésus peut arriver à tout le monde

a) Cela arriva à Joseph et Marie, les parents de Jésus.

1- Le fait de fréquenter l'Église et d'obéir aux coutumes religieuses est louable ; les exigences extérieures de la religion sont très bonnes pour quiconque s'y soumet ; mais ce qui importe le plus c'est d'avoir Jésus avec soi.

b) Cela arriva par une certaine négligence et une légèreté

c) Le chrétien ne perd pas son salut (Jean 6 :39 ; Jean 10 :9-12). Il peut néanmoins perdre la communion d'avec son Sauveur quand il voyage sans Jésus (I Jean 1 :7-9).

d) Si votre vie n'a pas de place pour l'Église, la Bible, la Prière, les activités chrétiennes, vous voyagez sans nul doute, mais sans Jésus.

Luc 2 : 43, 44 C'est terrible de ne pas apercevoir que Jésus n'y est pas.

« …Croyant que Jésus était avec leurs compagnons de voyage »

II- Voyager sans Jésus, c'est voyager en vain.

    a) C'est Dieu qui donne la réussite, le chrétien ne peut pas réussir sans Dieu. **Josué 1 : 8-9.**

    b) Joseph et Marie heureusement rebroussèrent chemin quand ils découvrirent que Jésus était resté à Jérusalem.

C'est le message **Matt. 6 : 33.** Si Dieu n'est pas prioritaire dans votre vie, vous n'obtiendrez pas les autres choses.

    c) Marie et Joseph passèrent trois (3) jours à chercher Jésus. S'ils avaient débuté ce voyage avec Jésus, ils n'auraient pas perdu ces trois (3) jours.

    d) Si vous prenez un chemin sur lequel Jésus n'y est pas vous voyagez sans Lui. Ex : **1 Jean 2 : 15-17.**

III- Quand vous cherchez Jésus, vous le trouverez à l'endroit où vous l'avez laissé.

    a) Marie et Joseph trouvèrent Jésus dans le temple

    1- L'enfant prodigue trouva son père au même endroit de son départ.

    b) Si vous n'avez pas besoin de Jésus, il y a d'autres gens qui ont besoin de lui.
« On le trouva assis au milieu des Docteurs » Ils apprenaient de Lui. **Luc 2 : 45, 46.**

    c) C'est Jésus (12 ans) qui devait dire à Marie *« Pourquoi as-tu agi de la sorte ? »* et non Marie elle-même.

d) Quand vous perdez Jésus, c'est toujours votre faute. Sa communion est très coûteuse.

IV- Quand vous voyagez avec Jésus, votre destination est sure.

a) « Nazareth », Il leur était soumis. Dans ce sens, c'est nous qui obéissons à Dieu, dans un autre sens Dieu se soumet à nos requêtes quand nous prions.

« Si vous demeurez en moi et que mes paroles demeurent en vous, demandez ce que vous voulez et cela vous sera accordé »

Conclusion : Au commencement de toutes choses, nous voyageons sur un chemin inconnu. Cependant, si nous choisissons de voyager avec Jésus pour guide, nous ne serons pas déçus. Notre destination est sure.

Voyager avec Jésus implique :
1- accepter ses instructions
2- accepter sa direction
3- accepter sa décision
4- accepter sa protection

ÉTUDE 140
LAISSER COULER LA GRÂCE
Jean 7 : 37-39

Intro : La grâce c'est la somme gratuite de toutes les bénédictions de Dieu pour nous. La réponse à tous nos besoins est enfermée dans la grâce de Dieu. Toutes les provisions de Dieu pour ses enfants se trouvent dans la grâce.
- Par exemple : La provision du Salut se trouve dans la grâce : **Eph. 2 : 8**, c'est par la grâce que vous êtes sauvés.
- La justification est dans la grâce. **Rom. 3 : 24**, Ils sont gratuitement justifiés par sa force.

Ps 33 : 22, Éternel que ta grâce soit sur nous.
Ps 90 : 17, Que la grâce de l'Éternel soit sur nous.
1 Cor. 15 : 10, Par la grâce de Dieu je suis ce que je suis.
2 Cor. 6 : 1, Il ne faut pas recevoir la grâce de Dieu en vain
Hebr. 12 : 15, Que nul ne se prive de la grâce de Dieu.

Les fleuves d'eau vive dans le texte qui est devant nous se réfèrent au Saint-Esprit. Quand le Saint-Esprit coule c'est la grâce de Dieu qui coule également. La Bible dit que le Saint-Esprit sera répandu comme "… un Esprit de grâce et de supplication » (Zacharie 12 : 10). Nous vous exhortons donc aujourd'hui de laisser couler la grâce.

I- La grâce coule quand nous prions.

Lisez **Hébreux 4 : 14-16**.
a) Le trône de Dieu est un trône de grâce, de provisions illimitées.
b) Pour être secouru dans nos besoins, il n'y a qu'une seule adresse : le trône de la Grâce de Dieu.

II- La grâce coule quand nous souffrons
Lisez **2 Cor. 12 : 1 à 10**

a) Paul a beaucoup souffert de son écharde dans la chair. Il a prié avec ferveur et en permanence pour s'en débarrasser ; il reçut une provision de grâce pour supporter la souffrance.

b) *« Ma grâce te suffit »* = Il y a même une provision de grâce pour ceux qui souffrent, c'est comme une anesthésie divine.

Phil. 1 : 29, Il vous a été fait la grâce de croire et de souffrir.
1 Pierre 5 : 5, Dieu fait grâce aux humbles.
Ps 42 : 9, Le jour l'Éternel m'accordait sa grâce.

III- La grâce coule quand nous aimons.
Lisez **Psaumes 133**

a) Quand nous demeurons ensemble, quand il y a parmi nous l'unité, la concorde et l'harmonie, Dieu fait couler sur nous la bénédiction de sa grâce.

b) La meilleure façon pour une église de rester sous la gouttière de la grâce de Dieu c'est de cultiver l'amour fraternel.

c) La Bible dit : *Dieu est amour*. Dieu est attiré par l'amour et repoussé par la haine. C'est l'amour qui résume les 10 commandements (pour Dieu / pour le prochain).

d) Le vrai amour est actif et non passif. **Luc 10 : 25-37** (L'exemple du bon samaritain).

IV- La grâce coule quand nous méditons.
Lisez **Psaumes 1er**

a) Celui-là qui prend plaisir à méditer la parole de Dieu jour et nuit s'abreuve a un courant d'eau fraiche qui symbolise les bénédictions de la grâce de Dieu.

b) Le chrétien qui ne prend pas le temps de méditer est sec et sans onction. **Ps 119 : 148**, David écrit : *je devance les veilles pour méditer ta parole*.

c) La méditation est une <u>chirurgie spirituelle</u> qui a pour but d'insérer la parole de Dieu dans nos cœurs. **Ps 119 : 11**, *Je serre ta parole dans mon cœur…*

d) Par la méditation nous entrons en communion avec Dieu et nous-même nous trépassons (quel sens ?) cette masse de terre qui est notre chair.

V- La grâce coule quand nous adorons.
Lisez **Actes 16 : 25-33**

a) Paul et Silas transformèrent leur cellule en un lieu d'adoration et la grâce de Dieu finit par les <u>repérer</u>.

b) Quand cette grâce rentre dans la prison les <u>liens des prisonniers sont</u> rompus, les <u>âmes sont sauvées les, cœurs sont changés.</u>

c) À chaque fois que nous venons adorer le Seigneur à l'Église, nous nous approvisionnons en grâce.

Conclusion : La grâce de Dieu coulera pour nous tous les jours de notre vie. **Psaumes 23 : 6,** « M'accompagneront » = toujours avec moi.

Eph. 6 : 24, *« Que la grâce soit avec tous ceux qui aiment le Seigneur Jésus d'un cœur pur »*
Rom. 16 : 24 ; 1 Cor. 16 : 23.

ÉTUDE 141
LE DIEU QUI NE CHANGE PAS
Malachie 3 : 1-6

Intro : Dans ce monde où nous vivons, le changement caractérise presque tout.
- Changement dans le domaine de la technologie / construction.
- Changement dans le domaine de la télécommunication / mécanique.

L'homme est devenu maître en transformation des éléments.
- La façon de se vêtir change d'année en année.
- La façon de se coiffer change de jour en jour.
- C'est l'idée du changement qui passe dans la mode.

Les publicités à la télévision et à la radio imposent ce changement : marques de voiture, allure, nourriture, parure, couture, coiffure.

Dieu est un constant, il n'a pas à faire de progrès. Il est la seule cause qui n'a pas été cause.

I- Sa parole ne change pas.
Malachie 3 : 1 (J'enverrai mon messager)
Esaie 40 : 8, La parole de notre Dieu subsiste éternellement.

a) Les nations changent de constitution ; mais la parole de Dieu qui est la constitution éternelle de tous les peuples reste la même.
1- On ne peut pas privatiser la parole de Dieu, **2 Pierre 1 : 21**, pour y croire ce qu'on veut.
2- On ne peut pas moderniser la parole de Dieu pour qu'elle s'adapte au monde. **Rom. 12 : 1**, « *Ne vous conformez pas au siècle présent* »
3- On ne peut pas amender la parole de Dieu. **Apocalypse 22 : 18-19**
4- On ne peut pas anéantir la parole de Dieu. **Esaie 40 : 8.**

II- Sa position ne change pas.

(L'Éternel des Armées)
- a) Les rois, les princes, les chefs de la terre tombent, mais Dieu règne à toujours.

Ps 24 : 10, L'Éternel des Armées, voilà le roi de gloire.
Ps 46 : 8, L'Éternel des Armées est avec nous.
Esaie 6 : 3, Saint, Saint, Saint est l'Éternel des Armées.
Esaie 6 : 5, Mes yeux ont vu le Roi, L'Éternel des Armées.
Osée 12 : 6, L'Éternel est le Dieu des Armées.
Zach. 4 : 6, Ce n'est ni par la puissance ni par la force, mais c'est mon esprit dit EDA

- b) Dieu domine sur les nations. ***Ps 46 : 11.***

III- Sa promesse ne change pas.

Malachie 3 : 2 (Dieu tient sa promesse)
- a) La Promesse de son retour (Jean 14 :1-6 ; 1 Cor. 15 :50-51 ; I Thess, 4 :14-16

- b) Promesse du jugement : Règlement de compte par devant le Tribunal de Christ le Grand Trône Blanc(2 Cor. 5 :10 ; Apo. 20).

Apocalypse 22 : 12, Voici je viens bientôt et ma rétribution est avec moi pour rendre à chacun selon ce qu'est son œuvre.
1- La promesse qu'il a faite à son Église ne change pas. ***Matt. 16 : 18***
2- La promesse qu'il a faite à Jésus ne change pas. *« Assieds-toi à ma droite jusqu'à ce que je fasse … ton marchepied »*
3- La promesse qu'il a faite à ce monde ne change pas. ***1 Jean 2 : 15-17***

IV- Sa personne ne change pas.
(Je suis l'Éternel)
Hebr. 13 : 8, Le même hier, aujourd'hui et éternellement.
Jacques 1 : 17, Ni changement ni ombre de variations.
Ps 102 : 28, Toi, tu es toujours le même.
Exode 3 : 14, Je suis celui qui suis, celui qui s'appelle Je suis m'a envoyé vers vous.

Conclusion : Parce que Dieu ne change pas :
- sa miséricorde dure à toujours. ***Ps 118 : 1***
- sa fidélité dure à toujours. ***Ps 146 : 6***
- son salut dure à toujours.

Dieu ne change pas, mais il veut que nous changions de vie.

Il n'y a rien en Dieu qui ait besoin de changement, mais il y a beaucoup de choses en nous qui ont besoin de changement (2 Cor. 5 :17)

ÉTUDE 142
RÉPONSES BIBLIQUES AUX QUESTIONS DES SABBATISTES

1- QUAND UN SABBATISTE VOUS DIT QUE LE SABBAT A ETE FAIT POU L'HOMME D'APRES Marc 2:27,28 ET Genèse 2:1-3, vous devez lui demander d'achever la lecture du verset et lui prescrire MALACHI 4:4 et Ps.147:19 et 20.

" SOUVENEZ-VOUS DE LA LOI DE MOISE, MON SERVITEUR, AUQUEL J'AI PRESCRIT EN HOREB, POUR TOUT ISRAËL, DES PRÉCEPTES ET DES ORDONNANCES."

" IL REVELE SA PAROLE À JACOB, SES LOIS ET SES ORDONNANCES À ISRAËL; IL N'A PAS AGI DE MÊME POUR TOUTES LES NATIONS,... "

2- QUAND UN SABBATISTE VOUS DIT QUE DIEU DONNA LE SABBAT À TOUTE

LA RACE HUMAINE SELON MARC 2:27,28; AIDEZ-LE VOUS SERVANT DES VERSETS SUIVANTS: EXODE 31:12-17; EXODE 20 et DEUT. 5:15

" TU TE SOUVIENDRAS QUE TU AS ÉTÉ ESCLAVE AU PAYS D'ÉGYPTE... C'EST POURQUOI L'ÉTERNEL, TON DIEU, T'A ORDONNÉ D'OBSERVER LE JOUR DU REPOS. "

3- QUAND UN SABBATISTE VOUS DIT QU'IL EST ISRAËL PAR LA FOI ET ÉTANT UN ENFANT D'ABRAHAM, ET QUE DIEU A REJETÉ L'ANCIEN ISRAËL; LISEZ POUR SON AIDE 1 COR.10:32 et Rom.11:1,2.

" NE SOYEZ EN SCANDALE NI AUX GRECS (païens) NI AUX JUIFS, NI A L'ÉGLISE DE DIEU, " "... DIEU N'A POINT REJETÉ SON PEUPLE QU'IL A CONNU..."

4- QUAND UN SABBATISTE VOUS DIT QUE ABRAHAM A OBSERÉ LE SABBAT D'APRÈS Genèse 26:5, SERVEZ-VOUS DES VERSETS SUIVANTS: Rom.4:1a5; Galates 2:16 et Galates 3:10,11.

" ...CE N'EST PAS PAR LES OEUVRES DE LA LOI QUE L'HOMME EST JUSTIFIÉ, MAIS PAR LA FOI EN JÉSUS-CHRIST...PERSONNE NE SERA JUSTIFIÉ PAR LES OEUVRES DE LA LOI. " Gal.2:16

5- QUAND UN SABBATISTE VOUS DIT QUE DIEU DONNA LES DIX COMMANDEMENTS A ABRAHAM D'APRÈS Genese 26:5, lisez-lui Gal. 3:17,18 et il saura peut-être pour la première fois que la loi est survenue 430 ans après ABRAHAM. Il ne nous est pas dit dans toute la Bible qu'Abraham ait observé le SABBAT.

6- QUAND UN SABBATISTE VOUS DIT QUE DIEU VOUS JUGERA SI VOUS N'OBSERVEZ PAS LE SABBAT D'APRÈS EXODE 34:11; EZEKIEL 20:12,13,20; JÉRÉMIE 17:24,25,27; NEHEMIE 13:18; Lisez pour lui Galates 3:13 et 24.

" CHRIST NOUS A RACHETÉS DE LA MALÉDICTION DE LA LOI, ÉTANT DEVENU MALÉDICTION POUR NOUS.... LA LOI A ÉTÉ COMME UN PRÉCEPTEUR POUR NOUS CONDUIRE A CHRIST, AFIN QUE NOUS SOYONS JUSTIFIÉS PAR LA FOI. "

" CAR CHRIST EST LA FIN DE LA LOI POUR LA JUSTIFICATION DE TOUS CEUX QUI CROIENT. " Rom. 10:4.

" CAR LA LOI A ÉTÉ DONNÉE PAR MOISE, LA GRÂCE ET LA VÉRITÉ SONT VENUES PAR JÉSUS-CHRIST. " Jean 1:17.

7- QUAND UN SABBATISTE VOUS DIT QUE DIEU PROMIT UNE BÉNÉDICTION SPÉCIALE AUX PAÏENS QUI GARDERAIENT LE SABBAT D'APRÈS Esaie 56:6,7 et

Esaie 58:13,14; faites-lui savoir que le chrétien n'est pas un heritier de Jacob, mais de Dieu, selon Romains 8:17.

" OR, SI NOUS SOMMES ENFANTS, NOUS SOMMES AUSSI HÉRITIERS: HÉRITIERS DE DIEU ET COHÉRITIERS DE CHRIST..."

8- QUAND UN SABBATISTE VOUS DIT QUE NOUS OBSERVERONS LE SABBAT ETERNELLEMENT SUR LA NOUVELLE TERRE D'APRÈS ESAIE 66:22,23, Servez-vous de Esaïe 66:20 et 21 qui identifie le peuple Israël comme le sujet et non l'Église de Jésus -Christ.

9- QUAND UN SABBATISTE VOUS DIT QUE LE CHRIST GARDA 7e JOUR DURANT TOUTE SA VIE TERRESTRE D'APRÈS Luc 4:16 et Jean 15:10, faites - lui comprendre que c'était normal pour Jésus de garder le sabbat, étant Juif de naissance; mais après sa résurrection, le Seigneur passa 40 jours sur terre sans jamais mettre les pieds dans une synagogue. Jean 9:16 montre clairement que LES SABBATISTES du temps de Jésus ne l'aimaient pas; Ils voulurent le lapider en Jean 8:59 et faillirent à leur mission de le tuer en Luc 4:28a30.

10- QUAND UN SABBATISTE VOUS DIT QUE LE SABBAT ÉTAIT CONSIDÉRÉ PAR LES APÔTRES 40 ANS APRÈS LA RÉSURRECTION DE CHRIST SELON Matt.24:20, AIDEZ-LE à comprendre que Matt.24:20 traite de la période de LA GRANDE TRIBULATION qui passera sur la terre, laquelle période trouvera les juifs en train d'observer LE SABBAT.

11- QUAND UN SABBATISTE VOUS LIT LA DÉCLARATION DE JÉSUS EN Matt.5:17 " NE PENSEZ PAS QUE JE SOIS VENU POUR ABOLIR LA LOI..." Lisez-lui Matt. 5:18 " ...Il ne disparaitra pas de la loi un seul iota ou un seul trait de lettre, jusqu'à ce que tout soit arrivé. " Et repondez-lui que c'est arrivé sur la croix quand Jésus cria en Jean 19:30 " TOUT EST ACCOMPLI ". Christ a accompli la loi à notre place nous ne sommes pas SOUS La loi. Rom.10:4

12- QUAND UN SABBATISTE VOUS DIT QU'APRÈS LA CRUCIFIXION LES DISCIPLES ET LES FIDÈLES ONT GARDE LE 7e JOUR, DITES-LUI QUE C'EST VRAI PUISQUE CHRIST N'AVAIT PAS ENCORE ÉTÉ RESSUSCITE ; mais après la résurrection les disciples adorèrent le 1er jour de la semaine selon Jean 20:19,26; Luc 24:1,13;Actes 2:1; Actes 2:46; Actes 20:7; 1 Cor. 16:1,2. Apo. 1:10.

13- QUAND UN SABBATISTE VOUS DEMANDE POURQUOI VOUS OBSERVEZ LE DIMANCHE ? RÉPONDEZ-LUI CECI : Les juifs ont eu leur pâque en Égypte d'après Exode 12, et Dieu leur avait demandé de conserver le souvenir de ce jour. Les chrétiens de la nouvelle alliance ont aussi une PAQUE selon 1 Cor.5:7 " ...CHRIST NOTRE PAQUE A ÉTÉ IMMOLE...", et Dieu demande de conserver le souvenir du jour de leur délivrance. La résurrection de Christ (le 1er jour de la semaine selon Matt.28:1-6) est le jour de la délivrance du croyant d'après 1 Cor.15:1-15,le- quel jour est mentionné dans la prophétie du Ps.118:22a24 "...C'EST ICI LA JOURNÉE QUE L'ÉTERNEL A FAITE ,QU'ELLE SOIT POUR NOUS UN SUJET D'ALLÉGRESSE ET DE JOIE. "

14- QUAND UN SABBATISTE VOUS DIT QUE L'APÔTRE PAUL OBSERVA LE SABBAT D'APRÈS ACTES 13:14,15; ACTES 14:1,2; ACTES 16:13;ACTES 17:2; ACTES 18:4. FAITES-LUI comprenez que l'apôtre Paul se rendait dans les synagogues non pour observer le sabbat, mais pour GAGNER CEUX-LÀ QUI GARDAIENT ENCORE LA LOI ET LE SABBAT. Si bien vrai qu'à chaque fois que Paul entrait dans une synagogue, il était presque toujours mis dehors après avoir parlé de choses que LES SABBATISTES NE POUVAIENT SUPPORTER. Crispus, chef d'une synagogue à Corinthe , crut au Seigneur avec toute sa famille selon Actes 18:8. Paul nous dit lui-même pourquoi il se rendait dans les synagogues partout où il allait après sa conversion: " AVEC LES JUIFS,J'AI ÉTÉ COMME JUIF, AFIN DE GAGNER LES JUIFS; AVEC CEUX QUI SONT SOUS LA LOI,COMME SOUS LA LOI...AFIN DE GAGNER CEUX QUI SONT SOUS LA LOI; " 1 Cor. 9:20.

15- QUAND UN ADVENTISTE VOUS CONDAMNE DE MANGER LA VIANDE DU PORC SELON

Levitique 11:7 et Esaïe 66:17 ,lisez-lui Actes 10:9-16; 1 Tim.4:4 et 1 Cor. 8:8

" CE N'EST PAS UN ALIMENT QUI NOUS RAPPROCHE DE DIEU; SI NOUS EN MANGEONS, NOUS N'AVONS RIEN DE PLUS; SI NOUS N'EN MANGEONS PAS, NOUS N'AVONS RIEN DE MOINS. " 1 Cor 8:8.

16- QUAND UN SABBATISTE VOUS DIT QUE LE COMMANDEMENT DU SABBAT DU 7e JOUR EST RÉPÈTE DANS LE NOUVEAU TESTAMENT EN Matt. 24:20; Marc 2:27,28; Hebr. 4:4,9,10; Col 1:16, aidez-le à comprendre que le commandement du SABBAT ne fut jamais donné aux chrétiens pour être observé d'après Col.2:16,17.

"... C'ÉTAIT L'OMBRE DES CHOSES À VENIR, MAIS LE CORPS EST EN CHRIST. "

Le repos de sabbat réservé au peuple de Dieu d'après Hébreux 4:9, c'est le repos de la rédemption du croyant dont le sabbat juif était l'OMBRE. JÉSUS Lui-même déclare en Matt. 11:28 " VENEZ A MOI VOUS TOUS QUI ÊTES FATIGUÉS ET CHARGÉS, ET JE VOUS DONNERAI DU REPOS. " Il est assez clair ici que notre Seigneur ne parle pas du septième jour, mais plutôt du repos du salut. D'ailleurs, Hébreux 4:11 que les sabbatistes refusent de souligner déclare: " EMPRESSONS-NOUS D'ENTRER DANS CE REPOS... " C'est bien évident qu'il ne s'agit pas ici d'un septième jour, mais plutôt d'une invitation qui est faite au croyant de se reposer en une œuvre rédemptrice parfaite.

17- QUAND UN SABBATISTE3 VOUS MONTRE 1 COR. 7:19 COMME PREUVE que le chrétien est tenu de garder les Dix Commandements écrits du doigt de Dieu, faites-lui savoir que d'après 2 Cor. 3:3 , nous observons maintenant ce qui est écrit "... NON AVEC DE L'ENCRE, MAIS AVEC L'ESPRIT DU DIEU VIVANT, NON SUR

DES TABLES DE PIERRE (La Loi De Moise), MAIS SUR DES TABLES DE CHAIR, SUR LES COEURS. "

18- QUAND UN SABBATISTE VOUS DIT QUE D'APRÈS PSAUMES 89:35 DIEU A DIT " JE NE VIOLERAI POINT MON ALLIANCE..." Faites-lui savoir que c'est Jésus Lui-même, le Fils de Dieu qui signa de son sang LA NOUVELLE ALLIANCE D'APRÈS 1 COR. 11:25 ET Rom. 7:6. " ... IL PRIT LA COUPE ET DIT: CETTE COUPE EST LA NOUVELLE ALLIANCE EN MON SANG..." 1 Cor11:25.

19- QUAND UN SABBATISTE CONDAMNE VOTRE OBSERVANCE DU DIMANCHE Lisez-lui: Rom.14:4,5; Col 2:16,17: Galates 4:8 à 11.

"... QUI ES-TU, TOI QUI JUGES UN SERVITEUR D'AUTRUI ? S'IL SE TIENT DE-BOUT, OU S'IL TOMBE, CELA REGARDE SON MAITRE. MAIS IL SE TIENDRA DEBOUT, CAR LE SEIGNEUR A LE POUVOIR DE L'AFFERMIR. TEL FAIT UNE DISTINCTION ENTRE LES JOURS ; TEL AUTRE LES ESTIME TOUS ÉGAUX. QUE CHACUN AIT EN SON ESPRIT UNE PLEINE CONVICTION. " Rom.14:4,5.

20- QUEL EST LE VOEU DE L'APÔTRE PAUL POUR LES SABBATISTES D'APRÈS ROM. 9:1-5 et ROM. 10:1,2 ?

RÉPONSE : Paul déclare " FRÈRES, LE VOEU DE MON COEUR ET MA PRIÈRE A DIEU POUR EUX, C'EST QU'ILS SOIENT SAUVES. "

21- QUAND UN SABBATISTE VOUS DIT QUE SUR LA CROIX, JÉSUS ABOLIT LES LOIS CÉRÉMONIELLES ET NON LA LOI DE MOISE, ET QUE, QUAND L'APÔTRE PAUL FAIT RÉFÉRENCE A LA LOI DANS SES ÉPITRES IL S'AGIT TOUJOURS DES LOIS CÉRÉMONIELLES, Aidez-le à comprendre, peut-être pour la première fois, Rom.7:7 " QUE DIRONS-NOUS DONC ? LA LOI EST-ELLE PÈCHE ? LOIN DE LÀ ! MAIS JE N'AI CONNU LE PÉCHÉ QUE PAR LA LOI. CAR JE N'AURAIS PAS CONNU LA CONVOITISE, SI

LA LOI N'AVAIT DIT: TU NE CONVOITERAS POINT. Après la lecture, montrez-lui que le commandement TU NE CONVOITERAS POINT auquel l'Apôtre fait référence est le dixième de la loi de Moïse et non des lois cérémonielles. C'est à cette même loi que Paul se réfère quand il dit en Rom.10:4 : " CHRIST EST LA FIN DE LA LOI POUR....CEUX QUI CROIENT

NOTES DIVERSES
==================

Les plus grands hommes de Dieu, les pères de l'Église et les disciples immédiats des Apôtres des premiers siècles de l'ère chrétienne n'ont jamais observé le sabbat juif, déclarant qu'il a été aboli et que le chrétien n'est pas tenu de le garder.

1- EUSEBE (267-340), Évêque de Cesaree et auteur du premier livre d'Histoire Ecclesiastique écrivit en 324 au sujet des patriarches antédiluviens: "... ILS N'OBSERVAIENT NI LA CIRCONCISION NI LE SABBAT, CE QUE NOUS NE FAISONS PAS NON PLUS...PARCE QUE PAREILLES CHOSES N'APPARTIENNENT PAS AUX CHRÉTIENS... LES ÉGLISES À TRAVERS LE RESTE DU MONDE OBSERVENT LA PRATIQUE QUI A PRÉVALU DEPUIS LA TRADITION APOSTOLIQUE JUSQU'AU TEMPS PRÉSENT...C'EST AINSI QUE LES ÉVÊQUES SE SONT RASSEMBLÉS À CE SUJET, ET APRÈS DES SYNODES ET DES CONVOCATIONS ONT PUBLIE UN DÉCRET ECCLÉSIASTIQUE DANS LEQUEL ILS COMMUNIQUÈRENT AUX ÉGLISES EN TOUS LIEUX QUE LE MYSTÈRE DE LA RÉSURRECTION DU SEIGNEUR DEVAIT ÊTRE CÉLÉBRÉ EN AUCUN AUTRE JOUR QUE LE JOUR DU SEIGNEUR."

2- TERTULIEN de Carthage (106-240) dit: " QUE CELUI QUI SOUTIENT QUE L'ON DOIT CONTINUER A OBSERVER LE SABBAT PROUVE QU'ADAN, ABEL ET LES JUSTES DES TEMPS ANCIENS L'OBSERVAIENT."

3- CLÉMENT d'Alexandrie dit vers l'an 194: " L'ANCIEN 7e JOUR N'EST DEVENU RIEN DE PLUS QU'UN JOUR OUVRABLE."

4- L'Évêque Ignace qui fut instruit par l'Apôtre Jean dit vers l'an 100 dans sa lettre aux Magnésiens : " CEUX QUI VIVAIENT SOUS

L'ANCIEN ORDRE DES CHOSES POSSÈDENT MAINTENANT UNE NOUVELLE CONFIANCE, N'OBSERVANT PLUS LE SABBAT, MAIS GARDANT LE JOUR DU SEIGNEUR, JOUR DUQUEL, GRÂCE A LUI ET A SA MORT, DÉPEND NOTRE PROPRE RÉSURRECTION. "

5- JUSTIN MARTYR (100-165) déclare : " AU JOUR APPELÉ DIMANCHE, TOUS CEUX QUI HABITENT DANS LES VILLES OÙ DANS LES PROVINCES S'ASSEMBLENT DANS UN LIEU, ET LES MÉMOIRES DES APÔTRES, LES ÉCRITS DES PROPHÈTES SONT LUS AUSSI LONGTEMPS QUE LE TEMPS LE PERMET. DIMANCHE EST LE JOUR QUE NOUS GARDONS POUR TENIR NOS RÉUNIONS PARCE QUE C'EST LE PREMIER JOUR DE LA SEMAINE, LE JOUR OU DIEU CHANGEA LES TÉNÈBRES EN LUMIÈRE ET CRÉA LE MONDE; ET JÉSUS CHRIST NOTRE SAUVEUR SORTIT DU TOMBEAU LE PREMIER JOUR DE LA SEMAINE. "

6- L'Épitre De Barnabas (Entre 120 -150) "... NOUS GARDONS LE PREMIER JOUR DE LA SEMAINE AVEC JOIE, LE JOUR OÙ NOTRE SEIGNEUR JÉSUS RESSUSCITA DES MORTS. "

7- IRENEE, Évêque De Lyons (Environ 178) déclara: " LE MYSTÈRE DE LA RE SURRECTION DU SEIGNEUR NE PEUT ÊTRE CÉLÉBRÉ EN AUCUN AUTRE JOUR QUE LE JOUR DU SEIGNEUR. "

8- BARDESANES (né en 154) "... PARTOUT OÙ NOUS NOUS TROUVONS, NOUS TOUS APPELÉS CHRÉTIENS, LE PREMIER JOUR DE LA SEMAINE, NOUS NOUS ASSEMBLONS EN CE JOUR NOUS ABSTENANT DE LA NOURRITURE. "

9- CYPRIEN, Évêque De Carthage (200-258); PIERRE, Évêque d'Alexandrie (environ 300); DIDACHE DES APÔTRES (environ 70-75) déclarèrent à l'unanimité que les chrétiens gardèrent le jour du Seigneur, le premier jour de la semaine, le jour de la résurrection de Jésus Christ .

Dans leur zèle d'établir l'autorité du sabbat, les sabbatistes du temps présent, après avoir rejeté les évidences bibliques contre leur pratique doctrinale, ont délibérément ignoré et rejeté les témoignages des pères de l'Église à ce sujet. Cependant, le fait demeure que l'Église chrétienne a à la fois le support apostolique et historique pour l'observance du Jour Du Seigneur, le premier jour de la semaine.

Bibliographie

Achtemeier, Elizabeth. Creative Preaching: Finding the Words. Nashville: Abingdon Press, 1980.

_____. Preaching as Theology and Art. Nashville: Abingdon.

Augustine. On Christian Doctrine. Translated by D. W. Robertson, Jr. Indianapolis: Liberal Arts Press, 1958.

Baumann, J. Daniel. An Introduction to Contemporary Preaching. Grand Rapids: Baker Book House, 1972.

Berkley, James D., ed. Preaching to Convince. Waco: Word Books Publishers, 1986.

Bisagno, John R. Principle Preaching: How to Create and Deliver Purpose Driven Sermons.
Nashville: Broadman and Holman Publishers, 2002.

Blackwood, Andrew W. Expository Preaching for Today. Nashville: Abingdon Press, 1953.

_____. Preaching from the Bible. Nashville: Abingdon Press, 1941.

_____. The Fine Art of Preaching. New York: The Macmillan Company, 1947.

_____. The Preparation of Sermons. Nashville: Abingdon Press, 1948.

Bohren, Rudolph. Preaching and Community, translated by David E. Green. Richmond: John Knox Press, 1965.

Broadus, John A. On the Preparation and Delivery of Sermons, 4th ed. Revised by Vernon L. Stanfield. San Francisco: Harper and Row Publishers, 1979.

_____. A Treatise on the Preparation and Delivery of Sermons, 2d ed. Revised by Edwin Charles Dargan. Nashville: The Sunday School Board of the Southern Baptist Convention, 1897.

_____. Lectures on the History of Preaching. New York: A. C. Armstrong & Son, 1896.

Brooks, Philips. Lectures on Preaching. Grand Rapids: Zondervan Publishing House, n.d.

Brown, H. C. Jr., H. Gordon Clinard, and Jesse J. Northcutt. Steps to the Sermon. Nashville: Broadman Press, 1963.

Bryson, Harold T. Expository Preaching: The Art of Preaching Through a Book of the Bible. Nashville: Broadman and Holman Publishers, 1995.

Bryson, Harold T., and James C. Taylor. Building Sermons to Meet People's Needs.
Nashville: Broadman Press, 1980.

Burrell, David James. The Sermon: Its Construction and Delivery. New York: Fleming H. Revell Company, 1913.

Buttrick, David G. Homiletic: Moves and Structures. Philadelphia: Fortress Press, 1987.

Chapell, Bryan. Christ-Centered Preaching: Redeeming the Expository Sermon. Grand Rapids: Baker Book House, 1994.

Chappell, Clovis G. Anointed to Preach. New York: Abingdon-Cokesbury Press, 1951.

Cothen, Joe. H. The Pulpit is Waiting: A Guide to Pastoral Preaching. Gretna: Pelican
Publishing, 1998.

Cox, James W. Preaching: A Comprehensive Approach to the Design & Delivery of Sermons. San Francisco: Harper Collins Publishers, 1983.

Craddock, Fred. As One Without Authority. Nashville: Abingdon Press, 1979.

Dargan, Edwin Charles. The Art of Preaching in Light of Its History. Nashville: The Sunday School Board of the Southern Baptist Convention, 1922.

_____. A History of Preaching. Vol. 1. New York: Burt Franklin, 1905; reprint, New York: Burt Franklin, 1968.

Davis, H. Grady. Design for Preaching. Philadelphia: Muhlenburg Press, 1958.

Decker, Bert and Hershel W. York. Preaching with Bold Assurance: A Solid and Enduring Approach to Engaging Exposition. Nashville: Broadman and Holman Publishers, 2003.

Demaray, Donald E. An Introduction to Homiletics. Grand Rapids: Baker Book House, 1974.

Dodd. C. H. The Apostolic Preaching and Its Development. New York: Harper and Brothers, 1936.

Fant, Clyde E., Jr. and William M. Pinson, Jr. Twenty Centuries of Great Preaching: An Encyclopedia of Preaching. Waco: Word Publishing, 1971.

_____. A Treasury of Great Preaching, Vol.1 Dallas: Word Publishing, 1971, 1995.

Fasol, Al. Essentials for Biblical Preaching. Grand Rapids: Baker Book House, 1989.

Garrison, Webb B. The Preacher and His Audience. Westwood: Fleming H. Revell Company, 1954.

Hall, E. Eugene, and James L. Heflin. Proclaim the Word. Nashville: Broadman Press, 1985.

Hamilton, Donald L. Homiletical Handbook. Nashville: Broadman Press, 1992.

Hybels, Bill, Stuart Briscoe, and Haddon Robinson. Mastering Contemporary Preaching.   Portland: Multnomah, 1989.

Johnston, Graham. Preaching to a PostModern World: A Guide to Reaching Twenty-First Century
Listeners. Grand Rapids: Baker Book House, 2001.

Jones, Ilion T. Principles and Practice of Preaching. New York: Abingdon Press, 1956.

Jones. Peter. Capturing the Pagan Mind: Paul's Blueprint for Thinking and Living in the New Global
Culture. Nashville: Broadman and Holman Press, 2003.

Jowett, J. H. The Preacher: His Life and Work. New York: Harper and Brothers Publishers, 1912.

Koessler, John. General Editor. The Moody Handbook of Preaching. Chicago: Moody Press, 2008.

Larsen, David L. The Anatomy of Preaching. Grand Rapids: Baker Book House, 1989.

Lawson, Steven. J., Famine in the Land. Chicago: Moody Publishers, 2003.

Lloyd-Jones, D. Martyn. Preaching and Preachers. Grand Rapids: Zondervan Publishing House, 1971.

Luter, A. Boyd and C. Richard Wells. Inspired preaching: A Survey of Preaching Found in the New Testament. Nashville: Broadman and Holman Press, 2002.

Lybrand, Fred R. Preaching on your Feet: Connecting God and the Audience in the Preachable Moment. Nashville: Broadman and Holman Press, 2008.

McCartney, Dan, and Charles Clayton. Let the Reader Understand: A Guide to Interpreting and Applying the Bible. Wheaton: Victor Books, 1994.

McDill, Wayne. The 12 Essential Skills for Great Preaching. Nashville: Broadman and Holman Publishers, 1994.

Meyer, F. B. Expository Preaching: Plans and Methods. New York: George H. Doran Company, 1912.

Miller, Donald. The Way to Biblical Preaching. New York: Abingdon Press, 1957.

Mohler, R. Albert., Jr. He Is Not Silent: Preaching in a PostModern World. Chicago: Moddy Press, 2008.

Morgan, G. Campbell. Preaching. New York: Fleming H. Revell Company, 1937.

Pattison, T. Harwood. The Making of a Sermon: For the Classroom and the Study. Philadelphia: The American Baptist Publication Society, 1941.

Perry, Lloyd M. Biblical Preaching for Today's World, rev. ed. Chicago: Moody Press, 1990.

Phelps, Austin. The Theory of Preaching. New York: Charles Scribner's Sons, 1903.

Robinson, Haddon W. Biblical Preaching: The Development and Delivery of Expository Messages. Grand Rapids: Baker Book House, 1980.

Sangster, W. E. Power in Preaching. London: The Epworth Press, 1958.

Shaddix, Jim. The Passion-Driven Sermon: Changing the Way Pastors Preach and
Congregations Listen. Nashville: Broadman and Holman, 2003.

Shelley, Marshall, ed. Mastering Contemporary Preaching. Portland: Multnomah Press, 1990.

Stanfield, V. L. Notes on the History of Preaching. Louisville: Printed by the Author, 1946.

Stevenson, Dwight E., and Charles F. Diehl. Reaching People from the Pulpit. New York: Harper and Brothers, 1958.

Stott, John R. W. Between Two Worlds: The Art of Preaching in the Twentieth Century. Grand Rapids: William B. Eerdmans Publishing Company, 1982.

Sweazey, George E. Preaching the Good News. Englewood Cliffs: Prentice-Hall, Inc., 1976.

Taylor, William M. The Ministry of the Word. New York: T. Nelson and Sons, 1876.

Thompson, William D. Preaching Biblically: Exegesis and Interpretation. Nashville: Abingdon Press, 1981.

Unger, Merril F. Principles of Expository Preaching. Grand Rapids: Zondervan Publishing Company, 1955.

Vines, Jerry. A Practical Guide to Sermon Preparation. Chicago: Moody Press, 1985.

_____ and Jim Shaddix. Power in the Pulpit: How to Prepare and Deliver Expository Sermons. Chicago: Moody Press, 1999.

Warren, Rick. The Purpose-Driven Church: Growth Without Compromising Your Message & Mission. Grand Rapids: Zondervan Publishing House, 1995.

Wells, C. Richard and A. Boyd Luter. Inspired Preaching: A Survey of Preaching Found in the
New Testament. Nashville: Broadman and Holman Publishers, 2002.

Wilson, Paul Scott. A Concise History of Preaching. Nashville: Abingdon Press, 1992.